Heyne Report ...

HEYNE BÜCHER

In derselben Reihe erschienen zuletzt als Heyne-Taschenbuch:

Lea Fleischmann: *Dies ist nicht mein Land* · Band 10/11
Gudrun Lukasz-Aden: *Tiefer kannst du nicht fallen* · Band 10/12
Stephanie Sand: *Künstliche Intelligenz* · Band 10/13
Gitta Sereny: *Dann schon lieber auf den Strich* · Band 10/14
Karin Arndt: *Wir haben unheimlich viel gestritten* · Band 10/15
Ernest Bornemann: *Die neue Eifersucht* · Band 10/16
Peter Grubbe: *Alter macht frei* · Band 10/17
Gudrun Lukasz-Aden: *Ich bin so frei* · Band 10/18
Marjorie Jackson: *Ein Junge namens David* · Band 10/19
Wolfgang Wiesner: *Leben ohne Drogen* · Band 10/20
Matthias Horx: *Das Ende der Alternativen* · Band 10/22
Roland Girtler: *Der Strich* · Band 10/23
Heinrich/Schmitt: *Der Atom-Atlas* · Band 10/24
Frederic Vester: *Bilanz einer Ver(w)irrung* · Band 10/25
Das Männerwunder · Band 10/26
Rudolf Grass: *Die Alternative* · Band 10/27
Gudrun Lukasz-Aden: *Trennungen* · Band 10/28
Thomas Hauschild: *Die alten und die neuen Hexen* · Band 10/29
Keppler/Mehler: *Der sanfte Schrei* · Band 10/30
Öko-Atlas Bundesrepublik Deutschland · Band 10/31
Ingeborg Friesendorf: *Frauen im Knast* · Band 10/33
Lea Fleischmann: *Ich bin Israelin* · Band 10/34
Erich Kuby: *Der Spiegel im Spiegel* · Band 10/35
Emilio Sanna: *Affenliebe – Affenschande* · Band 10/37
Monika Goletzka: *Die schiere Lust oder Ist die Sexualität am Ende?* · Band 10/39
Martin Ahrends: *Das große Geld* · Band 10/40
Stephanie Sand: *IBM* · Band 10/41
Karin Jäckel: *»Es kann jede Frau treffen«* · Band 10/42
Gorbatschows historische Rede · Band 10/44
Richard Manning: *»Sie können uns nicht alle umbringen«* · Band 10/45
Ursula Fassbender: *Reinkarnation* · Band 10/46
Michael Heinrich: *Sind die Alpen noch zu retten?* · Band 10/47
Karin Jäckel: *Du bist doch mein Vater ...* · Band 10/48
Gudrun Lukasz-Aden: *Scheidung, was hat's gebracht?* · Band 10/50
Joachim Soyka: *Tatwaffe Computer* · Band 10/51
Bruno Venturi/Dorothee Thums: *Männerpremieren* · Band 10/52
Tobias Mündemann: *Die 68er* · Band 10/53
Leona Siebenschön: *Mutter & Tochter* · Band 10/56
Eva Roland-Schellack: *Die Frau über Vierzig* · Band 10/58
Klaus Peter Schlebusch/Hans-Christoph Scheiner/Peter Wendling: *Die Vernichtung der biologischen Medizin* · Band 10/54
Ronald M. McRae: *Parapsychologische Kriegsführung* · Band 10/57

Karin Jäckel

Betrug in der Partnerschaft

Aus, Neubeginn – oder Todsünde?

Originalausgabe

Wilhelm Heyne Verlag
München

HEYNE REPORT
Nr. 10/55

Redaktion: Bernhard Michalowski

Printed in Germany 1989
Umschlagfoto: Süddeutscher Verlag,
Bilderdienst/Claus S. F. Weidmüller, München
Umschlaggestaltung: Atelier Ingrid Schütz, München
Fotosatz: B. Hopfengärtner, München
Druck und Bindung: Ebner Ulm

ISBN: 3-453-029694-X

Inhalt

Ein ganz anderes Vorwort

»Warum machen Sie sich überhaupt die Mühe, über Untreue zu schreiben?«, stellte eine meiner Gesprächspartnerinnen bei der Recherche zu diesem Buch in den Raum. »Glauben Sie, das hilft irgendwem? Als mir das damals passiert ist, habe ich zwar gelesen, was mir vor die Augen kam. Aber da war nichts, was mir die Sache leichter gemacht hätte. Da war nichts, wo ich mich wiedergefunden hätte. Nichts, wo mir der Knopf im Ohr aufgesprungen wäre. Ich meine, wo ich plötzlich begriffen hätte, was ich falsch gemacht habe oder eben auch nicht. Jeder Mensch ist doch verschieden. Und Erlebtes ist auch verschieden. Warum schreiben Sie also darüber?«

Ich konterte: »Warum sind Sie dann bereit, mir Ihre Erfahrungen mitzuteilen, wenn Sie schon den Sinn eines solchen Buches in Zweifel ziehen?«

Langes Schweigen.

Dann, zögernd, aber mit zunehmend festerer Stimme die Antwort: »Weil es mir etwas bringt, mich ganz bewußt zu erinnern. Weil ich nie so genau über alles – von Anfang an bis jetzt –, nie so gründlich nachdenken mußte wie im Moment, wo ich Ihnen meine Geschichte aufschreibe. Weil ich sicher bin, daß Sie mir zuhören und echt interessiert sind und nicht heimlich denken: Wenn die doch bloß endlich zu labern aufhören würde.

Wissen Sie, das Hauptproblem bei so einer kaputten Beziehung ist diese furchtbare innere Einsamkeit, die ziemlich schnell auch eine äußere werden kann oder fast immer wird. Man kann mit dem Partner nicht reden, weil sich allmählich ein Schweigen eingeschlichen hat, das man zuerst gar nicht bemerkte. Man kann mit Freunden nicht reden, weil das meistens ja gemeinsame Freunde sind, vor denen man den Partner irgendwie nicht in die Pfanne hauen will. Außerdem kriegt man, wenn man doch zu reden versucht, sowieso keinen ernst zu nehmenden Kommentar. Die Freunde wollen sich's mit keinem verderben. Wenn man gut dran ist, hat man auch ein paar eigene Freunde. Mit denen kann man sich eine Zeitlang austauschen. Aber wenn man denen länger als drei Monate mit demselben Seelenmüll kommt, blocken die auch ab. Ich habe die Erfahrung gemacht, daß die Verständnisbereitschaft viel schneller ermüdet als man Verständnis braucht. Vor allem, weil man speziell in so einer Situation, die einem zutiefst unter die Haut geht, oft erst Monate nach dem Punkt Null imstande ist, sich dazu zu äußern. In der Zwischenzeit, wo man einfach wie taub ist vor Schmerz, einfach nichts rausbringt, da bilden sich die anderen ein, daß man alles längst ganz cool gemeistert hat. Und sind dann wie vor den Kopf geschlagen, wenn man plötzlich Hilfe braucht. Die haben die Sache ja selbst längst abgeheftet, für die ist das alles schon Alltag, gar nicht mehr wahr. Da wird man dann mit seinen Problemen ganz schön lästig und hält schnell wieder den Mund.

Und dann ist da noch ein Grund, warum ich Ihnen meine Geschichte schreibe: Ich habe natürlich immer gewußt, daß es Untreue gibt. Aber ich habe irgendwie immer in der Sicherheit gelebt, uns würde so etwas nicht betreffen. Als es schließlich doch passiert war, brach ich nicht nur deswegen zusammen, weil mich mein Mann mit so einer miesen kleinen ›F... Biene‹ betrogen hatte, sondern weil ich es kaum ertrug, vor aller Augen als Versagerin, schlechte Ehefrau und vor allem minderwertige Frau enttarnt zu werden. Mir war das so entsetzlich peinlich. Am liebsten hätte ich mich verkrochen, getan, als wäre nichts. Es hat unendlich viel Kraft gekostet, mich zu verteidigen, den Tatsachen ins Gesicht zu sehen, zu sagen: Ich bin etwas wert, auch wenn ich diesem einen Menschen nichts wert bin.

Ich denke, es war dieses Selbstwertgefühl, das ich in jedem Gespräch, in jedem Lesestoff, in jeder Diskussion mit mir selbst gesucht habe. Mein Selbstwert konnte mir nicht oft genug bestätigt werden. Danach war ich süchtig. Eben deshalb süchtig, weil dieses ›Verlassenwordensein‹ wie eine innere Bankrotterklärung für mich war. Ich wußte einfach nicht (mehr?), was ich wert war, ob ich überhaupt etwas wert war. Ich war aus allem rausgestürzt, was mich gehalten hatte. Und ich hatte nie gelernt, nur aus mir selbst heraus zu leben.

Wahrscheinlich geht das jeder/m so in dieser Situation. Und weil ich weiß, wie selten man wirklich hört, was man so dringend hören muß, will ich Ihnen helfen, dieses Buch über Untreue zu schreiben. Ich will es deutlich aussprechen, wieviel ich mir wert bin, indem ich mich preisgebe; meine Geschichte, meine Erfahrungen, mein Denken und Fühlen und meinen Kampf um mich selbst. Vielleicht, wenn ich mich ganz öffne und andere mit mir, vielleicht kann es dieses Buch schaffen, daß jemand liest und denkt: Hoppla, das kenn ich doch, das geht mich doch was an.

Im allgemeinen habe ich ein heiles Verhältnis zum Buch, müssen Sie wissen. Wenn's bei mir ›brennt‹, muß ein Buch her, das mir wie ein Krückstock zur Hand geht. Wahrscheinlich bin ich ja eine unverbesserliche Träumerin, aber ich wünsche mir zu diesem Thema ein Buch, das die Chance hat, eine Art Gesprächspartner für die zu sein, die Angst haben, an ihren Monologen zu ersticken. Und dafür lohnt sich jeder Versuch.«

Ehe, Treue, Sex und Seitensprung

Frei zitiert heißt es in einem Sprichwort: »Aus jedem Traummann wird mal ein Ehemann, aber von Traumfrauen laß die Finger weg.«

Doppelgesichtigkeit von Liebe und Ehe? Fazit einer am Alltag ermüdeten Beziehung? Oder Gedanken über das ewige Kontrastprogramm der Geschlechter?

Von jedem wohl etwas; schmerzlich-ironisch dem eigenen Spiegelbild hinters Glas gesteckt.

Die meisten Liebesbeziehungen stürmen mit Träumen, Wünschen, Illusionen in die Zeit zu zweit. Da scheint die Frau, der Mann fürs Leben gefunden. Vorbestimmt oder Zufallstreffer? Keiner kann seine Version beweisen. Aber jede/r kommt irgendwie zu dem Schluß, daß ›es‹ schon einen Sinn hatte. Auch wenn diese Einsicht oft schwerer Geburtswehen bedarf.

Der Traummann unserer Tage ist weder ein Robert-Redford-Verschnitt noch der Rambo-Typ eines Sylvester Stallone oder der unermeßlich großzügige Multimillionär. Laut einer Umfrage des Sample-Instituts in Mölln, welche unlängst im Auftrag der *BUNTEN* durchgeführt wurde, muß der Traummann keineswegs aufregend gut aussehen. Er hat es auch nicht nötig, mit Muskeln und Siegerpokalen aufzufahren oder ein Sexprotz zu sein.

Gefragt ist der Mann, auf den ›frau‹ zählen kann, der da ist, wenn sie ihn braucht und sich durch dick und dünn zu ihr bekennt. Treue wird als Tugend Nr. 1 von ihm erwartet.

Wie sehr, liest man an den nur ein Prozent von über tausend um ihre Meinung befragten Frauen ab, welche es für unwesentlich erachten, ob ein Mann sie betrügt oder nicht. Ein Prozent gegen 99 Prozent, die in überwaltigender Mehrheit davon träumen, mit dem Mann ihres Lebens ein Bollwerk gegen den Rest der Welt bilden zu können.

Vor allem die inneren Werte sind's, die ›frau‹ zum Schwärmen verleiten. Auf Treue dicht gefolgt rangieren Idealvorstellungen wie:

* *ehrlich und offen*	(91 %)
* *zärtlich*	(79 %)
* *gut erzogen*	(78 %)
* *gesellig*	(73 %)
* *gefühlvoll*	(71 %)
* *humorig*	(71 %)
* *optimistisch*	(70 %)
* *intelligent*	(69 %)
* *kinderlieb*	(61 %)
* *häuslich*	(60 %)
* *beruflich engagiert*	(56 %)

Äußerlichkeiten laufen sozusagen außer Konkurrenz. Ob der Mann fürs Leben blond oder schwarz, schlank oder ein Dickerchen, ob er seriös und schon etwas älter, etwa gar ein Sexmuffel ist, ob er es im Beruf zu etwas gebracht hat, sich Kinder wünscht oder lieber zu zweit allein leben möchte – alles unwesentlich.

Im Gegensatz zur landläufigen Meinung, daß ›frau‹ am liebsten Geld heiratet, geben nur zwölf Prozent von über tausend Interviewpartnerinnen an, Wohlstand für einen echten Sympathiebonus zu werten.

Die Mehrheit von uns Frauen scheint demnach entschieden besser zu sein als unser Ruf.

Mit 25 Prozent ebenfalls in der klaren Minderheit sind all die Evas, die einen schönen Vorzeige-Adam anhimmeln würden. Filmhelden, deren Konterfeis zärtlich und smart von jedem Titelbild lächeln, dienen allenfalls der Phantasie als Honigbrot. Den Mann fürs Leben sucht ›frau‹ nach anderen, realistischeren Gesichtspunkten aus. Dabei spielt es kaum eine Rolle, ob und welche ›Macken‹ ein Traummann in die Liebe einbringt. Hauptsache, der Kern ist durch und durch in Ordnung. »Der einzige Typ, der mich interessiert«, zitiert *Bunte* eine 44jährige, »ist der Mann, der auch mein Freund sein kann. Der darf krumme Beine haben, oder'n Kugelbauch – aber zu mir stehen muß er.«

Voila!

Vielleicht sind die anderen 25 Prozent der befragten Frauen, die sich nur einen sportlich leistungsfähigen Mann an ihrer Seite ausmalen können, identisch mit den Schönheitssuchenden. Nicht umsonst hat der Leitsatz der Altvordernen, daß nämlich ein schöner Körper immer auch ein sportlich-athletischer sei, bis heute Aktualität bewahrt, erfährt er doch aus den hoch und höher in Film, Funk und Zeitungsblättern emporschwappenden Fitnesswellen täglich neue Huldigungen.

Es beweist eine gute Portion Eigenständigkeit und gedankliche Unabhängigkeit, wenn ›frau‹ sich mit 75 Prozent auch an einem Nicht-Adonis begeistern könnte.

Ein etwas heikles Thema scheint der Sex zu sein.

Für nur 385 von 1070 befragten Frauen ist die sexuelle Begabung, Ausstattung und Begeisterung ihres Partners ein herausragend wichtiges Kriterium für eine glückliche Zweierbeziehung. Dahinter verbergen sich umgerechnet etwa 36 Prozent. Ein sexuell nur mäßig begabter, wenig interessierter Mann wäre für diese Partnersuchenden von vornherein indiskutabel.

Die Norm ist eine solche Erwartungshaltung unter Frauen allerdings nicht. Rund 43 Prozent, eine deutliche Mehrheit im Vergleich zu 36 Prozent, sprechen sich für Zweit- oder Drittrangigkeit von Sexfreuden aus, der Rest nimmt's noch leichter. »Stimmen soll's schon im Bett«, heißt es da. Aber vorrangig wichtig ist Frauen eine stillschweigende innere Harmonie. Eine gemeinsam aufgebaute und genossene ›heile Welt‹ gegen Umweltsorgen aller Art genießt einen entschieden höheren Stellenwert als Sex.

Alles in allem also ein Plädoyer der Frau für den wertvollen Charaktermenschen Mann, mit seelischem Tiefgang, geistigem Höhenflug, für den einen besten Freund und für ›lebenslänglich‹.

An dieser Stelle drängt sich natürlich die Frage auf, wie denn wohl die Traumfrau beschaffen sein muß, die Männerherzen im Hochofen der Liebe zu Eheringen umschmilzt. *BUNTE* hält auch hier Meinungsumfragen bereit.

»Gesucht: Eine wie meine Mutter und die Schöne aus dem Film«, wird da das Aktfoto einer sinnlich geräkelten Schönen als Inbegriff der Männerwünsche untertitelt. Traumfrau soll demnach ein Seelchen sein, ein absolut weibliches Wesen haben, sanft und schmiegsam, wunderbar schön und gepflegt, einfach ein Engel. Gleichzeitig muß sie die perfekte Managerin (Haushalt, Familie etc.) sein, die sich trotzdem verwöhnen läßt und dem Partner das Gefühl schenkt, der Größte zu sein, der alles für sie tut. Daß sie obendrein leidenschaftlich-wild und umwerfend sexy ist, gehört selbstverständlich dazu.

Auf einen kurzen Nenner gebracht schreibt *BUNTE:* »*Sie* sehnt sich nach dem lebenslangen Freund; *Er* sucht die Fee.«

Stellen wir die einzelnen Umfrageergebnisse doch einmal in einer kleinen vergleichenden Übersichtstabelle gegenüber!

Wunschbild	**Männer an Frauen**	**Frauen an Männer**
ehrlich, offen	91 %	91 %
treu	88 %	88 %
zärtlich	82 %	79 %
gefühlvoll	71 %	71 %
gut erzogen	71 %	78 %
gesellig	70 %	73 %
großzügig	66 %	X
optimistisch	66 %	70 %
häuslich	65 %	60 %
intelligent	59 %	69 %
sexy	56 %	36 %
berufl. engagiert	27 %	56 %
kinderlieb	X	61 %
humorvoll	71 %	71 %
pers. Freiheit des Partner respektieren	51 %	X
schön	42 % (52 %)	19 %

Typisch Mann – typisch Frau, das läßt sich aufgrund dieser Meinungsumfrageergebnisse lediglich in einigen wenigen, dafür gravierenden Punkten feststellen. So erwarten Männer von ihren Traumfrauen ausgesprochen wenig berufliches Interesse (27 Prozent) bzw. quälen sich (69 Prozent) mit der Einsicht in die Notwendigkeit des ›Zubrotes‹ ab. Frauen hingegen setzen ihre Hoffnungen auf berufliches Engagement, Karriere und damit verbundenes Ansehen ihres Partners deutlich höher an (56 Prozent). In diesem Sinne scheint es logisch, daß Männer an Frauen Intelligenz nicht sonderlich schätzen, ihre eigene jedoch gegenüber der angeschwärmten Traumfrau unter Beweis stellen wollen.

Ein dritter stark unterschiedlicher Gesichtspunkt ist die Schönheit. 75 Prozent der Frauen halten körperliche Merkmale für nebensächlich. Nur 19 Prozent von ihnen glauben, ausschließlich einen schönen Mann lieben zu können.

Männeraugen werten da anders. Über die Hälfte der jungen Männer schwärmt für die absolut tolle Figur, lange Beine, weiche Haut, für die aufregend weibliche Hollywoodschöne.

Mit zunehmendem Alter der Männer verschiebt sich ihr Blickwinkel offensichtlich ein wenig, verlagern sich Schwerpunkte in andere Richtungen. Doch auch von den reiferen Herren träumen immerhin noch 42 Prozent von einer Venus.

Der wohl herausragendste Unterschied zwischen Partneridolen von Mann und Frau ist die unterschiedliche Einstellung zum Sex.

Sie erinnern sich? Nur 36 Prozent der für *BUNTE* interviewten Frauen gaben an, sich einen glühenden Liebhaber zu wünschen, dessen außergewöhnliche erotische Art Garant für höchste Liebesfreuden sei.

In Männerträumen geht's viel heißer zu. 56 Prozent der Gesprächspartner bekannten Sex als Punkt eins auf ihrer Rangliste.

Erst mit den Jahren schwächt sich die Lust etwas ab. Doch bleiben 32 Prozent der späten Mittfünfziger und noch älteren Herren sexuell interessiert und aktiv und bedauern lebhaft, daß ihre Frauen nur mehr im Verhältnis eins zu acht mit Lust bei der Liebe dabei sein möchten. So muß es nicht verwundern, daß 51 Prozent dieser Herren im zweiten Frühling – Treue hin oder her – sich wünschen, ihre Partnerinnen ließen ihnen ihre persönliche Freiheit, ohne unpassende Fragen aufzuwerfen.

Sex-Hunger des Mannes gegenüber eher mäßigem Sex-Appetit der Frau. Da stimmt doch etwas nicht?

Vielleicht müssen wir zu den Anfängen des Homo sapiens zurückblenden, um die Zusammenhänge verstehen zu lernen.

Wie uns die Bibel lehrt, »schuf Gott den Menschen

nach seinem Bilde und schuf sie als Mann und Frau«, denn Gott sprach: »es ist nicht gut, daß der Mensch allein sei, ich will ihm eine Hilfe machen, die um ihn sei!«

Eine Hilfe übrigens nicht im Sinne von Gehilfin, die nach heutigem Sprachempfinden etwa einer mäßig bezahlten Küchen- oder Haushaltshilfe bzw. einer im Vergleich zum Meister unzureichend ausgebildeten Kraft entspricht. Im Alten Testament wird das Wort ›Hilfe‹ oft für Gottes eigenes Eingreifen in seine Schöpfung angewandt. Zum Beispiel in den Psalmen und Sprüchen, wenn es heißt: »Meine Hilfe kommt vom Herrn, der Himmel und Erde gemacht hat«.

Die Frau als ›Hilfe‹ des Mannes meint also eine vollwertige, dem Bild Gottes nachgestaltete, mit Gottes eigenem Testurteil ›sehr gut‹ versehene Ergänzung des ebenfalls für ›sehr gut‹ befundenen Mannes. Erst die Existenz der Frau, erst die Zweisamkeit, welche im wechselseitigen Nehmen und Geben, Lieben und Geliebtwerden gipfelt, vollendet die Bestimmung des Mannes, verleiht dem Leben in den Augen Gottes das Prädikat ›gut‹.

Nach dem Willen des Schöpfers war es mit fröhlicher Geselligkeit allein für Mann und Frau jedoch nicht getan. Die Tatsache, daß der Mensch nicht als Zwitterwesen ins Leben gestellt wurde, war Voraussetzung für die Erfüllung des göttlichen Schöpfungsplans. Mit Gottes Segen sollen Mann und Frau fruchtbar sein, sich vermehren, die Erde füllen und über alles herrschen, was der Schöpfer ihnen zum Erbe gegeben hat.

Es ist nicht entscheidend bedeutsam, ob man an den sogenannten Urknall oder Gottes Schöpferkraft als Quelle des (menschlichen) Lebens glaubt und den Fortpflanzungstrieb als Sendauftrag oder Arterhaltungszwang ansieht. Die Geschlechter sind ihm so oder so unterworfen.

Daß der Zeugungsakt mit höchster Lust gekoppelt

ist, dient vermutlich hauptsächlich dazu, ihn so oft als möglich vornehmen zu wollen, ihn erstrebenswert zu machen. Die seelische Komponente, die körperlich-geistige Erneuerung und Neubelebung des Menschen durch die Kraft des Orgasmus, scheint angesichts des Befruchtungsvorgangs sekundär. Die Lust dieser fleischlichen Vereinigung versüßt quasi die Pflicht. Wobei die Lust ja hauptsächlich für die Frau, die alle Folgen dieser Lust mit Schwangerschaft, Gebären und Mutterschaft trägt, mit Pflicht einhergeht.

Es leuchtet ein, daß der Mann, der die Konsequenzen des Zeugungsaktes, wenn überhaupt, nur sekundär erfährt, die Lust an der Lust unbeschwerter und freudiger genießt als die Frau.

Jahrhundertelang bedeutete Schwangerschaft höchste Lebensgefahr für die werdende Mutter. Geschichte und Literatur sind voll mit Berichten über Kindbettfieber, Verblutungstode oder dem plötzlichen Herzstillstand der Kreißenden. Überlebte die Frau, folgte meist Schwangerschaft auf Schwangerschaft, Risiko auf Risiko, wuchs die Not mit den kleinen Mündern, die es zu stopfen galt. Was Wunder, daß Frauen aller Zeitalter nach wirksamen Verhütungsmitteln suchten! Das sicherste ist natürlich sexuelle Abstinenz. Als Archetypus der Seele wurde dieses Wissen ins Unterbewußte jeder Frau eingebrannt. Zurückhaltung, gemindertes Lustempfinden oder -bereitschaft, ja, selbst die sexuelle Verweigerung sind (meist) unbewußter Selbstschutz.

Immer muß die angstvolle Sorge vor einer ungewollten Schwangerschaft die Frau geprägt haben. Ihr Wesen, ihr soziales Verhalten, ihr Auftreten, alles stand unter diesem Zeichen. Je bewußter der Verstand des Menschen wurde, desto fester umriß er sein Gegenüber, desto enger verknüpfte sich mit dem Bild der Frau ihr Ideal aus Jungfräulichkeit, Scheu, Scham, Zartheit, Schutzverlangen usw.

Mit dem Fortschreiten der Zeit wuchs das Wissen der

Menschheit. Auch das medizinische. Vor allem Frauen gelangten als Wehmütter (Hebammen) und Heilerinnen zu traurigem Hexenruhm.

Das Kindbettfieber als Todesursache ersten Grades wurde aus den Kreißsälen verbannt. Man entdeckte mechanische, später biochemische Hilfsmittel zur Schwangerschaftsverhütung. Die Lust der Liebe geriet darüber (auch) für die Frauen immer schöner.

Absurderweise schien dies die Männerwelt auf Dauer eher zu erschrecken als zu erfreuen. Das Bild der Frau als männermordender Moloch kam ins Gespräch, während Moralapostel lange Epiloge über den allgemeinen Sittenverfall verfaßten. Ehemänner erwarteten von ihren Frauen zwar jederzeit sexuelle Willfährigkeit, glaubten gleichzeitig aber allen Ernstes, daß weibliche Lust unmöglich, zumindest jedoch unanständig sei. Die ehrenhafte Dame des Hauses hatte eine gleichsam geschlechtslose Gebärmaschine zu sein. Die medizinische Forschung brachte es schließlich an den Tag, daß Frauen ebenso zum Orgasmus fähig sind wie Männer, wobei bis heute der Streit nicht enden will, ob eine ›biologische Befriedigung‹ minderwertiger ist als eine ›soziale‹, ob ein vaginaler Orgasmus echter ist als ein klitoraler.

Seit die Gleichwertigkeit der Frau in unserer patriarchalischen, von der christlichen Religion tief geprägten Gesellschaft zunehmend deutlicher erkannt und verinnerlicht wird, seit die medizinischen und mechanischen Hilfsmittel zur Verhütung von Schwangerschaften perfektioniert wurden und letzte Hemmschwellen niederrissen, drängt sich der sogenannte Sex zum Allesbeherrscher in den Vordergrund.

Lieblingsthema unserer Medien, öffentlich getrieben und diskutiert, haben wir alle jede Scheu und Zurückhaltung im Umgang mit der eigenen oder anderen Intimsphäre abgelegt.

Geblieben aber ist der Archetypus der Seele, der

Frauen allen Aufklärungsbemühungen und Offenlegungen privatester Bereiche zum Trotz, dazu bringt, körperliche Lust weit weniger wichtig zu bewerten als Männer.

Es liegt auf der Hand, daß aus dem Ungleichverhältnis von Angebot und Nachfrage in Sachen Sex Konflikte erwachsen. Der ernsteste und schwerwiegendste ist wohl das Problemfeld Untreue. Jeder Mensch möchte von dem Menschen, dem er sich anvertraut, ganz angenommen, ganz geachtet und geliebt werden. Treuebruch ist nicht so sehr das Sexualakt- oder ein Besitzverlustdenken. Es ist der Beweis, daß dem geliebten Menschen ein anderer Mensch lieber war, daß die eigene rückhaltlose Offenheit und innere Schutzlosigkeit von dem Menschen mißachtet und mißbraucht wurde, dem man sie als Geschenk dargebracht hatte. In einer Zeit wie der unseren, wo Gleichberechtigung in aller Munde ist, wo Mann und Frau einander schon alle Geheimnisse offenlegten, gerät Untreue weit öfter zur tödlichen Bedrohung einer Partnerschaft als früher. Dennoch war Betrug in der Partnerschaft zu allen Zeiten ein Thema. Kriege entbrannten seinetwegen, Morde wurden verübt. Vom ›kleinen‹ privaten Weltuntergang ganz zu schweigen. Spätestens seit der Verbreitung des Christentums mit seinen Lehren vom Sakrament der Ehe und der Sünde Ehebruch, die die Unlösbarkeit einer vor Gottes Angesicht geschlossenen Verbindung zweier Menschen garantieren (sollen), brannte sich in die Köpfe der Menschen der Begriff der Monogamie, der Einehe, ein.

Unsere Großeltern waren noch fest von der Überzeugung durchdrungen, daß Sex und Liebe unmöglich oder doch beides untrennbar sei. Mädchen hielten es für selbstverständlich, ja, konnten gar nicht anders, als sich für ›den einen Mann‹ aufzubewahren, dem sie mit dem Geschenk ihrer Jungfräulichkeit in der Hochzeitsnacht auch ihre Ehre darbrachten.

Junge Männer waren von ähnlichen Vorstellungen geprägt. Zwar hielt man es schmunzelnd für geboten, daß ein Mann seine Erfahrungen sammelte, amouröse Abenteuer bestand und vor der Ehe umso lieber über die Stränge schlug, als er danach leichter treu bleiben konnte. Ein Mädchen von Anstand, Sitte und Ehre kam jedoch für dergleichen Getändel nicht in Frage. Bordellhäuser oder leichte Mädchen bekannt frivolen Lebenswandels standen jedermann zur Befriedigung seines Triebes frei. Eines Triebes übrigens, der als unbeherrschbar galt und darum zu entschuldigen war.

Hatten sich die Sinne einmal als übermächtig erwiesen, war ein Mädchen vollkommenen Lebenswandels ›entehrt‹ worden, mußte der Mann von Ehre heiraten. Nur die Ehe vermochte den Makel einer vorehelichen Beziehung zu löschen, ein ›unehelich‹ empfangenes Kind als Sieben-Monats-Baby ›ehelich‹ zu machen und den bösen Spruch von der ›Katze im Sack‹ zu rechtfertigen.

Diese Grundeinstellung zu Ehe und Treue basierte größtenteils auf der unvergleichlich intensiveren Glaubenshaltung. Die Kirchenlehren waren Eckpfeiler des Lebens, gegen die allenfalls ein paar verderbte Reiche oder Freidenker mit Füßen traten.

Diesen Einfluß hat die Kirche von heute verloren. Warum?

1941 verfaßte Dietrich Bonhoeffer den Entwurf eines Schuldbekenntnisses, welches nach Hitlers Absetzen in allen Kirchen verlesen werden sollte, jedoch nie vorgetragen wurde. Die Aktualität dieser Worte, besonders zum vierten und sechsten Gebot Gottes, hat jedoch nichts verloren.

Bonhoeffer schrieb: »Die Kirche bekennt, keine wegweisenden und helfenden Worte zu der Auflösung aller Ordnungen im Verhältnis der Geschlechter zueinander gewußt zu haben. Sie hat der Verhöhnung der Keuschheit und der Proklamation der geschlechtlichen Zügellosigkeit nichts Gültiges und Starkes entgegenzusetzen gewußt. Sie ist über eine gelegentliche moralische Entrüstung nicht hinausgekommen. Sie ist damit schuldig geworden an der Reinheit und Gesundheit der jungen Generation. Sie hat die Zügellosigkeit unseres Leibes zum Leibe Jesu Christi nicht stark verkündigt.

Die Kirche bekennt, an dem Zusammenbruch der elterlichen Autorität schuldig zu sein. Der Verachtung des Alters und der Vergötterung der Jugend ist die Kirche nicht entgegengetreten aus Furcht, die Jugend und damit die Zukunft zu verlieren, als wäre ihre Zukunft die Jugend! Sie hat die göttliche Würde der Eltern gegen die revoltierende Jugend nicht zu verkündigen gewagt und hat den sehr irdischen Versuch gemacht, mit der Jugend zu gehen. Die Kirche ist schuldig an der Zerstörung unzähliger Familien, an dem Verrat der Kinder an ihren Vätern, an der Selbstvergötterung der Jugend und damit an ihrer Preisgabe an den Abfall von Christus.«

Wie gesagt, die Kirche hat dieses Bußgebet nie gesprochen. Die Tatsachen bestehen dennoch: Macht und Einfluß der Kirche auf die Moralvorstellungen der heutigen Gesellschaft sind oberflächlich, bleiben im Ernstfall Schall und Rauch.

Wie viele und immer mehr ›Beziehungen‹ gibt es, die nie vor einem Altar gesegnet wurden! Jede dritte rechtskräftig geschlossene Ehe endet vor dem Scheidungsrichter.

Der Bibelspruch, daß der Mensch nicht scheiden solle, was Gott zusammengefügt, nimmt sich schon wie beste Satire aus.

Shere Hite, die bekannte amerikanische Sexualforscherin, deren Report über *Treue, Sex und Seitensprung* mittlerweile auch bundesdeutsche Kassen klingeln läßt, interviewte 4500 amerikanische Ehefrauen. Ergebnis: 70 Prozent der über fünf Jahre Verheirateten gehen noch bzw. gingen schon mindestens einmal fremd.

Die von Shere Hite 1981 veröffentlichten Befragungen von 7239 Ehemännern erwiesen, daß 75 Prozent von ihnen ihre Frau schon in den beiden ersten Ehejahren betrogen, 72 Prozent zu anderen Zeitpunkten untreu waren.

Für deutsche Partnerbeziehungen scheinen sich rosigere Werte zu ergeben. Die Zeitschrift *Journal für die Frau* fühlte sich von Shere Hites Report zu der Frage provoziert, warum gehen Frauen fremd, und startete exklusiv für Deutschland eine Fragebogenaktion. 1301 Frauen sandten ihre ausgefüllten Fragebogen an die Journal-Redaktion zurück. Deren Auswertung läßt bundesdeutsche Ehemänner sicher schmerzlich zusammenzucken, denn 55 Prozent der Frauen gaben an, ihren Partner schon betrogen zu haben; 28 Prozent tun oder taten's auch in ihrer jetzigen Beziehung.

Seitensprung – Sprung, also kurzer rascher Schritt zur Seite, über den gemeinsam begangenen Lebensweg der Ehe oder offenen Partnerbindung hinaus – die heutigen Gesellschaftsformen sind ein reicher Nährboden.

Vor 30, auch 20 Jahren noch, war Ehebruch eine heimliche Affäre, die nur äußerst selten ihre Konsequenz in einer Scheidung erfuhr. Liebhaber oder Geliebte blieben Schattenwesen, angewiesen auf ein Sparflammen-Dasein ohne Rechte und öffentliches Ansehen. Das Ehepaar blieb ungeachtet des oder der Seitensprünge zusammen. Kirche und öffentliche Meinung schlossen Scheidungen nahezu aus. Für die Kinder dieser Ehe schien das Glück der Eltern perfekt. Wohl kaum einmal drang eine Liebschaft von Vater und/oder Mutter bis zu kindlichen Ohren vor.

Wie intensiv das Vorbild der Eltern eine Kindheit und aus dieser heraus auch den späteren erwachsenen Menschen prägt, ist soziologisch unumstritten. R. Dreikurs und V. Soltz schreiben in ihrem Erziehungsbuch *Kinder fordern uns heraus:* »Jeder lebt mit dem Kind, das er einmal war.« Mit anderen Worten, was uns als

Kind vertraut war, wird uns ein Leben lang akzeptabel scheinen.

Auch Betrug, Scheidung, Wiederheirat, Betrug... Das Auftauchen eines anderen Lebenspartners von Vater und/oder Mutter, das Aufbrechen der so unverbrüchlich erschienenen Familie – es bedarf keiner Erklärungen, um den kindlichen Verstand zu aktivieren. Ich habe mit Betrogenen und Betrügenden gesprochen, deren früheste Kindheitserinnerungen geprägt sind von erotischen, meist als stark beängstigend empfundenen Szenen zwischen einem Elternteil und einer fremden Person. Diese Erinnerungen reichen bis zum ungefähren Alter von drei, vier Lebensjahren zurück.

»Ich habe es mehr gespürt als gewußt«, sagte zum Beispiel Carla, Mutter dreier Kinder, eines davon außerehelich gezeugt und dem Ehemann untergeschoben. »Mein Vater hat meine Mutter oft betrogen. Seine verschiedenen Geliebten haben meiner Mutter geschrieben, ihr alles brühwarm geschildert. Sie hat sehr unter seiner Untreue gelitten. Ich habe schon als kleines Mädchen gewußt, daß ich nie so wie sie alles von einem Mann hinnehmen würde. Meine Mutter führte ihre Wehrlosigkeit auf ihre finanzielle Abhängigkeit von meinem Vater zurück. Sie bläute mir immer ein, nur ja gut zu lernen, etwas zu leisten, mein eigenes Geld zu verdienen. Männer, sagte sie, sind und bleiben Filous, die Frauen benutzen und dann ablegen. Sie erzog mich dazu, immer meinen Verstand zu schleifen, mich nie überrumpeln zu lassen, wach zu bleiben bis ins letzte. Heiraten wollte ich nie, dafür aber Kinder ohne Mann haben. Nur mit meiner Mutter, davon war ich überzeugt, wäre es uns besser gegangen.

Ich lernte dann meinen Mann kennen, eine Scheidungswaise, voller Sehnsucht nach einer richtigen Familie. Ich gab nach, es wurde geheiratet. Und schon ging's los, das heißt mein Mann fremd. Zuerst versuchte ich, ihn vor mir in Schutz zu nehmen, nach dem Motto:

›Ehe will gelernt sein. Er hat's aber nie gelernt.‹ Da habe ich mir auch ein Verhältnis zugelegt und vor meinem Mann kein Geheimnis daraus gemacht. Es hat ihn wenig berührt, mir – außer einem Kind – wenig gebracht. Heute bin ich meinem Mann wieder treu. Aber nicht aus Liebe, sondern Überdruß. Männer sind keine Gewissensbisse wert. Meine Mutter hatte schon recht. Ich bin sicher, hätten mein Mann und ich eine schöne Ehe bei unseren Eltern gekannt, hätten wir nicht von vornherein schlechte Eigenschaften an unserem Partner erwartet und mit schmerzhafter Befriedigung entdeckt, sondern auch eine schöne Ehe geführt.«

Die Erfahrung einer außerehelichen Beziehung der Eltern bleibt und prägt. Familien- und Ehetherapeuten, Soziologen, Theologen, Psychiater, sie alle wissen ein Lied davon zu singen.

Der Familie allein die Nasenspitze schwärzen zu wollen, weil ein Erwachsener seine Kindheitstraumata nicht ablegt und es darum mit der ehelichen Treue nicht so genau nimmt, hieße jedoch, den Schwarzen Peter vorschnell auszuspielen. Zahlreiche andere Faktoren mischen kräftig mit. Wir wollen hier nur einige wenige anführen.

Nehmen wir etwa die Kirchen.

Über lange Zeiträume hinweg übersahen ihre Vertreter wesentliche Strukturveränderungen ihrer Glaubensgemeinden. Die Folge ist ein steter Rückgang religiöser Bindung, obwohl die Glaubensbereitschaft zumal der jungen Menschen neue Spitzenwerte erreicht. Sekten schießen aus dem Boden. Ihre Gurus werden als Heilige, Gottgleiche verehrt, deren Lehren fanatische Anhänger zeitigen. Hexen- und Satanskulte haben regen Zulauf. Schwarze Messen und Schwarze Magie werden als Kraftquellen zelebriert, mit deren Hilfe Macht und Existenz des Göttlichen aus der Existenz des Widersachers bewiesen scheint.

In demselben Maße, wie sich die Menschen von der

Kirche, ihren Lehren und Gesetzen abwenden, sind auch die kirchlichen Trauungen rückläufig. Die Ehe wird nicht mehr wie früher als ›von Gott zusammengefügt‹ bewertet. Es hat auch nichts mehr mit Gott oder Sünde zu tun, wenn man die Treue bricht, die Ehe auflöst, sich neu verheiratet.

Meine Gespräche über Treue und Untreue mit insgesamt 374 Männern und Frauen lassen den Rückschluß zu, daß nur mehr ein geringer Teil der Bevölkerung von tiefer Religiosität geprägt wird. Zwar gehört der Kirchgang zum Sonntag, vornehmlich in ländlichen Gebieten; zwar ist es obligatorisch, Taufe und/oder Kommunion/Konfirmation zu begehen; gelebter Glaube steht dennoch selten dahinter. So gaben 301 der von mir interviewten Personen Schuldgefühle gegenüber ihrem Partner zu. Schuldgefühle wegen der eigenen Wortbrüchigkeit, die für den betrogenen Partner einen Zusammenbruch des Lebensinhaltes hervorrief. Schuldgefühle gegenüber Gott lehnten 256 von ihnen kategorisch ab.

Gemessen an den Wertvorstellungen unserer Groß- und Urgroßeltern ist dieser Werteverfall der Kirchenlehre gravierend. Ehebruch als Sünde und das Bedürfnis, sündenfrei vor den Pfarrer treten zu können, quälen uns heute ebenso wenig in Hemmschuhe für einen Seitensprung wie der Gedanke, daß Beischlaf nur unter dem Zeugungsaspekt Gott wohlgefällig, im übrigen aber verwerflich und vom Bösen sei.

Die sogenannte sexuelle Revolution der sechziger und siebziger Jahre sowie die Anti-Baby-Pille überrannten alle ererbten und anerzogenen Schuld- oder Angstgefühle. Sex wurde öffentlich, durfte auf keiner Party fehlen, und wer nicht leidenschaftlich mitmachte, geriet unversehens in den Ruch des verklemmten Spießers, der jenseits von Lebensfreude und Kultiviertheit dahinvegetierte. Wo unsere Vorgeneration den angebeteten Menschen züchtig und in allen Ehren umwarb, ehe der priesterliche Segen grünes Licht im Schlafzimmer gab, schlitterte die Hippie-Gesellschaft der heute 40–50jährigen in fast zwanghaft ausgelebte voreheliche Sexbeziehungen hinein.

Filme, Zeitschriften, Bücher, Pornographie in ungenierter Blüte heizten der Fantasie ein. Züchteten eine Erwartungshaltung heran, deren überhöhte Maßstäbe oft genug nur durch eine möglichst große Anzahl sexueller Abenteuer befriedigt werden konnten. Sex in Perfektion hieß die Losung. Wehe, wehe, Ehe, wenn einer der Partner diesen Wünschen und Anforderungen nicht zu genügen vermochte bzw. vermag! Hat uns die sexuelle Aufklärung nicht das Recht auf sexuelle Erfüllung bewiesen? Steht uns der Orgasmus etwa nicht zu? Und trägt nicht in Wahrheit der die Schuld an unserer Untreue, der sie uns aufgrund seiner körperlichen Unzulänglichkeiten geradezu aufzwingt?

Treue wäre schließlich kein Problem, wenn man nur bekäme, was einem zusteht und was man erwiesenermaßen ja auch braucht, um gesund zu bleiben.

Kennen Sie diese Argumente, Erbe sexueller Neuerer, die uns Ehe als langweilig, als eintönige Zwangsjacke sehen und tragen lehrten, ohne der Liebe eine bessere Alternative bieten zu können?

Die Revolution hat sich im eigenen Feuer verzehrt. Geblieben ist das Bewußtsein vom Sex als Grundrecht jeden Individuums. An vorehelichen Amouren erprobt, für er- und anregend befunden, gerät uns die Sucht nach sexuellem Abenteuer unversehens zur außerehelichen Routine.

Warum denn auch nicht? Eine Frage, die ich, begleitet von lässigem Schulterzucken und betont selbstsicherer Miene, oftmals vernahm. Eine Frage, die sich so allerdings meist nur der Partner stellt, der betrügt. Der Blickwinkel des betrogenen beschreibt eine andere Perspektive.

Industrialisierung, Kriegszeiten mit ihren Anforderungen an weibliche Arbeitskraft, der Wirtschaftsboom und nicht zuletzt die Frauenbewegung wandelten das Frauenbild grundlegend. Bis Mitte des 19. Jahrhunderts unterlag die deutsche Familie einer strengen patriarchalischen Hierarchie. Der Mann herrschte als unanfechtbares Oberhaupt über Angehörige und Gesinde, war Richter und Strafvollzieher in einer Person. Niemand, der ihm je dreinzureden gewagt hätte, wo er es für nötig befand, sein Züchtigungsrecht auszuüben. Und sei's auch an der eigenen Ehefrau.

Wie entmündigt die Frau war, mag ein Auszug aus dem Allgemeinen Preußischen Landrecht von 1860 beweisen: »Jede gesunde Frau ist verpflichtet, ihr Kind zu stillen. Die Dauer der Stillzeit bestimmt der Mann.«

Heute sieht sich der Mann entthront. Die Frau an seiner Seite beansprucht mit größter Selbstverständlichkeit ihren Anteil vom Platz an der Lebenssonne. Gleiches Recht für alle, ein Schlagwort kreiert ein neues: Partnerschaft. Der Mann als domestiziertes Haustier, gemeinschaftlich mit der Frau unterm Ehejoch?

Wenn wir wochenends durch die Straßen schlendern, scheint der Versuch perfekt gelungen. Vatis mit Kinderwagen oder Babykraxe, Plastiktüten schleppend und schweißtreibende Kaufgütermengen aus Einkaufwagen in den frisch gewienerten Kofferraum umladend – ein allsämstägliches Bild. Das freilich nicht über die Realität hinwegtäuschen darf.

Repräsentativumfragen beispielsweise in Baden-Württemberg und Hessen aus den Jahren 1982/83 ergaben, daß nur jeder zehnte Ehemann seiner Frau bei der Hausarbeit zur Hand geht.

Daß die Ehefrau ihrem Mann beim Geldverdienen hilft, wird seit den achtziger Jahren, die als Hoch-Zeit der Emanzipationswelle gelten, immer alltäglicher. Nur-Hausfrau wurde zum Makel, der eigene Verdienst zur Selbstwertbestätigung.

Weit gefehlt, herzliche Freude des Ehemannes über

die Aktivität seiner Frau zu unterstellen. Vermutlich auf eigenen Erfahrungen basierend, entwickeln 43 Prozent der Ehemänner Sorge, ihre Ehe sei durch die Erwerbstätigkeit der Frau in Frage gestellt. Hier sticht nur nach außen hin die Klage, eine durch Beruf und Haushalt doppelbelastete Frau komme ihren Hausfrauenpflichten zu ungenügend nach, so daß dies ein Anlaß zu steten heftigen Streitigkeiten sei. Weit tiefer sitzt die Angst des Ehemannes vor der männlichen Konkurrenz, die er umso heftiger vermutet, als ihm die Arbeitskollegen seiner Frau unbekannt sind.

In der Tat scheint diese Sorge nicht unbegründet. Wie überall schafft Gelegenheit Diebe, denn seit zusehends mehr Frauen Arbeitsplätze besetzen, schlägt die ehemals so typisch männliche Ausrede: »Schatz, ein überraschendes Geschäftsessen; ich komme später. Warte nicht auf mich«, sich in wachsenden Seitensprungzahlen der Frauen nieder. Umfragen ergeben, daß seit Beginn der achtziger Jahre, die den Persönlichkeitswandel der Frau einläuteten, deutlich mehr Männer als früher außereheliche Liaisons mit Arbeitskolleginnen eingehen. Dabei spielt es keine Rolle, ob beide oder nur ein Seitensprungpartner verheiratet ist. Jürgen, Gebietsleiter einer angesehenen Leasingfirma und ›Herr‹ über zahlreiche weibliche Arbeitskräfte, meinte: »Bin ich der Hüter ihrer Ehe? Wenn sie mich will und ich sie, was geht mich da ihr Ehemann an? Mit dem hab ich doch nichts zu tun.« Julia, zur Zeit Jürgens Sekretärin und Geliebte, ergänzte: »Was mich mit Jürgen verbindet, habe ich bei meinem Mann nie gekannt. Ich nehme ihm durch diese Beziehung nichts weg. Aber seit ich sie habe, fühle ich mich endlich wieder als Frau statt als Gebrauchsgegenstand. Ich will meinen Mann nicht verlassen; da sind ja die Kinder, das Haus, Freunde. Trotzdem ist Jürgen für mich der Traummann.«

Wir haben als mögliche Auslöser unseres zerrütteten Moral- und Treueverhaltens den schwächeren Einfluß der Kirchenlehre gemutmaßt; die sexuelle Revolution der 60iger und 70iger Jahre sowie die Emanzipationswelle der 80iger in ihren Auswirkungen auf Liebe, Sex und Ehe herausgeschält. Wir versuchten, die vermehrte Berufstätigkeit der Frau und die damit verbundene breitere ›Angebotspalette‹ weiblicher Arbeitskollegen in Beziehung zu setzen zu den statistisch ermittelten Steigerungsquoten des Seitensprungs in den vergangenen zehn Jahren. Lassen Sie uns diesen Gedankengang mit einem kleinen Exkurs zu den meinungsbildenden Massenmedien abschließen.

Ursprünglich trugen Barden, Bänkelsänger und fliegende Händler Neuigkeiten, vorzugsweise schön-grausige, über Land. Reisende Schausteller brachten das Theater der Großen ins Haus der Kleinen. Das Buch als Mittler setzte sich anfangs nur zögernd durch.

Spätestens seit Shakespeare seinen *Othello* in rasender Eifersucht Desdemona ermorden ließ oder Tolstois *Anna Karenina* um des Geliebten willen Mann und Kind verläßt, ist betrogene Liebe aber zu einem der großen literarischen Themen geworden.

Nun hat der Film, sei's auf Großleinwand oder kleinem Bildschirm, dem Buch ja längst den Rang abgelaufen, hat sich das einstige Herzflimmern über anregender Lektüre längst in Augenflimmern vor dem Fernseher gewandelt. Große Literatur, die bleiben wird, wie etwa Goethe und Schiller blieben, gibt es nicht mehr in unserer gehetzten Zeit. Unsere Muße reicht für intensive Lektüre nicht aus, allenfalls für die in Action-Szenen zusammengerafften Verfilmungen von Stoffen, die einst die Welt bewegten.

Wo heute Mord und Terror aus allen TV-Kanälen ins traute Heim knallen, wo Liebe möglichst hautnah von Kuß bis zur Vergewaltigung ins Detail geht, wo Gesetz, Moral, Sitte und natürliches Schamgefühl zu lächerlichen Anti-Werten pervertieren, da gingen unseren Eltern und Großeltern in den 40iger und 50iger Jahren große Kinofilme nach klassischen Literaturvorlagen ans Herz. Denken wir etwa an *Lady Hamilton*, die unvergeßliche Geliebte Lord Nelsons, deren Hungertod als wohlverdiente Strafe ihres lasterhaften Liebeslebens angesehen und beweint wurde. *Anna Karenina*, *Madame Bovary*, weitere Evergreens der romantisch verklärten Liebestragödien, die mit dem Drohfinger auf die bösen Folgen von Liebesaffären und Treuebruch verweisen. Heute als ›Schmachtfetzen‹ verpönt, prägten sie vor rund vierzig oder fünfzig Jahren die innere Einstellung der Welt.

Erst die späten 50iger, frühen 60iger Jahre schnitten die alten Zöpfe ab. Der Film *Die Reifeprüfung* legt dafür beredtes Zeugnis ab. Nicht nur, daß die Verführerin eine Frau in den besten Jahren und somit entschieden älter als der frisch gebackene Abiturient war, nein, ihre Untreue zog weder Gewissensbisse noch konkrete Strafen nach sich.

Heute gibt es kaum noch Sendungen im Fernsehen oder Kinofilme, in deren Mittelpunkt eine glückliche Familie, ein glücklich verheiratetes Paar steht. Stattdessen werden wir vom Strudel der Leidenschaften bei ›Dallas‹ und ›Denver‹ mitgerissen, wo kaum die Darsteller selbst noch zu wissen scheinen, wer denn nun eigentlich mit wem ...

Zwar wird Untreue nicht unbedingt als das Nonplusultra herausgestrichen, wohl aber erfährt der Zuschauer als ›message‹, daß Fremdgehen etwas Normales, Alltägliches ist und uns im Grunde nichts davor schützen wird. Eine Meinung übrigens, die von der Mehrheit aller bei Repräsentativumfragen um Stellungnahme Gebetener bereits verinnerlicht wurde. Auch die mir zur Verfügung stehenden Interviewpartner brachten ihre Erfahrungen bzw. Erwartungen auf einen Nenner: »Jeder von uns kann dazu doch was sagen. Wenn nicht heute, dann morgen. Irgendwann kracht's bei jedem mal. Kommt bloß drauf an, was du daraus machst.«

Was Film und Fernsehen noch nicht abgedeckt haben, besetzt die Regenbogenpresse mit ihren grelllüsternen Verpackungen der gerade aktuellen Liebesromanzen der ›Großen‹ dieser Erde. Unheimlich heimlich schnappen Fotofallen zu, keine Intimität, die davor sicher wäre. Und Konsument Leser schlürft's genüßlich ein, mit einem Auge schon auf der Lauer nach einem geeigneten Selbstversuch. Soziologen aus aller Welt haben bewiesen, wie nachhaltig Medien Denk- und Verhaltensweisen der Bevölkerung beeinflussen, ja, steuern. Müssen wir uns wirklich die Frage nach der Erstgeburt von Henne und Ei stellen, wenn wir den Wandel in der öffentlichen Darstellungweise von Untreue in Relation setzen zum Wandel unseres Treueverhaltens?

Treuebruch, Vertrauensbruch, zerstörte Ehe, Scheidungsverfahren, Schmerz und Ärger, besonders um die Finanzen – eine tragische Verkettung, die in immer mehr Menschen den Wunsch nach neuen Formen des Zusammenlebens weckt.

Grundgesetz und Kirche erklären übereinstimmend die alleinige Rechtmäßigkeit der vor Staat und Gott auf Lebenszeit geschlossenen Ehe. Die Kirche fordert die Einehe, weil »Gott Adam eben nur eine Frau und nicht mehrere zur Seite stellte« (Joachim Cochlovins). Der Staat sieht in der Familie seine kleinste, zugleich wichtigste Keimzelle, da sie allein Garant scheint, den überlebenswichtigen Nachwuchs zu erzeugen. Schon Eduard Fuchs propagierte, die Ehe habe die Frau endlich vom Lusttier des Mannes zu seiner Genossin erhöht, mit deren Hilfe der wahre Zweck der Ehe, das Zeugen und Erhalten von Kindern, erfüllt werde. »Durch diese Wichtigkeit der Ehe für den Staat« (Anm.: da er ohne Kinder zum Aussterben verurteilt sei), so Eduard Fuchs weiter, »wird sie zum sittlichen Institut oder vielmehr die einzige Form, die den beseitigen Geschlechtsverkehr legalisiert. Die Ehe ist deshalb auch eine Würde, die die Verheirateten über die Unverheirateten erhebt«.

Um die Ehe, die Familie, attraktiv zu erhalten, wendet der Staat eine Art Belohnungs- bzw. Strafsystem an. »In der Bundesrepublik wurde allein im Jahre 1979 die Verheiratung und Fortpflanzung mit etwa 60 Milliarden DM Steuerermäßigung, Kindergeld, Krippen, Kindergärten etc. vom Staat angereizt«, heißt es in einer Publikation G. Heinsohns, Fachmann für Bevölkerungslehre und Autor zahlreicher Sachbücher. Der Ledige sieht sich im Vergleich zu Ehepaaren durch höhere Besteuerung quasi bestraft.

Weder staatliche noch kirchliche Gesetzesvorschriften respektive Strafandrohungen vor Gottes Jüngstem Gericht binden zwei Menschen unabänderlich in eine Ehe ein. Die Illusion von der vollkommenen Liebe unter Menschen, wie sie in Liedern, Literatur und religiösen Schriften suggeriert wird, ist ein Traum und auch eine Lüge. Sexualität als erfüllte körperliche Liebe soll die seelische Liebe garantieren. Wie oft habe ich während meiner Recherche zu vorliegendem Buch insbesondere von jungen Menschen Stoßseufzer gehört: »Wenn's im Bett zwischen uns besser klappen würde, wäre alles okay.« Sexualität kann immer nur Draufgabe zur seelischen Liebe sein, nicht umgekehrt. In demselben Maße, wie sexuelle Illusionen hochstilisierte Erwartungen trügen, mehren sich die Ehescheidungen.

Der Staat als Gesetzgeber und Ordnungshüter begegnet diesem Problemkomplex mit dem Ehescheidungsgesetz und einem geregelten Verfahrensprozeß, welcher Prüfung der Tatsachen und Richterspruch voraussetzt.

Leicht wird einem trennungswilligen Paar die Scheidung nicht gemacht. Die Gründe, warum alternative Lebensgemeinschaften gesucht und eingegangen werden, sind facettenreich. Meist sind enttäuschte Liebe, Bindungsangst, gesteigerter Individualismus, Ablehnung von Staat und Staatsordnung sowie eine grundsätzlich düstere Erwartungshaltung die Ursachen. Nicht zuletzt der Wunsch, Rechtskosten und -folgen einer Scheidung zu vermeiden.

Die Kirche als Maß unserer Moral und sittlichen Werte teilt sich hinsichtlich der freien Partnerschaften in zwei feindliche Lager. Hier die Verlautbarung des Zürcher reformierten Kirchentages von 1985, welche neue Wege der Ehe bejaht, dort die Gegner, die eine Realität des Bösen zu bedenken haben, welche jede voreheliche Beziehung in eine Weigerung verkehrt, soziale Verantwortung und christlich-ethische Grundwerte anzunehmen. Allein die Ehe, als Selbstverwirklichung zweier Individuen, schenke durch ihre Einbindung in Gottes Ordnung die innere Freiheit, um Egoismus und Rücksichtslosigkeit wirksam auszuschließen. Die Erklärung sowohl der evangelischen als auch katholischen Kirche zur Ehe ohne Trauschein erkennt Spontanität und Leidenschaft als Merkmal der Liebe. Gleichzeitig wendet man aber ein, daß Liebe nach Bestand und angstfreiem Zukunftsplanen verlange. Garant dafür könne nur der Trauschein sein, welcher das Versprechen beinhalte, es mit dem einmal auserwählten Partner ein Leben lang zu wagen, statt diesen erst einmal auszuprobieren und eventuell sogar für unzureichend zu befinden.

Auch im Staat nehmen die Stimmen zu, die eine rechtliche Anerkennung der freien Lebensgemeinschaften neben der traditionellen Ehe fordern, obwohl die Ehe als Grundwert im Grundgesetz verankert ist.

1988 wies das Bundesjustizministerium in Bonn die Forderung der SPD nach staatlichem Schutz für nichteheliche Lebensgemeinschaften zurück. Es dürfe keine »Ehe zweiter Klasse« geben, so Justiz-Staatssekretär Friedrich Jahn (CDU). Das Eherecht gewähre »mit seinen unterhaltsrechtlichen, güterrechtlichen und erbrechtlichen Vorkehrungen dem schwächeren Partner ein Höchstmaß an Sicherheit.« Wer unterhalb dieses

Niveaus eine Rahmenordnung für Ehen ohne Trauschein ansiedeln wolle, »höhlt diesen Schutz aus«.

Mängel des dieser CDU-Entscheidung zugrunde liegenden Artikels 16 des Grundgesetzes, welcher Ehe und Familie unter den besonderen Schutz der Staatsordnung stellt, sind nicht nur von Regierungsgegnern rasch gefunden. Zwar dürfe, heißt es da, die ›wilde Ehe‹ keinen staatlichen Schutz genießen, da sie ja auf keinem Papier existiert, einzahlen in die Staatskasse dürfen ›wilde Ehepaare‹ allerdings auf dem Umweg über Sozial- und Arbeitslosenhilfe schon. Hier wird nämlich eine wechselseitige Unterhaltspflicht der unverheirateten Partner unterstellt – nicht anders als bei verheirateten. Die steuerliche Begünstigung des Ehepaares wird dem ›wilden Paar‹ jedoch nicht gewährt.

Ein weiterer ›Zwang zur Ehe‹?

Lebens- statt Ehe-Partner zucken da nur mit den Schultern.

Betrug in der Ehe

Von Elisabeth Motschmann

Anders als in früheren Zeiten, gilt heute eine Ehe vom Tage der standesamtlichen Trauung an als rechtsgültig und vollzogen. Allenfalls in ländlichen, streng religiös geprägten Gemeinden herrscht noch der Gedanke vor, erst Gottes Segen zur Hochzeit in Weiß läute die Ehe ein.

Trotz Kritik an der Kirche und der Verbreitung von Gottes Wort, ob nun gläubig oder skeptisch, abtrünnig gar – an hohen Festtagen wie Hochzeit, Kindstaufe oder Tod scheinen Gebet, Glockenklang und Segensworte unverzichtbar.

Oft ist auch dem die Haltung der Kirche zu Ehe, Treue, Sex und Seitensprung wichtig, der sich von ihr abgewandt hat. Unerwähnt all jene, die sich in ihrem Schoß geborgen wissen.

Elisabeth Motschmann, evangelische Theologin und Pädagogin, Autorin theologischer Beiträge, schrieb uns einen Kommentar zum Thema Seitensprung aus der Sicht der evangelischen Kirche.

Für ihre spontane Bereitschaft, an diesem Buch mitzuwirken und einen bisher unveröffentlichten Essay einzubringen, an dieser Stelle meinen herzlichen Dank.

Am Beginn jeder kirchlich geschlossenen Ehe steht die Frage an Braut und Bräutigam, ob sie bereit sind, die Ehe nach »Gottes Gebot und Verheißung zu führen«, einander zu »lieben und zu ehren, in guten wie in bösen Tagen, bis der Tod euch scheidet?« Beantwortet wird diese Frage immer mit einem »Ja«, sowohl vom Mann als auch von der Frau. Er bemüht sich, seiner Stimme dabei Festigkeit zu geben, sie dagegen haucht ihr »Ja« zaghaft unter dem Schleier hervor.

Wie gefährdet bzw. brüchig dieses »Ja« ist, zeigt die Zahl der Ehescheidungen, zeigen aber auch die nicht zu registrierenden Fälle des ehelichen Betrugs. Trotzdem ist dieses »Ja« im Augenblick, wenn es gesprochen wird, ernst und ehrlich gemeint. Wer Treue vor dem Altar verspricht, ist überzeugt, daß er sie halten kann. Und doch wird der Alltag unendlich vieler Ehen überschattet und belastet von der Untreue des einen oder anderen Partners. Warum nur?

Gewollt hat den Betrug keiner, verachtet wird er im Grunde von jedem, begleitet ist er in der Regel von Heimlichkeit, Unehrlichkeit, Schuldgefühlen oder Angst vor dem Entdecktwerden. Häufig ist er der Anfang vom Ende einer Partnerschaft. In jedem Fall aber bedeutet er einen Verstoß gegen das sechste Gebot: »Du sollst nicht ehebrechen«.

Angesichts dieser negativen Bilanz des Betrugs in der Ehe möchte ich zwei Fragen nachgehen:

1. Warum zieht dennoch in so vielen Ehen der Betrug ein?
2. Gibt es Möglichkeiten, ihm entgegenzuwirken?

1. Eheliche Untreue setzt eine brüchige Stelle in der Ehe voraus. In einer wirklich intakten, harmonischen Ehe ist das Eindringen eines fremden Partner nahezu unmöglich. Der ›Bruch‹ einer Ehe geht daher stets von zwei Seiten aus. Jeder Betrug, jeder Seitensprung hat seine Vorgeschichte.

Eheliche Mangelerscheinungen, Enttäuschungen und Defizite versucht man auszugleichen oder zu korrigieren, indem Glück und sexuelle Erfüllung außerhalb der Ehe gesucht werden. Die Vielfältigkeit der Mangelerscheinungen ist so groß, daß mir eine komplette ›Auflistung‹ unmöglich und wohl auch unnötig erscheint.

Der Grund für einen Betrug in der Ehe liegt aus meiner Sicht in einer inneren und äußeren Ungeborgenheit. Hervorgerufen wird die innere Geborgenheit durch Lieblosigkeit oder Gleichgültigkeit, durch zu wenig Verständnis für die Fragen und Sorgen des anderen und durch sexuelles Unbefriedigtsein. Verstummt das eheliche Gespräch, dann wird es auch in der Sexualität ›still‹.

Der enge Zusammenhang von gedanklicher, geistiger und körperlicher Nähe wird in unverantwortlicher Weise verkannt oder unterschätzt. Darum ist es wichtig, immer wieder die schlichte Tatsache ins Bewußtsein zu rufen, daß Untreue nicht im Bett, sondern im Kopf beginnt.

Eine Frau, die sich nicht für die beruflichen Belange ihres Mannes interessiert, die seine diesbezüglichen Fragen oder Probleme beiseite schiebt oder allenfalls gelangweilt und teilnahmslos anhört, vermittelt ihrem Mann eben diese innere Ungeborgenheit.

Natürlich sind es ebenso die Männer, die auf ihre oft andere Weise für ein gefährliches Klima innerer Ungeborgenheit in der Ehe sorgen und ohne sich einer Schuld bewußt zu sein, den Grundstein für einen Betrug oder Seitensprung der Frau legen.

Gemeint sind Männer, die nicht bereit sind, sich in die sehr verschiedenen Aufgabenbereiche ihrer Frauen in Familie und Beruf hineinzudenken, die deren Wünsche, Hoffnungen und Sehnsüchte ignorieren und auf deren psychische Belastungen und Empfindlichkeiten nicht eingehen. Diese Männer brechen die Ehe, ehe es zum sichtbaren Ehebruch kommt.

Gefahr für die Treue lauert aber auch dort, wo ein Partner den anderen einengt und Ehe zum Gefängnis wird. Dem Mann oder der Frau wird auf diese Weise die Luft zum Atmen, die Möglichkeit der Entfaltung und Entwicklung eigener Pläne, Gedanken und Initiativen genommen. Auch dies kann zu einer inneren Ungeborgenheit führen.

Schließlich ist es sexuelle Eintönigkeit und Langeweile, die das Gefühl von Verlassenheit und Einsamkeit inmitten einer Ehe vermitteln. Noch immer versäumen es Eheleute, über ihre sexuellen Wünsche und Vorlieben offen zu sprechen und leben in dieser Hinsicht weitgehend aneinander vorbei. Die sogenannte sexuelle Revolution hat dieses Fehlverhalten und die damit verbundenen Hemmungen nicht beseitigen können.

Innere Ungeborgenheit kann aber auch außerhalb der Ehe entstehen. Goethe schildert eine solche Situation in seinem *Tagebuch*. Wegen einer Wagenpanne muß der Ich-Erzähler seine Heimfahrt unterbrechen und in einem Gasthof übernachten. Sehnsüchtig denkt er an seine Frau, die nun vergeblich auf ihn wartet. Da betritt die Bedienung das Zimmer und bringt das Abendessen:

»Sie geht und kommt; ich spreche, sie erwidert;
Mit jedem Wort erscheint sie mir geschmückter:
Und wie sie leicht mir nun das Huhn zergliedert,
Bewegend Hand und Arm, geschickt, geschickter –
Was auch das tolle Zeug in uns befiedert –
Genug, ich bin verworrner, bin verrückter...
Mit gierigem Blick die Hochgestalt umschweif ich,
Sie senkt sich her, die Wohlgestalt umgreif ich.«

Diese eheliche Untreue wird hervorgerufen durch Gefühle, die den Mann plötzlich überwältigen, gegen die er sich nicht mehr zu wehren vermag. Mit seiner Ehe hat das nicht zu tun. Gelegenheit macht Diebe und eben auch Liebe. Die Natur des Mannes ist in diesem Fall stärker als der Verstand. Die Enttäuschung der Wagenpanne wird durch ein Abenteuer überwunden.

Diese Geschichte ist alt, die Sache jedoch hat ihre Aktualität keineswegs eingebüßt. Die Radpanne ist ein harmloses Beispiel und ließe sich durch zahlreiche andere ersetzen. Enttäuschungen im Beruf, unerfüllte Hoffnungen auf welchem Gebiet auch immer, gekränkter Ehrgeiz oder Stolz usw. können dazu führen, daß ein Mann oder eine Frau ›Erfolg‹ in einer außerehelichen sexuellen Beziehung suchen oder spontan in eine solche hineinrutschen, ohne es geplant oder auch nur gewollt zu haben.

Goethes Reisender leidet ja durchaus darunter, nicht bei seiner Frau sein zu können. Für mangelnde Liebe zu ihr gibt es keinerlei Anzeichen. Seine momentane Ungeborgenheit läßt ihn schwach werden. Wieviele Dienstreisende heute, wieviele Konferenzteilnehmer weit weg von zu Hause sehen sich in gleicher Situation, in gleicher Versuchung.

An dieser Stelle möchte ich die Erörterung der Gründe für die Entstehung innerer Ungeborgenheit abbrechen, ohne einen Anspruch auf Vollständigkeit zu erheben. Ungeborgenheit, die Untreue nach sich zieht, ist in all den unterschiedlichen Fällen meist eine Flucht, ein Zurückweichen vor den Problemen und Resignation. Man meint, es gäbe keinen Ausweg. Die Hoffnung, es könne besser werden, ist verloren. Der Wille, es besser zu machen, erloschen. Die Kraft, auch in ›bösen‹ Tagen zusammenzuhalten, ist empfindlich geschwächt.

Mit einseitigen Schuldzuweisungen, wenn ein ehelicher Betrug offenkundig wird, machen es sich Außenstehende immer wieder zu leicht und verschlimmern dadurch die Situation. Volkstümliche Sexmoral, die stets dazu neigt, die konkrete sexuelle Verfehlung als besonders schwere ›Sünde‹ einzustufen und darüber versäumt, die seelische, innere Entfremdung der betroffenen Partner ebenso deutlich als Schuld zu kennzeichnen, wirkt wenig hilfreich.

Zwar hat sich diese Moral von den biblischen Normen und Geboten weit entfernt, doch sind die beiden Kirchen ihr auch nicht entschieden genug entgegengetreten. Damit haben sie Chancen vertan, gerade in diesen existentiellen Fragen seelsorgerisch Hilfe zu leisten.

Die innere Ungeborgenheit wird begleitet und verstärkt von einer äußeren Ungeborgenheit. Die öffentlichen Diskussionen der vergangenen Jahre über die Ehe haben zusätzliche Verunsicherung gestiftet und von außen an die Institution Ehe herangetragen.

Werte wie Treue wurden in unverantwortlicher Weise lächerlich gemacht oder als verstaubte, altertümliche Moralvorstellung voriger Jahrhunderte diffamiert. Wer dennoch wagte, sich für Treue einzusetzen, bekam schnell das Etikett von vorgestern, prüde und lustfeindlich zu sein.

Lediglich die Diskussion um AIDS führte dazu, daß überhaupt wieder von Treue geredet wurde. Jedoch degradierte sie in diesem Zusammenhang zu einer billigen Zweckmoral.

Der eigentliche, tiefe Sinn von Treue und Vertrauen fand keinen Niederschlag in öffentlichen Diskussionen. Eher begegnete man einer Verharmlosung der Untreue. Der bekannte Sexualwissenschaftler Helmut Kentler scheute sich nicht, ausgerechnet auf einem Evangelischen Kirchentag (Düsseldorf 1985), einen ehelichen Seitensprung zu propagieren.

Andere Sexualwissenschaftler wie Günther Amendt gehen davon aus, daß Treue überhaupt nicht realisierbar sei. Aus diesem Grund hält er es für unaufrichtig und unmöglich, Treue als erstrebenswertes Ziel zu beschreiben. Diese Position wird durch immer neue Statistiken, die die sexuelle Unzuverlässigkeit von Eheleuten belegen, unterstützt.

Nachdem in vergangenen Jahren vor allem die sexuelle Untreue der Ehemänner statistisch ›erfaßt‹ wurde, sind seit einiger Zeit Zahlen im Umlauf, die den Ehefrauen bescheinigen, daß sie die Männer in dieser Hinsicht ›überrundet‹ haben. Bei aller Vorläufigkeit und Fragwürdigkeit derartiger Statistiken, bleibt der traurige Tatbestand, daß ein ungewöhnlich hoher Prozentsatz der Ehefrauen und -männer sich offen zur sexuellen Untreue bekennen.

Hinzu kommen die vielen Beispiele für Betrug und eheliche Untreue durch prominente Persönlichkeiten des öffentlichen Lebens, deren Privatangelegenheiten beliebter Gegenstand bestimmter Presseorgane sind.

Diese Abwertung der Treue hat das Bewußtsein vieler Menschen ebenso mitgeprägt wie die Überbewertung der Selbstverwirklichung. Was zunächst gut gemeint war und zu mehr Freiheit und Selbstentfaltung von Frauen führen sollte, wirkt sich inzwischen in vielen Fällen negativ aus. Selbstverwirklichung als höchstes Lebensziel wird seit Jahren systematisch publiziert und programmiert. Diese ständige Selbstverwirklichungspropaganda verfehlte ihre Wirkung nicht und führte manche Frau in eine bedenkliche Ichbezogenheit.

Diese Ichbezogenheit wird dadurch deutlich, daß einige Frauen nur noch nach sich selbst fragen und sich alles nur um die eigene Person dreht, sich ihr Blick für die Nächsten trübt und daß bei ihnen die Opferbereitschaft für die Familie nachläßt, die liebende Hinwendung zum Mann selten wird.

Äußere Ungeborgenheit, die durch eine gezielte öffentliche Bewußtseinsbildung erzeugt wird, zieht innere Ungeborgenheit nach sich. Der Drang oder Zwang zur Selbstverwirklichung hat nicht nur Frauen, sondern auch Männer ergriffen und führt häufig dazu, daß sich der eine oder andere Partner auch sexuell unabhängig macht und eigene Wege geht.

Da in allen Diskussionen von einem ›Recht der Selbstverwirklichung‹ die Rede ist, haben sich Maßstäbe verschoben. Der Anspruch auf Freiheit und Selbstverwirklichung macht nicht vor einem Anspruch auf sexuelle Freiheit halt.

»Ich habe meinen Mann in acht Jahren Ehe bereits viermal betrogen. Sexuelle Erfüllung konnte ich bei ihm nicht finden, aber habe ich nicht ein Recht darauf, glücklich zu werden?« – schrieb mir kürzlich eine junge Frau, Mutter von zwei Kindern.

Glück ist hier ein Baustein bei der Suche nach sexueller Selbstverwirklichung. Die Überzeugung, daß sie ein ›Recht auf Glück‹ habe, verstellt dieser Frau den Blick dafür, daß sich dieses ›Glück‹ auf dem Unrecht der Untreue und auf dem Unglück des Ehemannes gründet.

Dieser Verlust ethischer Sensibilität beruht auf einer inneren und äußeren Ungeborgenheit. Es gibt nichts, was jene Frau hält oder abhält, ihr Lebensglück auf Kosten anderer zu suchen. Keine Institution, keine noch so perfekte Moral, keine äußere Ordnung, kein Staat können dieses Defizit ausgleichen. Wenn es Hilfe und Heilung für diese ethische Haltlosigkeit gibt, so kann sie meines Erachtens nur aus einer inneren Glaubensüberzeugung heraus kommen.

Eine Chance liegt darin, die Ehe bewußt christlich zu verstehen und zu führen. Das bedeutet nicht, daß eine christliche Ehe von vornherein besser ist als eine andere. Das bedeutet jedoch, daß es ein christlich orientiertes Paar besser hat als andere.

Dafür gibt es Gründe.

Es hat seinen guten und tiefen Sinn, wenn vor dem Altar vom Brautpaar nicht nur ein einfaches »Ja« abverlangt wird. In der evangelischen Trauhandlung heißt es: »Ja, mit Gottes Hilfe«.

In diesem Gelöbnis, das mehr sein will als eine Formel, kommt realistisch zum Ausdruck, daß das »Ja« brüchig und schwach ist und nur mit Gottes Hilfe eingehalten werden kann. Alle Menschen, ob Mann oder Frau, ob jung oder alt verbindet die Sehnsucht nach Liebe, Angenommensein und Geborgenheit. Dennoch bleiben wir sie uns immer wieder gegenseitig schuldig. Gerade in der Ehe ist das besonders schmerzlich. Darum sind Eheleute auf Hilfe angewiesen, wenn sie ihr Liebesversprechen einlösen wollen. Menschliche

Hilfe stößt hier an Grenzen. Gottes Hilfe hingegen überwindet menschliche Begrenzungen.

Die Bedeutung der Einbeziehung Gottes in die Ehewirklichkeit ist weithin verlorengegangen. Liegt es daran, daß Theologie und Kirche es immer besser verstanden haben, Gebote, Gesetze und Normen zu formulieren und zu predigen, anstatt über die Kraft vergebender Liebe zu reden?

Im Mittelpunkt der christlichen Botschaft steht die verstehende Liebe Jesu. Wenn es gelingt, diese in die Ehe hineinzunehmen und im Alltag zu praktizieren, ist das Eindringen eines dritten Partners zumindest erheblich erschwert.

Allerdings dürfen sich an diese christliche Vergebungsbereitschaft keine falschen Erwartungen knüpfen. Sie ist sicherlich nicht in der Lage, Krisen, Anfechtungen, Probleme und Versuchungen von vornherein zu verhindern oder abzuwenden. Sie ist erst recht nicht in der Lage, die Qualität eines Ehemannes oder einer Ehefrau zu verbessern. Aber sie verändert die Qualität der Krise, der Entfremdung der beiden.

All die genannten ehelichen Mangelerscheinungen werden nicht mehr fatalistisch hingenommen, sondern als eine Herausforderung für einen Neuanfang genommen. Das bedeutet nicht, die Defizite in der Ehe oder beim Partner zu fixieren. Stattdessen tritt durch die Bereitschaft liebender Vergebung eine Dynamik, indem neue, bessere Wege gesucht werden.

Das Vorbild Jesu ermutigt, auch dann zu vergeben, wenn man sich objektiv im Recht fühlt und auch dann Hoffnung zu haben, wenn Hoffnungslosigkeit sich ausbreitet. Das gilt nicht nur, bevor es zu einem Betrug innerhalb der Ehe gekommen ist, sondern darüber hinaus auch dann, wenn er eingetreten und offenkundig ist.

»Liebe bewährt sich in der Treue, sie vollendet sich in der Vergebung.« Dieses Wort aus der Novelle *Der spanische Rosenstock* von Werner Bergengruen drückt in unvergleichlicher Weise aus, worin die Kraft christlicher Vergebungsbereitschaft innerhalb der Ehe liegt. Diese Einstellung bewahrt auch vor eifersüchtigen Einengungen des Ehepartners, denn die Vergebung hat das letzte Wort.

Dies kommt auch in der Begegnung Jesu mit der Ehebrecherin zum Ausdruck. Jesus wird von den Schriftgelehrten aufgefordert, die Frau zu verdammen. Er reagiert darauf mit provozierender Gelassenheit. Er bückt sich und schreibt mit dem Finger auf die Erde. Erst als das drängende Fragen nicht nachläßt, richtet er sich auf und sagt: »Wer unter euch ohne Sünde ist, der werfe den ersten Stein auf sie.« (*Johannes 8,7*)

Ganz sicher liegt es nicht in der Absicht Jesu, den Ehebruch der Frau zu verharmlosen oder gar zu rechtfertigen. Als alle Anwesenden fortgegangen waren, ohne der Frau etwas anzutun, sagte er: »So verdamme ich dich auch nicht: geh hin und sündige hinfort nicht mehr.«

Er bezeichnet damit den Ehebruch eindeutig als das, was er ist: nämlich als Sünde. Er fordert zur Abkehr von dieser Sünde auf, aber er verdammt nicht. Er lehnt die Sünde ab und nimmt die Sünderin an. Er vergibt und zeigt den neuen Weg. Er reiht die Sünde des Ehebruchs ein in andere Sünden. Er läßt keinen Zweifel daran, daß Ehebruch nicht eine schwerwiegendere Sünde ist als andere.

Wieviel wegweisende Hilfe für den Umgang mit dem ehelichen Betrug liegt in dieser kurzen neutestamentlichen Geschichte. Sie zeigt, daß in einer christlichen Ehe Untreue des einen oder anderen Partners Folgen hat und haben muß. Sie zeigt aber auch, daß Untreue nicht zwangsläufig das Ende einer Ehe sein muß, sondern ein Neuanfang möglich sein kann. Voraussetzung dafür ist die Buße des einen und die Vergebensbereitschaft des anderen.

Beides sind Früchte des Glaubens. Dieser Glaube ist

es, der zu einer wirklichen inneren Freiheit führt und der Kraft zur Bewältigung der Krisen einer Ehe schenkt.

Elisabeth Motschmann

Elisabeth Motschmann:

Geboren 1952 in Lübeck, verheiratet, drei Kinder; Studium der Theologie, Romanistik und Pädagogik in Kiel und Hamburg; anschließend Lehrauftrag an einem Gymnasium in Itzehoe (Schleswig-Holstein); Mitarbeit in der kirchlichen und politischen Frauenarbeit; freie Mitarbeit in Rundfunk und Fernsehen; publizistische und journalistische Tätigkeit im Bereich von Ehe, Familie, Feminismus und Feministischer Theologie; mehrere Buchveröffentlichungen.

Treue

Von Theresia Hauser

Leider müssen wir in diesem Buch auf einen Originalbeitrag eines katholischen Würdenträgers verzichten. Auf ihre Mitwirkung angesprochen, zeigten nahezu alle Kirchenvertreter ein reges Interesse an der Sache und bereitwilliges Entgegenkommen. Gescheitert sind unsere Bemühungen letztendlich an der Zeit bzw. den beruflichen Verpflichtungen unserer erhofften Kommentatoren.

Mit Hilfe von Herrn Dr. habil. Hubert Windisch, dessen freundliches Durchforsten seiner Unterlagen ich hier dankbar erwähnen möchte, fanden sich zwei bereits veröffentlichte Texte zum Thema, die uns zum Nachdruck geeignet schienen, einer davon ist ›Treue‹ von Theresia Hauser:

Die alte Linde

Mir kommt jene uralte, knorrige Linde in den Sinn, die ich mitten auf dem Platz eines Dorfes in Kärnten gesehen habe. ›Naturdenkmal‹ stand auf dem Schild zu lesen, das fast schon in die Rinde eingewachsen war. Ich blieb stehen und dachte, undenkbar, daß sie einmal nicht da war oder einmal nicht mehr da sein wird. Wie viele Sommer mag sie schon hinter sich haben? An die fünfhundert, sagte mein Begleiter, was bedeutet, daß es auch ebensoviele Winter sind. Mir fallen die Fröste ein, die Stürme, Gewitter und Blitze; ich denke an die Geburt so vieler Blätter Jahr für Jahr, an das Hervorbringen von Blüten und Früchten und an den Verlust derselben. Frühling, Sommer, Herbst und Winter! Fünfhundertmal! Die Linde steht mitten im Dorf, umschlossen von einer Bank. Sie sah wohl Freuden und Tränen, hörte Lachen und Seufzen, erfuhr das Leben von Generationen! Und ihre Wurzeln tragen noch heute den Treff-, Flüster-, Liebes- und Tanzplatz der Jugend. Der ganze Baum eine Versammlung von Leben, wenn man die Vögel dazunimmt, die bei ihm ein- und ausfliegen.

Gegenbild

Treue, meinen manche, habe mit Dummheit zu tun; mit Sich-gefallen-lassen, was man nicht möchte; mit Einschränkung von Freiheit; mit Langeweile und mit Verzicht auf Vielfältigkeit und Abwechslung; kurzum, sie verkürze das Leben auf ein geringeres Maß. Gewiß, schweifendes Ungebundensein hat andere Farben. Unserer Linde gleicht sie nicht.

Grund der Treue

Was ist der Grund der Treue? Grund. Nehmen wir das Wort wörtlich, läßt sich sagen: Im Grunde meiner Erfahrungen mit einem Menschen habe ich erkannt, daß die Wurzeln, aus denen wir beide leben, einen gemeinsamen Boden haben, daß uns dieselben Quellen speisen. Die Überraschung, die dieses Entdecken auslöst, rührt mich so tief an, daß das Echo davon in mir nie mehr verstummt. Es ist wie eine Verheißung, die mich zu mir selbst bringt, die Sinn und Erfüllung verspricht; eine Verheißung, die auf eine Sehnsucht und eine Ahnung trifft, die schon in mir war. Sie nun immer wieder zu vernehmen, bleibt für mich von jetzt an ein

Leben lang existentiell wichtig. Das erfahre ich von Mal zu Mal neu. Und aus dieser unaufhörlichen Erfahrung lebt die Treue.

Was sich da gegenseitig im Grunde unserer Wesen erkannt, durch Annäherung und Vertraut-werden verbunden hat, bringen wir oft in das Bild von der gleichen Wellenlänge. Überrascht können zwei Menschen sagen, daß sie gerade an das gleiche gedacht haben, im gleichen Augenblick genau das gleiche sagen wollten. Das soll nicht heißen, daß stetige Harmonie die Treue begleitet. Im Gegenteil. Die Wellen können unterbrochen, ja gestört sein, so daß man meinen könnte, man habe nichts mehr miteinander zu tun. Begegnen sie sich aber neu, springen die Funken über, und oft wird die alte Vertrautheit unter den Menschen zu einem neuen Ereignis.

Zerbrechen der Bilder

Trotz der Verbundenheit im Grunde kann es also vorkommen, es kommt vor, daß mir der andere entkommt. Das hat mit räumlicher Entfernung nichts zu tun. Man kann hautnah beisammen sein, plötzlich bricht etwas in mir auf oder in mich hinein, was mir den anderen in einem jähen Erschrecken fremd macht. Solches Erleben hat viele Schattierungen. Da erlebe ich mich wie vor seiner Tür abgestellt, für ihn ohne Bedeutung, als nicht mehr für ihn nötig. Oder: alles stürzt plötzlich in mir zusammen, was an Wärme, Wertschätzung, Liebe und Hochachtung für den anderen in mir war. Ich sehe augenblicklich nur noch seine Schwäche. Er kommt mir erbärmlich vor. Wie konnte ich das nicht sehen! Es ist, wie wenn ein Vorhang weggezogen wäre, und jetzt erst sehe ich ihn wirklich. Wirklich? Es kommt mir vor wie ein Verrat. – Dabei bin ich in meine eigene Falle gestürzt, die auf mich lauerte, längst bevor ich hineinstürzte. Es war das von mir gemachte Bild vom andern. Immer wieder muß der andere es zerstören; ohne daß er weiß, daß er es tut, geschieht es. Denn er selbst wäre nicht er selbst, wenn er immer der bliebe, der er schon immer war. Er wächst und entwickelt sich anders als mein Bild von ihm, auf das ich mich schon oft genug festgelegt habe.

In diesem Prozeß der Verfremdung und Ent-Täuschung bin ich anfällig für sämtliche Versuchungen zur Untreue; für Verrat und Treubruch. Ich bin anfällig für die Verheißungen, die mir andere zu bringen scheinen oder auch tatsächlich bringen.

Wandlung und Dauer

Treue erweist sich so: Über alle Enttäuschungen, über Versuchungen zur Untreue, sogar über manchen Verrat hinweg, bleibt, wenn ich tief und ehrlich genug in mich hinabgehe, jenes existentielle Berührtsein, das ich einmal und immer wieder in der Begegnung mit einem andern erfahren habe. Die Verheißung, die mich bei dieser inneren Berührung traf, stirbt nicht; sie erneuert sich sowohl in meiner Sehnsucht als auch in manch augenblickhafter Erfüllung. Solches Geschehen macht mich für immer verantwortlich; nicht nur für mich und die empfangene Verheißung; ebenso bin ich für den anderen mitverantwortlich, weil auch ich ihm eine Verheißung vermittelt habe.

So erlebe ich den anderen, wohl durch kurze oder längere Zeiten unterbrochen, als für mich lebenserwekkend, inspirierend, anregend hilfreich, einfach als lebensnotwendig. Dieses Erlebnis kann ich mit verschiedenen Menschen haben, wenn auch in unterschiedlichem Grad. Gibt es unter diesen Erfahrungen aber eine, die sich durch besondere Dichte und Einmaligkeit auszeichnet, gewinnt diese Ausschließlichkeitscharakter: der andere wird zu *dem* Freund, *der* Freundin oder zum Ehepartner.

Lassen wir es zu, ganz gleich in welcher Beziehung, daß die Bilder stürzen, die wir uns voneinander gemacht haben, erleben wir uns durch solche Grenzerfahrung an der Grenze des Machbaren, an der Grenze zum Sein. Immer wieder wird uns jene Seins-Fühlung, Seins-Erfahrung geschenkt, aus der Wandlung und Neuschöpfung der Beziehung möglich wird. Aus solcher Wiedergeburt fließt der Reichtum des Lebens. Treue bedarf der Dauer. Denn Treue ist ein Wachstumsprozeß. Und die Dauer hält alle Höhen und Tiefen, die ganze Breite und Länge, alle Farben und Töne bereit, die in einer menschlichen Beziehung schlummern können.

Treue nimmt Schmerzen in Kauf

Treue zu mir selbst, Treue zum Ehepartner, Treue zu einem Freund, Treue zu Freunden, Treue zu einer Aufgabe, Treue zu einer Gemeinschaft, Treue zu einer Überzeugung, Treue zur Kirche, Treue zu Gott – wohl immer lebt die Treue davon, daß ich meinen Ärger, meine Enttäuschung, meinen Zorn, meinen inneren und tatsächlichen Verrat mit dem konfrontiere, was die Verheißung am Anfang und zum wiederholten Mal auf dem Wege mir bedeutet hat; was sie mir trotz schillernder Verlockungen heute noch bedeutet. Und das muß gründlich, ehrlich und wiederholt geprüft werden. Ist die existenzielle Bedürftigkeit nach dieser Verheißung noch da, auch wenn sie eine Zeitlang überdeckt oder verschüttet war, ist sie in mir noch lebensfähig und lebensnotwendig, dann überwächst und überlebt sie von neuem Schrammen, Schrunden, Wunden, Schmerzen. Ich denke an die fünfhundertjährige Linde. Ich denke an lebenslange Freundschaften, in und außerhalb der Ehe, die es auch heute gibt.

Treue nimmt Schmerzen in Kauf; Reifungsschmerzen gibt es in allen Wachstumsprozessen. Sie nimmt Fremdheit in Kauf; der andere muß sie mir antun und ich selbst dem anderen. Sie nimmt Zeiten der Dürre in Kauf; sie sehen wie Stillstand aus, aber ›auch im Winter wächst das Brot‹. Wie oft wollte einer schon ausbrechen aus Ehe, Freundschaft, einer Gemeinschaft, aus einem Beruf. Aber, ernüchtert zur Erkenntnis gekommen, wie tief sich seine Lebenswurzeln dort eingegraben haben, sieht er, daß er sich das Leben nähme, wenn er diesen Grund verlassen wollte. Oder: Will einer sich selber, also der einmal empfangenen Verheißung treubleiben, kann es auch sein, daß er sich – was nach außen wie Untreue aussieht – aus einer Bindung lösen muß. Ebenso kann man auch am gegenseitigen Verlust der Verheißung schuldig werden.

Verfehlung gegen die Treue

Solche Verfehlungen gibt es viele. Eine ist sicher diese: Ein tiefes Erlebnis haben und zur Tagesordnung übergehen, es nicht verinnerlichen, es nicht verankern in der Tiefe. Das hieße, die Botschaft, die das Erlebnis für mich enthält, nicht enträtseln, sie in den Wind schlagen, sie nicht mitnehmen in den Alltag; es hieße, den Wurzelgrund nicht nähren; es hieße, an sich und an einer Beziehung nicht arbeiten. So wird sie oberflächlich. Treue aber geht in die Tiefe wie die Wurzeln eines Baumes.

An meiner Treue werde ich erkannt

An meiner Treue wird deutlich, wer und was mir etwas wert ist; wofür ich mein Leben investiere, wofür ich es aufs Spiel setze. In der Treue gewinne ich meinen Charakter, gewinne ich Profil. In der Treue wird deutlich, was und wer zu mir gehört. Meine Treue interpretiert mich. Sie sagt, wer ich bin.

Treue als Weg-Tugend

Den tiefsten Grund hat meine Treue in Gott. Denn die vernommene Verheißung von Sinn und Erfüllung meines Lebens kommt von ihm. Schon das alte Gottesvolk Israel lebte – wie heute noch das neue Gottesvolk der Kirche – von der Verheißung auf dem Weg durch die Zeit. So ist auch alles persönliche Unterwegssein getragen von der Verheißung. Nur im Glauben an das, was die Verheißung verspricht, erfüllt, vorenthält, gibt, nimmt und wieder verspricht, verwirklicht sich meine Treue. Treue ist eine Weg-Tugend. Sie ist deshalb genauso gefährdet wie das Unterwegssein selbst; und sie ist so lebendig, farbig und spannungsgeladen – oder langweilig –, wie ich es selber bin.

Theresia Hauser

(Auszug aus: Theresia Hauser: Tag für Tag mein Leben. Kösel-Verlag, München, 1986.)

Theresia Hauser: Geboren 1921. 17 Jahre hauptamtlich kirchliche Jugendarbeit, davon acht Jahre Bundesvorsitzende des BDKJ; Mitglied verschiedener kirchlicher Gremien; Mitglied der Synode der deutschen Bistümer. Ab 1965 Referentin für Frauenseelsorge, gleichzeitig Leiterin der Pastoralen Impulsstelle für Frauen in Bayern; Gründerin und Schriftleiterin der Jahreszeitschrift ›Das Thema‹. Seit 1983 freischaffend in Germering bei München.

Ehe und Ehescheidung

von Franz Böckle

1. Ein Wort zum Verständnis ehelicher Treue

Der gängige Begriff der Treue ist einseitig negativ bestimmt: treu ist, wer keinen Ehebruch begeht, das heißt, wer sich nicht in ein sexuelles Verhältnis mit einem Dritten einläßt. Hier liegt der Ton nur auf dem Bösen; das Vergehen und nicht die Treue wird inhaltlich bestimmt. Überdies fällt bei dieser Bestimmung eigentlich nur die Tat ins Gewicht; Gedanken, Wünsche und Gesinnungen stehen außerhalb dieser Beurteilung. Dazu wird auch die Tat sehr eingeengt: wo nur geflirtet wird, wo es nicht zum ›Letzten‹ kommt, wo der Tatbestand nicht erfüllt ist, verlangt man Großzügigkeit. Aber – was eigentlich ins Gewicht fällt – hier wird eheliche Treue einfach mit geschlechtlicher Treue gleichgesetzt und erreicht so nicht die Weite und Tiefe der Ehe. Was wundert es da, wenn ein aufgeklärter Eros solchen Treuebegriff als ›possessiv‹ abwertet. Ein positiv partnerschaftliches Verständnis der Treue kann nicht darin bestehen, daß dies oder jenes nicht geschieht; Treue will vielmehr, daß etwas sei. Eheliche Treue ist ein von zwei Partnern getragenes Grundverhältnis zur konkreten Geschlechtsgemeinschaft, zu ihren Lebens- und Entfaltungsbedingungen. Aus diesem Grundverhältnis ist das partnerschaftliche Verhalten im einzelnen zu verstehen und zu entwickeln, und zwar in dreifacher Richtung:

● Als Treue zur Ehe

Die Ehe hat eine Grundgestalt als geschichtliche Ausprägung ihres Wesenssinnes. Diese Bestimmung verdankt sie nicht einfach der freien Übereinkünft der Partner. Wer immer in die Ehe eintritt, gerät in das Kraftfeld dieses Sinnes. Das Ja zur Geschlechtsgemeinschaft, deren Macht die Partner ergriffen hat und der sich beide in diesem Ja ganzheitlich anvertrauen, schließt die Bereitschaft ein, die Ehegemeinschaft sinngemäß zu gestalten und die in ihr liegenden Möglichkeiten zu ergreifen und zu nützen. Es kann sich dabei ergeben, daß eine Ehe in der Anlage echt und entfaltungsfähig ist, daß sie gewissermaßen vom Kern her lebt, aber noch nicht alle zugehörigen Lebensbereiche erfaßt und formt. Dann wird es notwendig sein, die der Kontinuität der Ehe widersprechenden Faktoren rechtzeitig zu integrieren. Eheberater machen nicht selten die Erfahrung, daß selbst intelligente Menschen, die bemüht sind um Selbsterkenntnis und richtigen Lebenseinsatz und die gute Beobachter der Außengeschehnisse sind, kein richtiges Bild von ihrer Ehe haben und es auch nicht haben wollen, als wäre es gefährlich zu wissen, wie es um sie beide steht.

Dieses Ausweichen vor den Lebens- und Entfaltungsansprüchen der ehelichen Gemeinschaft aus Trägheit, ichhafter Bequemlichkeit und Verschlossenheit stellt eine schleichende Form der Treuelosigkeit dar, die zu einer langsamen Entleerung und Zersetzung und schließlich zur inneren Auflösung der Gemeinschaft führt, ohne daß eine einzige sog. ›moralische Verfehlung‹ vorgekommen wäre.

● Als Treue zum Partner

Treue zum Gatten heißt: den anderen ganz annehmen und dem anderen ganz sich anvertrauen. Im Versprechen dazu gründet die Ehe, im ständigen Bemühen darum erhält und bewährt sie sich. Mit der Auflösung der tragenden familiär-gesellschaftlichen Bindungen (Dorfgemeinschaft, Verwandte, Vereine) in der modernen Industriegesellschaft ist die einzelne Ehe viel mehr auf sich selbst gestellt. Der heutige Mensch empfindet nicht mehr in erster Linie familien- und sippenhaft, er fühlt sich nicht mehr primär als Glied einer Gemeinschaft, sondern bewußt als Individuum. Darum sucht er auch intensiver, personaler und zugleich ganzheitlicher das Du des ihm je entsprechenden Partners. Der einsame, beziehungsarme Mensch sucht beim Geschlechtspartner vor allem Geborgenheit und Liebe. Die unbedingte Annahme in der gegenseitigen Liebe will dem anderen das geben, was ihm gebührt und worauf er als Person im tiefsten ein ›Recht‹ hat: das eheliche Versprechen, welches die Annahme frei von Zufälligkeiten und Launen macht. Die unbedingte Annahme erlangt durch das freie, in aller Öffentlichkeit gesprochene und im Raum der Kirche wie der Gesellschaft vernehmbare Jawort so Objektivität. Daraus wird sichtbar, daß die institutionelle und rechtliche Dimension der Ehe nicht im Widerspruch zur personalen Haltung von Liebe und Treue steht, sondern erst der gegenseitige Bezug beider Bereiche der Ehe den vollen Lebensraum zu öffnen vermag. Natürlich sind damit auch Spannungen und Konflikte verbunden. Es gibt kaum eine Ehe ohne Konflikte, und eine Ehe mit Konflikten ist keine schlechte Ehe. Ohne den Konflikt zu verherrlichen, ist doch zu sagen, daß das Gute gerade im Erfahren, Erleiden und Bewältigen von Konflikten aufleuchtet. Auch was menschliches Leben wertvoll und glücklich macht, gehört unlöslich in den konfliktgeladenen Zusammenhang menschlichen Daseins hinein.

Auch in relativ harmonischen Ehen ist es heute nicht selten, daß der Mann oder die Frau auf der Höhe des Lebens einem Menschen begegnet, der in ihm ›eine neue Dimension des Daseins‹ auszulösen vermag. Der oder die Betreffende erfährt dabei in einer bestimmten Richtung eine Ergänzung, die der eigene Partner aus seiner persönlichen Struktur heraus nicht leisten kann. Plötzlich wird dieser dritte Mensch unendlich wichtig; und da dies dem Partner kaum verborgen bleiben kann, bleibt die Krise nicht aus. Die Gefahr ist groß, daß die neue Begegnung früher oder später die bestehende Ehe sprengt. Wo die eigenen Interessen und Begierden den Ausschlag geben, wird die Ehe kaum zu retten sein. Albert Görres meint dazu treffend: »Auch wenn man Lust für ein großes Gut und das Lustprinzip für ein notwendiges und wichtiges Orientierungsmittel allen Lebens hält, ist es offensichtlich, daß eine [. . .] Orientierung nur an Triebdruck, Lustprinzip, Laune und Leidenschaft zwar mit einer sympathischen gemütlichen Gutmütigkeit und manchen anderen angenehmen Eigenschaften, niemals aber mit verläßlicher Gerechtigkeit und Liebe vereinbar ist, weil beide ohne eine elastische Bereitschaft und Fähigkeit, eigene Interessen und Begierden zurückzustellen, nicht bestehen können.« Ein Leben aus christlicher Inspiration wird solche Tendenz zu hedonistischem Egoismus und rücksichtsloser Eigenliebe bekämpfen und die soliden Haltungen der Gerechtigkeit und Solidarität auch gerade in der ehelichen Partnerschaft zu verwirklichen suchen.

Gewiß ist die Situation immer wieder verschieden. Es gibt Fälle, bei denen eine neue Begegnung eine zerbrechende Ehe zu stützen vermag. Der Dritte wird von beiden angenommen und wirkt so wie ein Stützpfeiler, damit die Brücke der Ehe nicht einstürze. Daneben kommt es auch nicht selten vor, daß der Partner, der die neue Begegnung des anderen bemerkt, sehr daran leidet und nicht weiß, wie er sich wehren soll. Der Partner dagegen, der selbst die neue Begegnung hat, leidet, weil er seinen Ehepartner leiden sieht und ihm doch die einfache Lösung des Verzichtes aus ernsten Gründen nicht sinnvoll erscheint. Hier stellen sich die letzten Fragen der menschlichen und christlichen Reifung. Vielleicht wächst im enttäuschten Partner die Einsicht, daß sein Partner tatsächlich bereichert wird und so auch die eheliche Gemeinschaft eher gewinnt. ›Er überwindet sein restloses Besitzenwollen‹ und erkennt, ›daß er nicht ganz schuldlos am ganzen Ablauf ist.‹ ›Das Auftun der Türen und Fenster, frische Luft, gegenseitiges Vertrauen und den anderen Glücklich-Wissen-Wollen kann die große Aufgabe der Ehe nach der Lebensmitte sein.‹ Die Situation kann aber auch so sein, daß der Partner, dem die Begegnung ward, einen großen und letzten Verzicht leisten muß, aus dem nur der Glaube Hoffnung gebiert.

Als Treue zu sich selbst.

›Wir‹, ›du‹, ›ich‹ sind Grundworte der Ehe (Martin Buber). Keinem gebührt wesensmäßig der Vorrang, aber auch keines darf hintenangestellt werden. Der Halt der Ehe gründet sich auf der Ausgeglichenheit dieser drei Schwerpunkte. Partnerschaft lebt aus der Individualität der Partner. Eheliche Treue verlangt darum auch ein konsequentes Ja zur persönlichen Eigenart und Berufung. Sie verlangt die Bereitschaft, die Verantwortung für sich selbst zu übernehmen und zu tragen. Ehrlichkeit zu sich selbst schafft auch die notwendige Ehrlichkeit zum Partner. Treue zum eigenen Selbst heißt aber auch, daß es bei aller Offenheit und Durchsichtigkeit der Partner gegeneinander einen letzten Bereich des Personseins geben kann, der dem anderen vielleicht nicht ganz erschlossen werden muß, und darum gegenseitig auch nicht taktlos erforscht werden darf. Dies betrifft vor allem den religiösen Bereich, wozu auch besonders die Frage der Schuld gehört. Ein Fehltritt ist durch persönliche Umkehr gutzumachen. Er muß dem Partner nicht unbedingt bekannt werden. Dies wäre in manchen Fällen nicht richtig. Wahrsein heißt Verantwortung tragen für die Wahrheit! Wahrheit ist zuerst Besitz, und dieser Besitz muß oft schmerzlich als Geheimnis bewahrt werden. Jede Mitteilung der Wahrheit muß dem Aufbau der Liebe dienen.

2. *Zum bleibenden Auftrag ehelicher Partnerschaft gehört auch die Entwicklung der sexuellen Liebe*

Die passionierte Liebe des Anfangs muß eingehen in das Medium einer Alltagswelt. Die passionierte Liebe, die das Ideal der privatisierten Liebe darstellt, ist nicht so sehr auf Dauer angelegt und gesichert. Im Medium des ehelichen Alltags kann und soll sie die notwendige Stabilität und Sicherung erfahren. In diesem Zusammenhang müssen zunächst oft falsche Vorstellungen durch die eheliche Wirklichkeit korrigiert werden. Wer die Kulturgeschichte der Menschheit verfolgt, weiß, daß jede Zeit mit dem sich wandelnden Welt- und Selbstverständnis des Menschen auch vor der Aufgabe steht, die Sexualität zu deuten und zu gestalten. Extreme Auffassungen stehen sich gegenüber oder lösen sich nacheinander ab. Auf der einen Seite – wir kennen sie aus der Geschichte der christlichen Moral – wurde das Heil in der Verneinung und Abtötung der Sexualität gesucht, auf der anderen Seite suchte man Erfüllung in einer rauschhaften Preisgabe der personalen Individualität. Heute läßt sich beobachten, wie die Isolierung und Schematisierung der sexuellen Geschlechterbegegnung in den Sog eines Leistungsdenkens gerät: Sexualität ist teilweise degeneriert zum Konsumgut, zum Mittel für Prestigegewinn und zur Befriedigung infantiler Geborgenheitswünsche.

Die Eheberater wissen aber auch von einer wachsenden Zahl von Männern und Frauen, die in vielfältigen Formen unter einer unterentwickelten und verdrängten

Sexualität leiden. Falsche Vorstellungen und teilweise sogar Fehlentwicklungen können eine Ehe erheblich belasten, und es braucht viel Einfühlungsvermögen und viel Geduld, um gemeinsam die Sexualität in die Mitte personaler Liebe zu integrieren. Leider hat die religiöse Unterweisung bis in die neueste Zeit hinein die Geschlechtsgemeinschaft in den Bereich der asketischen Pflichterfüllung verwiesen. Sie hat sich gescheut, die geschlechtliche Begegnung in sich als Quelle beglückender Lust zu würdigen. Die Nachwirkungen sind noch deutlich spürbar; teilweise zeigen sie sich in einer typisch reaktiven Form: übertriebene Vorstellungen von sexueller Erfüllung in der Ehe erweisen sich nämlich nicht selten als Abwehrreaktion gegen ein in der religiösen Erziehung vermitteltes Verständnis der Sexualität.

3. Ehescheidung und Wiederverheiratung Geschiedener

»Was Gott verbunden hat, soll der Mensch nicht trennen.« Dieses Wort hat, wie kaum ein anderes, die seelsorgerische Praxis der Kirche geprägt und belastet. Über den Sinn des Scheidungsverbotes im Munde Jesu ist in den letzten Jahren viel geforscht und geschrieben worden. Eine Rekonstruktion der wahrscheinlich ältesten Form der Logions, auf die sowohl die Q-Tradition wie die Markustradition zurückgehen, ergibt einen kasuistischen Rechtssatz: »Wenn einer seine Frau entläßt, bricht er die Ehe; und wenn einer eine Entlassene heiratet, so bricht er die Ehe.« In dieser Form ist das Wort ganz auf jüdische Rechtsvorstellungen ausgerichtet und stellt sich ihnen grundsätzlich entgegen. Offensichtlich wollte Jesus gegenüber der legalistischen Scheidungspraxis, die den Mann allein zum Ausstellen des Scheidungsbriefs berechtigte und damit die Frau für einen anderen freigab, jede beliebige Scheidung als Ehebruch charakterisieren. Nach geltendem Recht konnte der jüdische Mann seine eigene Ehe gar nicht brechen. Es ist aber kaum anzunehmen, daß Jesus mit seiner Aussage in einen rechtspolitischen Streit eingreifen und das jüdische Ehegesetz als solches ändern wollte. Wir kennen allerdings den konkreten Anlaß nicht, der Jesus zu diesem Wort herausgefordert hat. Doch das Streitgespräch mit den Pharisäern, bei dem sowohl *Markus (10,1–12)* wie *Mathäus (19,3–9)* das Logion erwähnen, kann uns einen Hinweis geben, worum es Jesus ging. Die Fragesteller kannten offensichtlich bereits seine Meinung und wollten ihn herausfordern, sich offen gegen eine klare Regelung des mosaischen Gesetzes zu stellen. Jesus antwortet zunächst mit einer Gegenfrage: Was gebot euch Mose? Damit läßt er sich weder auf den Schulstreit um die verschiedenen Scheidungsgründe ein, noch greift er die Vorschrift der Gesetze an, die den Scheidungsbrief forderte. Jesus fragt auch nicht nach dem gesetzlich Möglichen oder allenfalls Erlaubten, er weist vielmehr auf den eigentlichen Willen Gottes, der sich selbst hinter dem Gebot des Mose verbirgt und den er in freier Interpretation aus zwei Genesisstellen entnimmt. Gott ist Urheber der geschlechtlichen Differenzierung und der ehelichen Zuordnung, die zwei Verbundenen sollen nach Gottes Willen immer eins sein.

»Was Gott verbunden hat, soll der Mensch nicht trennen!«

Die Forderung Jesu ist eindeutig und kompromißlos. Sie duldet keine kasuistische Verkürzung, und gerade darum ist sie – wie wir bereits erwähnten – kein neues Gesetz in der Katogorie des alten. Vielmehr wird die dem Menschen mit der Schöpfung eröffnete, von ihm aber mißbrauchte Wirklichkeit der ehelichen Gemeinschaft und Treue mit dem Anbruch der Basileia zur neuen Möglichkeit im Glauben angeboten. Jesu Wort gleicht daher einem prophetischen Ruf einer auffordernden Verheißung. In dieser Gesamtsicht, in der die Urgemeinde Jesu Lehre verstand, wird auch das überlieferte Logion in seinem ursprünglichen Sinn verständlich. Jesu Wort von der Ehescheidung war eine Provokation, weil er ein legales Verhalten unumwunden als ehebrecherisch bezeichnete. Aber Jesus formuliert gegen das anerkannte Gesetz kein neues Gesetz, sondern fällt ein religiöses, ethisches, gesetzliches Denken sprengendes, ja zurückweisendes Urteil, das die geläufigen Maßstäbe zerbricht. Der Spruch hat diagnostischen, entlarvenden Sinn; er deckt auf, was der Mann, der sich auf sein Recht berufen kann, in Wirklichkeit tut. Der Spruch hat kritischen Sinn; er unterscheidet Gottes Willen und Gottes Recht von menschlichem Eigenwillen und menschlicher Rechthaberei.

Die verschiedenen Formen der Überlieferung des Herrenwortes zeigen aber deutlich, daß diese in der Verkündigung und Praxis der apostolischen Gemeinden schon früh eine rechtliche Deutung und Anwendung gefunden haben. Je mehr die Zahl der Gläubigen wuchs und je zahlreicher die Gemeinden wurden, um so dringlicher zeigte sich das Bedürfnis nach einer Ordnung des Zusammenlebens. Das entspricht einem geschichtlichen Normalprozeß: eine kleine Gruppe von Anhängern kann von einer prophetischen Botschaft her leben. Je mehr sich die Gruppe weitet, um so mehr bedarf sie geltender Normen. Die Gläubigen wollen wissen, welche konkreten Anforderungen Jesu Botschaft von der Ehe stellen würde. Welche Konsequenzen hatten seine Ablehnung der Scheidung und sein Wort von der gottgestifteten Einheit, die der Mensch nicht trennen darf? Wie sollten diejenigen behandelt werden, die scheitern? So sahen sich die Apostel und Gemeindevorsteher vor ganz konkrete Fragen gestellt, auf die sie Antwort und Weisung zu geben suchten. Und es passiert nun genau das, was wir einleitend zu diesem Abschnitt schon sagten: ohne die Forderung Jesu preiszugeben, wurde für einzelne und begrenzte Notfälle ein Weg gesucht, um noch Schlimmeres zu verhüten. Dieses Grundmuster wird im Neuen Testament und in der Geschichte der Kirche in vielfältiger Weise sichtbar.

Wir haben bereits auf das älteste literarische Zeugnis *1 Kor 7,10–15* hingewiesen. Einerseits versteht Paulus das Herrenwort als echtes Erfüllungsgebot; andererseits konzediert er der geschiedenen Frau das Getrenntleben. Er begnügt sich mit einer ›approximativen‹ Erfüllung des Herrenwortes. In den folgenden Versen (12–15) geht es noch weiter. Er nimmt in apostolischer Autorität Stellung zu den heidnisch-christlichen Ehen im allgemeinen; er ist bereit, die Situation zu akzeptieren, in die der christliche Teil durch die Entscheidung des anderen gerät. Aufgrund einer Güterabwägung zwischen dem Gut einer im Glauben realisierenden Ehe und der Ehe mit einem Heiden paßt er das Herrenwort der veränderten Lage an. Man kann – mit H. Schürmann – von einer ›adaptiven‹ Erfüllung sprechen. Ähnliches passierte offenbar in den matthäischen Gemeinden. Die sogenannten ›Unzuchtsklauseln‹ *(Mt 5,32; 19,99)* sehen jedenfalls eine bedingte Möglichkeit der Trennung vor. Das gilt unabhängig von der immer noch ungeklärten Frage, ob damit eine eigentliche Scheidung erlaubt wurde. Wichtig für uns ist, daß sich die Verantwortlichen bereits in apostolischer Zeit für bevollmächtigt hielten, das grundlegende und richtungsweisende Wort Jesu zu konkretisieren und in ganz bestimmten, für uns zum Teil nicht mehr klar erkennbaren Fällen die Ehescheidung einzuräumen.

Die kirchliche Tradition kennt ebenfalls bis ins Mittelalter hinein ein eigentümliches Ineinander und Nebeneinander von unbestritten festgehaltener Forderung Jesu und einer ›Konzession‹ in einzelnen begrenzten Fällen. Die immer wieder sich ereignenden Dramen menschlicher Ehewirklichkeit verlangten eine Antwort:

Ehebruch des Mannes mit der Schwester seiner Frau, die Untreue der zur ›Hure‹ gewordenen Gattin, das Schicksal eines bei Nacht und Nebel von seinem Lebensgefährten verlassenen Ehepartners, gewaltsame Trennung von Ehen und Familien durch Krieg, Gefangenschaft und Willkür von Mächtigen. Die Kirche hat in einer langen Tradition für solche Notfälle pastorale Hilfen im Sinne einer milderen Praxis gefunden und hat von der Patristik bis ins Mittelalter hinein in manchen Gebieten (Teilkirchen) nach Ableistung einer Kirchenbuße sogar eine zweite Ehe geduldet. Man blieb sich allerdings stets der bleibenden Spannung zum Gebot Jesu in der Schrift bewußt.

Seit dem 12. Jahrhundert setzte sich in der lateinischen Kirche die strenge römische Lehre und Praxis durch, wonach eine gültig geschlossene und vollzogene Ehe zweier Getaufter nicht gelöst werden kann und dementsprechend für jeden der beiden Partner zu Lebzeiten des anderen eine zweite Ehe ausgeschlossen bleibt. In der griechischen Kirche des Ostens dagegen hielt man, gestützt auf die besonders von griechischen Kirchenvätern überlieferte Interpretation der Matthäusklauseln, an der Möglichkeit der Wiederverheiratung eines ohne Schuld verlassenen Partners fest. Das Konzil von Trient hat in bewußt behutsamer Formulierung auf eine Verurteilung der ostkirchlichen Lehre und Praxis verzichtet. Es begnügte sich damit, die eigene Lehre positiv als ›gemäß der Lehre des Evangeliums‹ zu verteidigen. Der *can. 7 (DS 1807)* läßt mit Absicht die Frage offen, ob es auch andere Auslegungsmöglichkeiten und Verhaltensweisen gibt, die sich ebenfalls auf die Schrift berufen können. Die Kirchen der Reformation sahen von Anfang an im Herrenwort nicht so sehr ein Rechtsgesetz als vielmehr eine sittliche Sollensforderung, die immer wieder an der sündigen Wirklichkeit der Menschen scheitert. Da es vor allem dem Staat zukommt, durch das Gesetz dem Bösen zu wehren, überlassen sie die rechtliche Regelung zerrütteter Eheverhältnisse der staatlichen Autorität. Sie selbst verwalten als Kirchen den Gewissensbereich. Sie bezeugen dem Gewissen die Forderung Gottes und verkünden ihm zugleich auch das Evangelium von der verzeihenden Liebe.

Im Blick auf die Geschichte und die eben geschilderten unterschiedlichen Lehrtraditionen wird man sagen müssen: die großen christlichen Kirchen tun gut, wenn sie sich nicht gegenseitig der Untreue gegen Gottes Wort verdächtigen, sondern vielmehr gemeinsam die Heilskraft monogamer Ehe bezeugen.

(Auszug aus: F. Böckle: Ehe und Ehescheidung, in: Handbuch der christlichen Ethik, Band 2. Verlag Herder Freiburg–Basel–Wien Gütersloher Verlagshaus; 2. Auflage 1979, S. 117–135.)

Franz Böckle:
geboren 1921 in Glarus/Schweiz; Studien in Chur, Rom und München; 1953 Berufung auf den Lehrstuhl für Moraltheologie an der Philosophisch-Theologischen Hochschule, Chur; 1963 Berufung auf den Lehrstuhl für Moraltheologie an der Universität Bonn; 1969 und 1980 Dekan der Katholisch-Theologischen Fakultät der Universität Bonn; zwischen 1983 und 1985 Rektor der Rheinischen Friedrich-Wilhelms-Universität Bonn und in dieser Funktion Mitlgied des Senats der WRK und der Sprechergruppe der LRG; seit 1985 Prorektor dieser Universität.
Franz Böckle ist Miglied der Zentralen Kommission der Bundesärztekammer zur Wahrung ethischer Grundsätze in der Forschung an menschlichen Embryonen; Mitglied im Beirat des Wissenschaftszentrums Berlin für Sozialforschung; Mitglied der Arbeitsgruppe „In-vitro-Fertilisation, Genomanalyse und Gentherapie" des Bundesministers für Forschung und Technologie und Delegierter der Regierung in der internationalen Konferenz von Wissenschaftlern der SUMMIT-Staaten über ethische Probleme der Neurowissenschaften und der Neuromedizin.

Scheidungsverfahren

von Thomas M. Müller

Als Vertreter des Rechts in unserem Staat versucht Thomas M. Müller, ein in Scheidungsfragen bewanderter Rechtsanwalt, eine knapp umrissene Einführung in den Paragraphendschungel des bestehenden Scheidungsrechts und Scheidungsverfahrens.

In Anbetracht des komplexen, oft strittigen Faktenbestands im Endstadium einer Ehe, schien es sinnvoll und notwendig, einen kompetenten Fachmann um Aufklärung zu bitten:

1.

Die Ehe wird gem. § 1353 Abs. 1 Satz 1 auf Lebenszeit geschlossen.

Da derzeit jedoch ca. jede dritte Ehe zur Scheidung gelangt, sind die Vorschriften, die im Zusammenhang mit dem Ehescheidungsverfahren durch den Gesetzgeber erlassen wurden, von besonderer Bedeutung.

2.

Trennen sich die Ehegatten, so verläßt in den meisten Fällen der Ehemann die ehegemeinschaftliche Wohnung. Die Ehefrau bleibt mit den oft noch minderjährigen Kindern in der Ehewohnung zurück.

Ein Scheidungsantrag kann unmittelbar nach Herbeiführung der Trennung nur in Ausnahmefällen beantragt werden. Grundsätzlich ist die Jahresfrist gemäß § 1566 BGB abzuwarten. Dort wird unwiderlegbar vermutet, daß die Ehe gescheitert ist, wenn die Ehegatten seit einem Jahr getrennt leben. Das heißt, die Ehe kann nur dann geschieden werden, wenn sie gescheitert ist. Der Gesetzgeber spricht von einem Scheitern, wenn die Lebensgemeinschaft nicht mehr besteht und auch nicht erwartet werden kann, daß diese wieder hergestellt wird.

Nicht erforderlich ist, daß die Trennung der Eheleute in der Art und Weise herbeigeführt wird, daß eine der Parteien die ehegemeinschaftliche Wohnung verläßt. Unter Einhaltung bestimmter Voraussetzungen ist es auch möglich, daß eine Trennung innerhalb einer Ehewohnung herbeigeführt wird. Dies hat der Gesetzgeber ausdrücklich in § 1567 Abs. 1 Satz 2 vorgesehen. Nach Ablauf des Trennungsjahres wird die Ehe also geschieden, wenn beide Ehegatten die Scheidung beantragen oder der Antragsgegner der Scheidung zustimmt. Nach Ablauf von drei Jahren seit der Trennung kann auch eine einseitige Ehescheidung herbeigeführt werden. Nach Ablauf der Drei-Jahresfrist gilt die Vermutung, daß die Ehe gescheitert ist. Dann wird sie auch gegen den Willen des anderen Ehegatten geschieden.

3.

Der Paragraph 1568 BGB sieht sogar eine fünfjährige Trennungsfrist in Abs. 2 vor. Bis zu diesem Zeitpunkt kann, wenn Härtefälle vorliegen, die Ehe nicht geschieden werden, obwohl sie gescheitert ist. Für die weitere Aufrechterhaltung der Ehe (bis zur Dauer von fünf Jahren) wird das Interesse minderjähriger Kinder gesehen, wenn dies aus besonderen Gründen ausnahmsweise notwendig ist oder aber, wenn die Scheidung für den Antragsgegner, der sie ablehnt, eine untragbare Härte bedeuten würde. Zum Beispiel: Schwere Krankheit, Alleinlassen zu einer Zeit besonderer Schicksalsschläge, schicksalhafter Verlauf der Ehe, langjährige gemeinsame Pflege eines behinderten Kindes etc.

Ausnahmsweise kann ohne Einhaltung einer Frist die Ehe geschieden werden, wenn die Fortsetzung der Ehe für den Antragsteller aus Gründen, die in der Person des anderen Ehegatten liegen, eine unzumutbare Härte darstellen würde (§ 1565 Abs. 2 BGB). Diese Bestimmung tritt aber nur dann ein, wenn die Scheidung auf das nachgewiesene Scheitern der Ehe gestützt wird. Leichtfertige Scheidungen sollen verhindert werden. Deshalb sind an die Auslegung des Begriffes ›unzumutbare Härte‹ strenge Anforderungen zu stellen. Kurzfristige Unstimmigkeiten oder Zerwürfnisse, wie sie in jeder Ehe einmal vorkommen können, kommen nicht in Betracht. Eine unzumutbare Härte liegt aber vor bei: heftigen Schlägen und Aussperren aus der Wohnung, ehebrecherische Beziehungen und mehrmalige Mißhandlungen, dauernde Verweigerung des Geschlechtsverkehrs, das Zufügen von Gewalttätigkeiten, Alkoholmißbrauch, Alkoholismus mit zwei erfolglosen Entziehungskuren und Tätlichkeiten gegen Frau und Kind, Vertrinken des Familienunterhalts, Geschlechtsverkehr mit 19jähriger vorehelicher Tochter der Ehefrau etc.

4.

Leben die Ehegatten getrennt, so kann ein Ehegatte von dem anderen den nach den Lebensverhältnissen und den Erwerbs- und Vermögensverhältnissen der Ehegatten gemessenen Unterhalt verlangen (§ 1361 Abs. 1, Satz 1 BGB). In der Regel wird die Ehefrau vom Ehemann Trennungsunterhalt verlangen, da die Ehefrau regelmäßig den Haushalt führt und der Ehemann Arbeitseinkommen erzielt. Auch ist dann der Ehemann gegenüber den ehegemeinschaftlichen Kindern zur Unterhaltszahlung verpflichtet. Die Höhe der geschuldeten Unterhaltsbeträge richtet sich nach dem Einkommen des Ehemannes. Ehegemeinschaftliche Schulden sind hierbei zu berücksichtigen. Nicht selten treten sogenannte Mangelfälle auf. Mangelfälle liegen dann vor, wenn das unterhaltsrechtlich anrechenbare Einkommen zur Deckung des notwendigen Bedarfs des Unterhaltspflichtigen und der gleichrangigen Unterhaltsberechtigten nicht ausreicht. In diesem Fall wird die Ehefrau häufig dazu gezwungen sein, Sozialhilfe zu beantragen. Häufig genug kommt es vor, daß aufgrund der Einleitung eines Scheidungsverfahrens beide Ehegatten am Rande der Armutsgrenze leben.

Für die Dauer der Trennung ist es möglich, die Verhältnisse in der Ehewohnung durch richterliche Entscheidung zu regeln. Das Gesetz gibt hierzu im Rahmen einer einstweiligen Anordnung diese Möglichkeit. Die Folge wird sein, daß ein Ehepartner die Wohnung zu verlassen hat. Das gleiche gilt für den Hausrat, auch hier kann eine einstweilige Anordnung erlassen werden.

Häufig wird auch im Rahmen einer einstweiligen Anordnung die elterliche Sorge für die gemeinschaftlichen Kinder geregelt.

In der Regel wird dann nach Ablauf des Trennungsjahres Scheidungsantrag eingereicht. Im Rahmen des Scheidungsverfahrens wird dann im sogenannten Verbundverfahren die Scheidung durch Urteil ausgesprochen, wenn gleichzeitig (sofern zum Zeitpunkt der Entscheidung noch vorhanden) über die elterliche Sorge minderjähriger Kinder und über den Versorgungsausgleich mitentschieden wird. Die Durchführung des Versorgungsausgleiches findet von Amts wegen statt, und zwar dann, wenn während der Ehezeiten Anwartschaften oder Aussichten auf eine Versorgung wegen Alters oder Berufs- oder Erwerbsunfähigkeit begründet oder aufrecht erhalten worden sind (§ 1587 BGB). Ausgleichspflichtig ist der Ehegatte mit den werthöheren Anwartschaften oder Aussicht. Der berechtigte Ehegatte erhält als Ausgleich die Hälfte des Wertunterschiedes (§ 1587 BGB).

Im Scheidungsverfahren kann auch der Unterhalt für den Zeitraum nach der Ehescheidung des unterhaltsberechtigten Ehegatten geregelt werden. Grundsätzlich gilt jedoch, daß nach der Ehe jeder Ehegatte für sich selbst zu sorgen hat. Der Unterhalt wurde für Ehen, die nach dem 30. 6. 1977 geschieden wurden, grundsätzlich vom Verschuldungsprinzip gelöst. Das Fehlverhalten des einen Ehegatten soll nicht gleichzeitig zum Verlust seiner wirtschaftlichen Existenz nach der Scheidung führen, und zwar deshalb, weil derjenige Ehegatte, der den Haushalt führte, gegenüber demjenigen Ehegatten, der berufstätig war, wirtschaftlich gefährdet ist. Hätte der berufstätige Ehegatte das Fehlverhalten begangen, wäre diese nicht wirtschaftlich gefährdet worden.

Das Gesetz hat verschiedene Unterhaltstatbestände geregelt:

1.
Die Pflege und Erziehung eines gemeinsamen Kindes. Bei einem Kleinkind ist eine Erwerbstätigkeit nicht zu erwarten, die Obliegenheit, einer Erwerbstätigkeit nachzugehen, besteht erst, wenn das Kind die Schule besucht. Besucht das Kind die Grundschule, ist die Rechtsprechung nicht einheitlich. Bei einem Kind unter acht Jahren besteht keine Erwerbsobliegenheit. Zum Teil wird eine Teilzeitbeschäftigung ab der dritten Grundschulklasse gefordert. Ist das Kind zwischen elf und fünfzehn Jahre alt, ist eine Teilzeitbeschäftigung zumutbar, die aber noch nicht den Umfang einer Halbtagstätigkeit umfassen muß. Ist das Kind sechzehn Jahre alt, besteht für den betreuenden Elternteil die Obliegenheit, eine ganztätige Tätigkeit aufzunehmen.

2.
Der Paragraph 1571 BGB billigt einen Unterhalt wegen Alters zu. Der Anspruch besteht dann, wenn der Unterhaltsberechtigte wegen seines Alters eine Erwerbstätigkeit nicht mehr aufnehmen kann.

3.
Ein geschiedener Ehegatte kann auch dann Unterhalt verlangen, wenn er wegen Krankheit und anderer Gebrechen oder Schwächen seiner körperlichen oder geistigen Kräfte eine Erwerbstätigkeit nicht aufnehmen kann.

4.
Findet der Ehegatte nach der Scheidung nicht sofort eine Erwerbsstelle, kann er Unterhalt verlangen, bis er eine Arbeitsstelle gefunden hat. Diese Unterhaltsansprüche können jedoch zeitlich begrenzt werden. Der geschiedene Ehegatte muß nur eine angemessene Tätigkeit ausüben. Dies ist eine Tätigkeit, die seiner Ausbildung und seinen Fähigkeiten, seinem Lebensalter und seinem Gesundheitszustand sowie den ehelichen Lebensverhältnissen entspricht. Hierbei kann er auch eine abgebrochene Schul- oder Berufsausbildung nachholen.

Eine wesentliche Neuregelung hat der Unterhaltsanspruch bei grober Unbilligkeit erfahren. Nach altem Recht war es so, daß § 1579 Abs. 1 Nr. 1–4 alte Fassung es ermöglichte, Unterhaltsansprüche eines Ehegatten unter den dort im einzelnen bestimmten Unständen auszuschließen. Nach § 1579 Abs. 2 alte Fassung war eine Herabsetzung oder gar ein Ausschluß des Unterhalts nicht möglich, solange von dem Berechtigten wegen der Erziehung oder Betreuung eines gemeinsamen Kindes eine Erwerbstätigkeit nicht erwartet werden konnte.

Die Neuregelung bestimmt ausdrücklich, daß bei

Anwendung der Härteklausel auch die Belange eines gemeinschaftlichen Kindes, das dem Berechtigten zur Pflege und Erziehung anvertraut wird, zu wahren sind. Dadurch soll gewährleistet werden, daß den Belangen des Kindes, das dem unterhaltsberechtigten Ehegatten anvertraut ist, gegenüber denjenigen Belangen des unterhaltsverpflichteten Elternteils grundsätzlich der Vorrang einzuräumen ist.

Bei Vorliegen eines Härtefalls kann der Unterhalt nicht nur versagt, sondern auch herabgesetzt oder zeitlich begrenzt werden. Das Gesetz zählt in Nr. 1 bis 6 des § 1579 die Fälle auf, bei denen eine grobe Unbilligkeit in Betracht kommt. Dies ist dann der Fall, wenn die Ehe nur von kurzer Dauer war, der Berechtigte sich eines Verbrechens oder eines schweren vorsätzlichen Vergehens gegen den Verpflichteten oder einen nahen Angehörigen des Verpflichteten schuldig gemacht hat. Weiterhin dann, wenn der Berechtigte seine Bedürftigkeit mutwillig herbeigeführt hat, der Berechtigte sich über schwerwiegende Vermögensinteressen des Verpflichteten mutwillig hinweggesetzt hat, der Berechtigte seine Verpflichtungen, zum Familienunterhalt beizutragen, gröblich über längere Zeit verletzt hat, dem Berechtigten ein offensichtlich schwerwiegendes, eindeutig bei ihm liegendes Fehlverhalten gegen den Verpflichteten zur Last fällt oder aber ein anderer wichtiger Grund, der ebenso schwer wiegt wie die bereits genannten. Über schwerwiegende Vermögensinteressen des Verpflichteten hat sich der Berechtigte etwa dann hinweggesetzt, wenn der Berechtigte den Verpflichteten bei dessen Arbeitsgeber anschwärzt und damit dessen Arbeitsplatz gefährdet.

Thomas M. Müller

Thomas Martin Müller:
Geboren 23. 7. 52 in Offenburg; 1973 Abitur in Offenburg; Studium der Rechte in Münster und Freiburg; 1. juristisches Staatsexamen 1980 in Freiburg, dann Referendariat am Landgericht Baden-Baden; 2. juristisches Staatsexamen 1983 in Stuttgart; seit 1983 selbständiger Rechtsanwalt in Oberkirch.
Nach eigener Auskunft sieht Herr Müller seinen beruflichen Schwerpunkt in der juristischen Betreuung von ›Familiensachen‹.
Herr Müller ist verheiratet und hat zwei Kinder.

Chance zum Neuanfang

von Christiana Thirion

Christiana Thirion ist Leiterin der Psychologischen Beratungsstelle in Achern/Baden. Ihr Beitrag zum Thema Eheberatung und Psychotherapie deckt Chancen für eine angeknackste Partnerbeziehung auf, indem Ursachen erforscht und in den Rahmen eines Hilfsprogramms gestellt werden.

Ihnen soll die einleitende Phantasie-Übung mit anschließender Analyse Mut machen, sich dem Problem des Treuebruchs offen zu stellen, sich quasi darin wiederzufinden:

Seitensprung – Betrug in der Ehe ist ein Problem, das mir immer wieder in der Arbeit mit Paaren begegnet.

Es ist schwer zu sagen, ob Seitensprünge im Laufe der Zeit zugenommen haben. Tatsache in meinem beruflichen Alltag ist, daß sie häufig vorkommen, und daß es eine Diskrepanz gibt zwischen diesem häufigen Vorkommen und der Heftigkeit der Reaktionen, die sie beim Partner auslösen: Von der Betroffenheit, Gekränktheit bis hin zur Verzweiflung und Depression. Es ist kein Gewöhnungseffekt eingetreten. Vielmehr gehen die meisten Paare am Anfang ihrer Gemeinschaft von der Möglichkeit der Treue aus, obwohl oder gerade weil sie Schwierigkeiten im Bekannten- und Freundeskreis mitbekommen.

So kommt der Treuebruch oft einer Vertreibung aus dem Paradies gleich.

Wenn es aber den Seitensprung so häufig gibt, obwohl ihn die meisten Paare für ihre Partnerschaft nicht gewollt haben, dann muß es auslösende Gründe geben. Diesen wollen wir im folgenden nachgehen.

Ich möchte Sie einladen, mit mir auf eine Phantasie-Reise zu gehen. Dahinter versteckt sich eine Vorstellungsübung zum Wort Seitensprung. Sie können dabei herausfinden, was Seitensprung für Sie bedeutet, Sie können dabei einiges über ihre jetzige Partnerschaft erfahren: Warum Sie im Moment zufrieden sind und/ oder welche vielleicht unterschwelligen Problemzonen es noch gibt.

Wortbild

Seitensprung heißt, zur Seite springen. Zur Seite wovon? Abseits von Wegen, die man gemeinsam geht, von der Seite des Partners weg?

Das Wort führt uns zu einem Bild, das eine kurze schnelle Bewegung beinhaltet und vorübergehend ist. Zum Springen bedarf es eines gewissen Schwungs. Und wohin springt man, was befindet sich auf der Seite des gemeinsamen Weges?

Vorstellungsübung

Ich möchte Sie gern auffordern, sich über Ihre persönlichen Vorstellungen, die Sie mit dem Wort verbinden, klar zu werden. Da Sie sich gerade mit dem Seitensprung auseinandersetzen, indem Sie dieses Buch lesen, werden Sie bald einen ersten gefühlsmäßigen Zwang bekommen, was Sie bewußt oder unbewußt mit ›Seitensprung‹ verbinden.

Seitensprungphantasie

Machen Sie es sich bequem auf Ihrem Stuhl oder Sessel. Lockern Sie Ihre Kleidung. Sollte irgendetwas zu eng sein, schaffen Sie Abhilfe.

Nun lassen Sie die Gedanken zu, die Ihnen

durch den Kopf gehen, und die Geräusche, die von draußen zu Ihnen eindringen.

Strecken Sie Ihre Beine, soweit es geht, aus, legen Sie die Hände bequem auf Ihren Schoß, oder lassen Sie die Arme locker hängen; bringen Sie Ihren Kopf in eine bequeme Lage.

Nun drücken Sie mit Ihren Fersen fest auf den Boden, so daß Sie die Härte des Bodens spüren, den Teppich, die Kacheln oder ähnliches. Wiederholen Sie dies dreimal.

Aufsteigend von Ihren Füßen spüren Sie dann Ihren Körper,wie er ist. Sie sollen und wollen ja nichts verändern; er darf so bleiben, wie er ist. Sie spüren Ihre Waden. Wie fühlen sie sich an? Spüren Sie sie undeutlich – deutlich – schwer oder leicht – hart oder weich – warm oder kalt?

Gehen Sie weiter mit Ihrem Körper! Spüren Sie Ihre Oberschenkel, den Unterleib, Bauch und Brustkorb. Und Sie spüren Ihren Atem, wie er kommt und geht, kommt und geht – Sie legen Ihre rechte Hand auf die Brust und spüren die Wärme und das unerhebliche Heben und Senken Ihres Brustkorbes. Sie verändern nichts. Sie genießen die Ruhe, die Sie jetzt in sich spüren.

Seitensprung-Bild

Und nun wollen Sie herausfinden, was für Sie ganz persönlich der Seitensprung bedeutet. Dazu sagen Sie sich das Wort so lange leise vor, bis Sie ›Ihr‹ Bild dazu gefunden haben.

Sie selbst als Seitenspringer

Stellen Sie sich vor – nur in der Phantasie wohlgemerkt –, daß Sie der/diejenige sind, der/die den Seitensprung begeht. Mit wem sind Sie zusammen? Von wessen Seite springen Sie weg? Stellen Sie sich einen Weg vor, auf dem Sie gemeinsam gehen!

Weg-Phantasie Wie sieht der Weg aus? Breit – schmal – kurz – lang – eben – hügelig? Was sehen Sie darum herum? Wie fühlen Sie sich neben Ihrem Partner? Und nun haben Sie Gelegenheit, einen Seitensprung zu tun.

Die Entscheidung Schauen Sie, ob Sie es tun, oder ob Sie es vorziehen, weiter mit Ihrem Partner des Weges zu ziehen.

Möglichkeit 1: Sie verspüren keinen Impuls zu springen Vielleicht stellen Sie jetzt fest, daß Sie überhaupt keine Lust dazu haben, zur Seite zu springen, daß Sie keinen Impuls, keinen inneren Antrieb dazu verspüren, und daß es Ihnen im Gegenteil gut geht neben Ihrem Partner und mit Ihrem Partner auf demselben Weg.

In diesem Fall können Sie sich und Ihrem Partner gratulieren. Im Moment geht es Ihnen in Ihrer Beziehung gut.

Genießen Sie Ihren gegenwärtigen Zustand und nehmen Sie sich ruhig ein wenig Zeit, diese positive Erfahrung genauer anzuschauen.

Fragen Sie sich: Was läuft bei uns im Moment gut? Was macht mich zufrieden und glücklich? Was mag ich besonders an meinem Partner? Wie haben wir es geschafft, daß es uns im Augenblick so gut geht?

Lassen Sie das Positive Ihrer Gedanken, wie es ist. Viele von uns haben viel zu gut gelernt, mehr auf die Beziehung und anderes zu achten, wenn es nicht gut geht.

Möglichkeit 2: Sie verspüren den Impuls zu springen und später wieder zu Ihrem Partner zurückzukehren	Vielleicht jedoch verspüren Sie einen inneren Impuls, vom Wege abzuspringen. Schauen Sie in diesem Fall, wie Sie sich gerade an der Seite Ihres Partners fühlen und was Sie empfinden, wenn Sie springen. Springen Sie kräftig? Springen Sie schwach? Kurz oder weit? Und was ist, wenn Sie gelandet sind?
Wohin springen Sie?	Wie sieht es hier aus? Wo sind Sie? Ist schon ein anderer Partner da, der auf Sie wartet? Wie geht es Ihnen jetzt in dessen Nähe? Oder springen Sie, obwohl keine andere Person für Sie da ist?
Wie lange bleiben Sie?	Ist es ein kurzer Sprung? Haben Sie den inneren Impuls, wieder zurück zu springen, wo sie hergekommen sind? Zu Ihrem Weggefährten zurück?
Wenn ja:	Was tun Sie vorher an Ihrem anderen Platz? Was tun Sie mit diesem anderen Partner? Wie sieht es aus um Sie herum, was gefällt Ihnen hier? Aus der Antwort können Sie erkennen, was Sie dazu bewogen hat, den kurzen Seitensprung zu tun. Es wäre dies ein Seitensprung aus der Kategorie ›Seitensprung und Aus‹. Sie holen sich für kurze Zeit einen anderen Partner, etwas, was Sie im Moment vermissen. Wenn Sie es bekommen haben, kehren Sie zu Ihrem ersten Partner zurück.

Wie ist der Sprung zurück?

Wenn Sie also den Impuls zurück haben, wie springen Sie? Fragen Sie, ob Sie kräftig springen, schwach? Springen Sie kurz, weit? Und wie geht es Ihnen, wenn Sie zurück sind?

Wenn Sie also in Ihrer Phantasie einen Seitensprung getan haben, haben Sie Gelegenheit gehabt zu erkennen, was Ihnen im Moment an Ihrer Beziehung fehlt.
Sie sollten diese Erfahrung nutzen, um zu sehen, welche Möglichkeiten es mit Ihrer offenbar doch noch stärkeren Erstbeziehung gibt, um diese für Sie wichtigen Bedürfnisse darin zu befriedigen.
Diese Phantasie-Übung zeigt Ihnen gleichzeitig eine Chance für Ihre jetzige Beziehung und eine Gefahr, wenn Sie sehen müssen, daß Sie wichtige Lebensbedürfnisse und -vorstellungen mit Ihrem jetzigen Partner nicht befriedigen können.

Möglichkeit 3: Aus dem Sprung wird ein Verweilen

Dies ist der Fall, wenn Sie keinen oder nur geringen Impuls zum Zurückspringen verspüren. Wenn Sie im Gegenteil an Ihrem neuen Platz verweilen möchten und einen inneren Widerstand zur Rückkehr vermerken. Auch diese Erkenntnis kann durch Ihre Phantasie-Übung erlangt werden.

Gehören Sie zu denen, die in der Phantasie-Übung den Impuls zu springen hatten, den Seitensprung zu tun? Haben Sie oder Ihr Partner praktische Erfahrungen damit?

In diesem Fall fragen Sie sich sicher, welche Motive hinter einem Seitensprung stecken. Ich will versuchen, darauf eine Antwort zu finden.

Anmerken möchte ich jedoch, daß ich Ihnen meine

persönliche Meinung und Erfahrung mitteilen werde. Vergessen Sie alle ›wissenschaftlichen‹ Kommentare hierzu! ›Wissenschaft‹ muß streng empirischen Kriterien genügen. Es gibt aber keine wissenschaftliche Untersuchung zur Frage, ob ein Seitensprung nun zu jeder Partnerschaft gehört oder nicht oder umgekehrt, ob Treue ein ganzes Leben lang möglich ist.

Seitensprung – Gesundheit oder Krankheit der Partnerschaft? Ist Treue eine Utopie?

Da der Seitensprung ja immer schon existiert hat, auch jetzt so häufig ist, könnte man da nicht einfach sagen: Es gehört eben zu jeder Partnerschaft dazu, ist normal? Ich möchte darauf mit einem Vergleich antworten. Käme es Ihnen in den Sinn zu sagen: Weil Masern eine so häufige Kinderkrankheit sind, sind sie normal. Wir brauchen sie daher nicht zu behandeln?

Der Seitensprung hat für mich immer etwas mit Schwierigkeiten in der Partnerschaft zu tun, mit einer Krise. Ich vertrete diese Auffassung aufgrund meiner Erfahrungen besonders im beruflichen Leben, aus den vielen Gesprächen mit betrügenden und betrogenen Partnern. Sie empfinden es selbst so, daß der Seitensprung ein Symptom ist dafür, daß in der Partnerschaft etwas nicht so gut geht, genau wie das Fieber auf einen Krankheitsprozeß hinweist.

Jedes Symptom sagt uns dabei etwas. Es ist die Sprache des Verhaltens. Der Seitensprung kann so eine Chance für das Paar sein, das diese Sprache entschlüsselt.

Seitensprung und individuelle Ursachen in der Beziehung

Meine Arbeit besteht aus Begegnungen mit Menschen, die gerade in schwierigen Situationen stecken, Gespräche mit Partnern in einer Krise. Der Mehrheit dieser Paare geht es ums ›Fremdgehen‹, um eine zusätzliche Belastung und Schwierigkeit des gemeinsamen Lebens.

Wie kommt es, daß der Seitensprung in unserem Sprachgebrauch dann trotzdem einen frivolen, vergänglichen Klang hat? Kavaliersdelikt fällt uns dazu ein. Muß man das überhaupt ernst nehmen? Immer ernst nehmen?

Es gibt ein geflügeltes Wort: Das Schöne am Seitensprung ist immer der Anlauf. Eine Betrachtung des Seitensprungs mit Humor. Gibt es ihn denn, den Seitensprung als reine Freude?

Wenn Sie, lieber Leser, liebe Leserin, während der Phantasie-Übung Zweifel an Ihrer Treue bekommen haben oder konkrete Erfahrungen mit einem Seitensprung vorzuweisen haben, den Sie selbst oder Ihr/e Partner/in als absolut unwichtig für Ihre Partnerschaft erlebten, und Sie sich dagegen sträuben, diesen ›einmaligen Seitensprung‹ so ernst zu nehmen oder darüber nachzudenken, dann haben Sie sicher für Ihre Person recht. Vielleicht war Ihr Seitensprung eine einmalige Angelegenheit. Vielleicht haben Sie Ihre Grenzen ausgelotet.

Es war ein Flirt ohne die flirtüblichen Probleme. Seitensprung ohne tiefere Ursache, aus Neugierde, Experimentierfreude, aus dem Bedürfnis, selbstgesetzte Ansprüche und Ideen auch mal zu durchbrechen. Seitensprung aus Flexibilität, oder Seitensprung, weil Sie wissen wollten, wie wichtig Ihnen die Treue ist. Und nun wissen Sie es.

Wenn Sie diesen Seitensprung dann offen mit Ihrem Partner besprochen haben und nichts Ihre Partnerschaft belastet hat, dann werden Sie tatsächlich nicht untersuchen müssen, ob sich dahinter nicht doch ein einmaliges Warnsignal für den Zustand Ihrer Partnerschaft verbarg.

Auch wenn Sie zu denjenigen gehören, die gemeinsam mit Partner oder Partnerin immer wieder in Offenheit Seitensprünge tun, diese tolerieren und beide so miteinander glücklich leben können, haben Sie keinen Grund, hier weiterzulesen.

Meine Erfahrungen sind jedoch andere. Ich kenne kein Paar, bei dem die obengenannten Voraussetzungen zuträfen. Der Traum von der Treue, der Wunsch nach einer Liebe, die ein Leben lang hält, ist bei allen da. Ich erlebe daher Trauer und Betroffenheit statt Humor und Leichtigkeit, wenn ein Partner dem anderen untreu wird.

Wenn auch Sie den Eindruck haben, daß mehr hinter einem Seitensprung steckt, daß es Ursachen gibt, wenn Sie ihn als Neubeginn nutzen wollen, dann lesen Sie hier weiter!

Ich will mit den Ursachen beginnen, die meinen Klienten in der praktischen therapeutischen Arbeit bewußt geworden sind.

1. Frauen vermissen oft ein gefühlsmäßiges Eingehen auf sie. Viele Männer haben es auch heute noch nicht gelernt, ihre Gefühle zu zeigen und mitzuteilen. Das soziale Niveau spielt dabei keine Rolle, wohl aber das Alter. Tun sich die heute 30–40jährigen noch sehr schwer, so scheint sich mir eine Änderung in der jungen Generation der heute 20jährigen abzuzeichnen.
2. Frauen vermissen das Gespräch, jedoch nicht über Alltägliches, sondern über sich selbst und ihre Beziehung.
3. Die sexuelle Anziehung – und dies betrifft Männer wie Frauen – hat nachgelassen oder war nie in befriedigender Weise da. Sexuelle Probleme wer-

den zerredet. Der körperliche Kontakt, auch während guter Zeiten, wird vernachlässigt.

4. Der Partner (meist Männer) braucht den Seitensprung – oft mit wechselnden Partnerinnen – als Selbstbestätigung z. B. für sein alterndes Ego.
5. Ein Partner (meist Männer) ist untreu, weil für ihn Liebe und Sexualität getrennt sind.
6. Ein Partner macht einen Seitensprung, weil für ihn Treue kein wichtiger Wert ist.
7. Ein Partner macht in einer seelischen Ausnahmesituation einen Seitensprung, in der er aufgrund eines einschneidenden Erlebnisses vorübergehend seine bisherigen Anschauungen und Werte in Frage stellt.
8. Ein Partner ist zu einer persönlichen Beziehung unfähig. Er hat zu Menschen eine ähnliche Beziehung wie zu einem Objekt. Der Mensch ist ihm nur so lange interessant, wie er neu ist.
9. Seitensprung als Flucht vor einer Beziehung: Ein Partner hat wechselnde Beziehungen außerhalb der Partnerschaft, die sehr oberflächlich geblieben sind. Immer, wenn der neue Partner etwas mehr Nähe möchte, bricht er die Beziehung ab.
10. Ein Partner bricht aus, weil der andere klammert. Seitensprung als Ausbruch aus übergroßer Enge.
11. Seitensprung, weil der Partner auf Lebensgestaltungswünsche nicht eingeht (z.B. Ausgehen, kulturelle Veranstaltungen).
12. Seitensprung, um das Leben in seiner gegenwärtigen Form ertragen zu können, um den Kindern die Familie zu erhalten trotz des Mangels innerhalb der elterlichen Beziehung.

Wenn wir uns diese ganze Liste konkreter Erfahrungen einmal genauer ansehen, wird klar, daß die Ursachen des Seitensprungs immer mit den Ursachen für Schwierigkeiten innerhalb einer Partnerschaft identisch sind.

Wir können obige Liste in zwei große Gruppen einteilen:

- Individuelle Eigenheiten und Verhaltensweisen eines Partners, die offensichtlich zu Unzufriedenheit führen.
- Unterschiedliche Werte, Erwartungen, Wünsche und Ansprüche an die Partnerschaft.

Persönliche Eigenheiten und Verhaltensweisen, die eine Partnerschaft erschweren, sind:

- Die Unfähigkeit, sich gefühlsmäßig dem anderen mitzuteilen und gefühlsmäßig auf ihn einzugehen. In unserer heutigen Gesellschaft finden wir dies noch immer mehr bei Männern als bei Frauen.
- Die Schwierigkeit, eine persönliche Beziehung einzugehen. Der andere wird dabei hauptsächlich zur eigenen Selbstbestätigung gebraucht.
- Angst vor einer festen Bindung: Die Schwierigkeit, Nähe und Vertrautheit erleben zu können, ohne zu fliehen.
- Die Schwierigkeit eines Partners, ein übergroßes Bedürfnis nach Nähe zu entfalten, welches dem anderen zu wenig Unabhängigkeit läßt.

Unterschiedliche Werte, Erfahrungen, Wünsche und Ansprüche an die Partnerschaft:

Wenn Werte, Einstellungen zu Grundfragen des Lebens wie Treue, Sexualität und Liebe unterschiedlich sind, wird es schwierig in der Partnerschaft.

Besonders die Erwartungen an die Qualität der Beziehung (Glückserwartung) ist oft unterschiedlich, wobei Frauen im Vergleich zu früher anspruchsvoller geworden sind. Sie erwarten ein stärkeres gefühlsmäßiges Aufeinandereingehen; mehr Zeit für Gespräche, mehr Zeit für befriedigende gemeinsame Unternehmungen und Interesse an ihrer Person, auch an ihr als Frau. Wenn diese Wünsche und Ansprüche unerfüllt bleiben, gehen manche Männer und Frauen den Weg des Seitensprungs. Manchmal trägt dieser sogar dazu bei, daß die Familie auch weiterhin zusammenbleiben kann; das heißt, dies ist ein Schritt, den die Betroffenen als Ausweg angehen, um nicht an Ihrer Unzufriedenheit und dem Mangel an Erfüllung zu erkranken.

Manche Menschen brauchen den Seitensprung jedoch, um persönliche Schwierigkeiten zu erzeugen, die ›ihrer Liebesfähigkeit‹ im Wege stehen.

Alles in allem sind es psychologische Ursachen, die in den Personen und in den Beziehungen liegen, die für das Scheitern oder Gelingen einer Partnerschaft verantwortlich sind.

Bedingungen für eine gelungene und gescheiterte Partnerschaft. Was sagt die heutige Psychologie dazu?

Ich will diese Frage auf der Basis von drei grundlegend anerkannten psychologischen Forschungs- und Therapie-Deutungen beantworten, indem ich die darin implizierten und oft genannten Bedingungen aufspüre.

Erstens: Die psychoanalytische Theorie, auf der die Psychoanalyse aufbaut, deren bekanntester Vertreter Sigmund Freud ist.
Zweitens: Die Lerntheorie, auf der die Verhaltenstheorie basiert.
Drittens: Die Humanistische Psychologie, auf der die Gesprächspsychotherapie und Gestalttherapie aufbaut.

Die Psychoanalyse

geht davon aus, daß die Erfahrungen, die das Kind mit Vater und Mutter in der frühen Kindheit macht und der

Grad, mit dem der heutige Erwachsene diese Erfahrungen verarbeiten konnte, dafür entscheidend sind, wie der Mensch sich in seiner Partnerschaft verhält.

Seine Partnerschaft wird beispielsweise dann belastet sein, wenn der heute Erwachsene noch unter einschneidenden Verhaltenszwängen steht, bei denen er Dinge tut, deren Wurzeln und Motive ihm nicht bewußt sind und die ihren Sinn in der Kindheit fanden. Dies könnte zum Beispiel die Angst vor Nähe als Ursache eines zwanghaften, dauernden Partnerwechsels sein.

Eine Angst vor Nähe kann in der Kindheit eines Menschen etwa dadurch entstanden sind, daß das Bedürfnis des Kindes, seine Nähe oder Distanz zu seinen Bezugspersonen selbst bestimmen zu dürfen, dauernd übergangen wurde. Dabei entstanden unter anderem Aggressionen und Schuldgefühle. Hat der Erwachsene keine Gelegenheit, diese Erlebnisse bewußt und gefühlsmäßig zu verarbeiten, bleibt ihm sein in der Kindheit begründetes Flüchten bei zu viel Nähe erhalten und hindert ihn daran, eine echte Lebensbeziehung aufzubauen.

Die Psychoanalyse bewertet also unsere Erlebnisse in der frühen Kindheit besonders stark in ihren Einflußmöglichkeiten auf das heutige Erwachsenenleben und damit die Partnerschaft. Besonders die Qualität der Beziehung zum gegengeschlechtlichen Elternteil, Gelingen und Mißlingen einer Ablösung von diesem, werden als wichtig für die Paarbeziehung angesehen. Eine Partnerschaft hat immer dann bessere Voraussetzungen, wenn die Partner in ihrer persönlichen Entwicklung Möglichkeiten zum gefühlsmäßigen Nacherleben und Bewußtwerden hinderlicher Traumata haben.

geht davon aus, daß alles Verhalten, also auch das in der Partnerschaft, gelernt und daß jedes Verhalten auch wieder verlernt und in der gleichen Situation durch ein neues ersetzt werden kann.

Die Lerntheorie stützt sich nicht auf Erlebnisse der frühen Kindheit, sondern bezieht zur Erklärung von gescheiterte oder gelungenen Partnerbeziehungen gleichberechtigte frühere und aktuelle Lernerfahrungen mit ein. Der Seitensprung ist daher auch ein Verhalten, das erlernt wurde.

Lernen findet aufgrund positiver Erfahrung und Vermeidungslernen statt, auch Beobachtungslernen spielt eine große Rolle.

Ein Teil der zuvor aufgelisteten Partnerprobleme fallen zum Beispiel unter ›unbefriedigendes Kommunikationsverhalten‹, das nach der Lerntheorie und in verhaltenstherapeutisch orientierten Ehetherapien neu gelernt werden kann. Beispielsweise dann, wenn ein Partner besonders das gefühlsmäßige Eingehen des anderen in Gesprächen vermißt.

Wenn ein oder beide Partner ihre Gefühle nicht zeigen oder verbal ausdrücken können, kann dies nach der Lerntheorie bedeuten, daß sie entweder keine guten Modelle hatten, an deren Beispiel sie lernen konnten. (Wenn etwa Vater oder Mutter auch schon schlecht auf ihre Gefühle eingehen konnten.) Oder, daß einer oder beide Partner in irgendeiner Form, sei es früher oder jetzt, negative Konsequenzen erlebten, also für das Zeigen von Gefühlen ›bestraft‹ wurden. Oder aber, daß sie dabei keine Beachtung erfuhren, so daß ihre Erwartungshaltung durch positive Neuerfahrung gelöscht werden müßte.

Findet einer der Partner nun beim Seitensprung diese Art der Kommunikation, die ihm in der Ehe fehlt, wird der Seitensprung als etwas Befriedigendes erlebt. Was man als befriedigend erlebt, wird verstärkt und hat so die Tendenz zur Wiederholung (Prinzip der Verstärkung).

Ist der Seitensprung jedoch von vielen Schuldgefühlen begleitet, wird seine Wiederholungstendenz geschwächt.

Nach der Lerntheorie hat eine Partnerschaft dann gute Chancen, wenn beide Partner ihre unterschiedlichen Lernerfahrungen, auf die Bedürfnisse des anderen einzugehen, erkennen und es sie motiviert, im Bereich der Kommunikation und Sexualität neue, befriedigende Verhaltensweisen zu suchen und zu erlernen, mit denen dann beide Partner ihren Zielen und Wünschen an die Partnerschaft näher kommen.

Die humanistische Psychologie

geht davon aus, daß eine Partnerschaft dann gelingen kann, wenn die Partner die zu ihrer Selbstentfaltung – also der Entfaltung der ihnen eigenen Fähigkeiten und Kräfte – die notwendigen ›guten‹ Bedingungen auffinden. Auch wenn diese in der Kindheit nicht vorhanden waren, ist diese Entwicklung der eigenen Persönlichkeit jederzeit möglich, da die Bedingungen im Hier und Jetzt zählen.

Nach dem Grundgedanken der humanistischen Psychologie ist ein Mensch erst dann zur Partnerschaft fähig, wenn er

1. sich selbst akzeptiert. Wer sich selbst lieben kann, hat die Voraussetzung, andere zu lieben.
2. sich gegenüber dem anderen einfühlend zeigen kann. Das heißt, den anderen zu akzeptieren, so wie er ist, ihn nicht verändern zu wollen, sondern einfach seinem So-Sein positive Wertschätzung und emotionale Wärme entgegenbringen zu können.
3. sich selbst dem anderen ehrlich, mit Gefühl und Verstand, offen mitzuteilen in der Lage ist.

Wichtig zu erwähnen bleibt, daß die humanistische Psychologie die Fähigkeit des einzelnen, sich selbst annehmen zu können, nicht nur durch den unmittelbaren Partner beeinflußt sieht, sondern durch die Gesamtheit der menschlichen Lebensbedingungen. Dazu gehören alle Bedingungen, die die körperlichen Kräfte positiv beeinflussen, also die Gesundheit unserer Umwelt, unserer Nahrung, auch die zwischenmenschlichen Beziehungen der institutionellen Lebensbereiche des Menschen wie etwa Schule, Arbeitsplatz usw.

Wie wir bei den konkreten Beispielen gesehen haben, ist ein häufiger Grund für einen Seitensprung das Vermissen der Einfühlung, der Wertschätzung und gefühlsmäßigen Zuwendung. Der Ausbrechende sucht sich daher einen Partner, der dazu besser in der Lage ist.

Die auf der humanistischen Psychologie aufbauende Gesprächspsychotherapie oder auch Gestalttherapie sieht dann Chancen für das Ursprungspaar, wenn der Partner/die Partnerin, der/die den Bedürfnissen des anderen nicht entgegenkommen kann, positive Bedingungen erhält und so ein, wenn auch spätes, Wachstum seiner/ihrer Persönlichkeit möglich wird.

Die Chancen zum Neubeginn

Es gibt jedoch auch nach einem Seitensprung Möglichkeiten für Paare, die ihre Partnerschaft trotz Treuebruchs nicht aufgeben möchten. Weil sie sich ihren Traum vom ›Dauer der Liebe ein Leben lang‹ bewahrt haben und weil sie möchten, daß ihre Chancen wachsen, die Realität ihren Wünschen und Erwartungen an die Partnerschaft anzunähern. Die – bildlich ausgedrückt – nicht nur davon träumen, daß die beiden ›Königskinder‹ doch noch zueinander finden.

Unsere Sehnsucht nach Liebe und Treue, die ein Leben lang hält, lebt in uns auch noch nach einer Menschengeschichte voller Treuebrüche, voller heimlicher Lust und einem Meer von Tränen, geweint um den zerbrechlichen Traum vom treuen Geliebten und Gefährten. Ist es im Leben wie im traurigen Lied von den Königskindern?

»Es waren zwei Königskinder,
die hatten einander so lieb,
sie konnten zusammen nicht kommen,
das Wasser war viel zu tief.«

Steht unser Wunsch, unsere Sehnsucht nach Treue auf der einen Seite und die Unfähigkeit entsprechend zu handeln auf der anderen? Können Wunsch und Realität nie zusammenkommen, nur weil das ›Wasser‹ dazwischen ›viel zu tief‹ ist? Ich denke nicht. Es ist manchmal wirklich möglich und viel häufiger, als wir glauben.

Zum einen gibt es trotz der geschilderten Erfahrungen auch eine – so denke ich – ungefähr gleich große Anzahl von Ehen und Partnerschaften, die ihre Schwierigkeiten anders als durch einen Seitensprung bewältigen. Und: wir haben ja gesehen, Treuebruch hat Gründe.

Aufgrund von Zuneigung finden wir uns als Paar zusammen und erwarten, daß diese ein Leben lang so bleibt. Sicher, dieser Wunsch ist legitim. Doch wir haben nicht gelernt, daß dies ein Leben lang Arbeit an unserer Beziehung bedeutet, daß dies nicht immer so bleibt. Die Enttäuschung über eine Veränderung führt oft dazu, daß ein Partner tut, was er doch nie tun wollte. Er bricht die Treue. Die Königskinder hätten wohl ein Leben lang traurig bleiben müssen, wäre ihnen nicht in den Sinn gekommen, schwimmen zu lernen.

Jedes Lernen dauert jedoch seine Zeit und ist mühsam. Leider ist es auch nicht jedem in ausreichendem Maße möglich. Dennoch lohnt der Versuch, seine Chancen zum Neubeginn zu nutzen.

Was vom Betrogenen subjektiv am schlimmsten am

Seitensprung empfunden wird, ist der Verlust des Vertrauens in den Partner.

Die erste Bedingung, damit aus der Krise eine Besserung der Beziehung entstehen kann, ist also Offenheit, Ehrlichkeit des fremdgehenden Partners, auch wenn es diesem schwer fällt. Die zweite Bedingung ist, daß der Betrogene den Seitensprung auf Dauer nicht als moralische Waffe benutzt, mit der er eine einseitige Schuldzuschreibung vornimmt. So schwer es fällt, dem betrogenen Partner muß klar sein, daß zum Seitensprung immer drei gehören: Das Paar und der/die Dritte, bei dem/der der betrügende Partner etwas findet oder zu finden glaubt, was er in der betrogenen Beziehung vermißt.

Nur wenn es uns gelingt, über die Gründe nachzudenken, die wir geboten und genutzt haben, einen Seitensprung zu begehen, wenn wir gemeinsam alles Störende beseitigen können, war der Seitensprung wie das Fieber ein Hinweis auf eine Erkrankung und zugleich eine Aufforderung, der Sache auf den Grund zu gehen und etwas dagegen zu unternehmen.

Wenn wir jedoch nur gekränkt reagieren, den anderen zur Strafe moralisch unter Druck setzen, dann haben wir die Sprache, in der sich der betrügende Partner verschlüsselt ausdrückt, nicht verstanden und es kann daraus entweder eine selbstquälerische Beziehung werden als Schrecken ohne Ende oder eine Trennung.

Wenn vorher ehrliche Rettungsversuche für die Beziehung unternommen wurden, aber eine Veränderung nicht möglich war, dann ist eine Trennung der richtige Schritt für ein Paar.

Wird jedoch eine Trennung nur aus dem Gefühl, durch den Seitensprung gekränkt zu sein, vom betrogenen Partner beschlossen, dann ist dies eine zwar verständliche, aber nicht zwingend notwendige Reaktion, die aus einer narzißtischen Haltung heraus zu erklären ist.

Christiana Thirion

Christiana Thirion:
Geboren 1946; verheiratet, zwei Kinder (geb. 1967 und 1971); 1971 Psychologie-Diplom an der Universität Konstanz in Klinischer Psychologie; 1972 Erstveröffentlichung zum Modellernen in der Zeitschrift für Entwicklungspsychologie und Pädagogische Psychiatrie; Mitübersetzerin bei Jean Piaget ›Der Aufbau der Wirklichkeit beim Kinde‹, erschienen im Klett-Verlag; seit 1981 Gesprächstherapeutin und seit 1972 Leiterin der Psychologischen Beratungsstelle des Ortenaukreises in Achern/Baden;
Christiana Thirion sieht ihren Arbeitsschwerpunkt in der ganzheitlichen Therapie auf der Basis der Gesprächspsychotherapie sowie in der Informationsarbeit zur Verbesserung des Verhältnisses von Psychotherapie und Öffentlichkeit.

Betrogene Liebe – Das Aus einer Partnerschaft?

Die Mehrheit aller ›Tandem‹-Beziehungen, in denen Untreue gleich Vertrauensbruch das Gleichgewicht und die Fahrtüchtigkeit des gemeinsamen Lebensfahrzeugs beeinträchtigen, endet sozusagen auf dem Schrott. Jede zweite Ehe bröckelt und jede dritte Ehe wird geschieden. Wieviel freie Lebensgemeinschaften schwerwiegende Probleme nicht überstehen, bleibt zudem im dunkeln.

Fest steht, daß die Vorstellung von Monogamie, Einehe also, unser Denken und Fühlen prägt, ungeachtet aller möglichen Ursachen oder Traditionen dieser Idee. Selbst regelmäßige Treuebrecher/innen gaben in Interviews an, fest von der Monogamie überzeugt zu sein. Ehe, so meinten sie, habe mit Liebe zu tun, Liebe aber nicht unbedingt etwas mit Sex. Sex, das sei nur Sache des Unterleibs, Liebe umfasse den ganzen Menschen, nicht nur Teile von ihm, nicht nur das Äußere, sondern vor allem die Seele.

Fest steht auch, daß eben dieser Monogamie-Gedanke dazu führt, daß weder Männer noch Frauen gewillt sind, Treuebruch und Seitensprung als Schicksal anzunehmen, sondern stattdessen sehr aktiv werden. Sei es, um die Partnerschaft zu retten, sei es, um die eigenen Unversehrtheit zu erneuern und der Partnerschaft ein Ende zu setzen.

Ebenso fest steht jedoch auch, daß diese Aktivität in den seltensten Fällen vorbeugend eingesetzt wird. Sie greift meist erst dann, wenn die Zweisamkeit ohnehin in Frage gestellt ist. Treuebruch bzw. Seitensprung ist stets nur die Spitze des Eisberges. So gut wie jedes betroffene Paar weiß, daß sich unter der schönen Fassade der scheinbar intakten Bindung im Laufe der Zeit ungeklärte Probleme, Ängste, Bitterkeiten, Unverständnis, Schmerz, Verletzenwollen und Verletztsein türmten. Innere Schutzräume wurden errichtet, um weiterem, künftigen Schmerz vorzubeugen. Und irgendwann waren diese Barrieren zu hoch, um darüber wegspringen zu können, ja, oft sogar zu hoch, den Partner jenseits überhaupt noch wahrnehmen zu können.

Liebe ist letztendlich das, was wir alle von unserem Partner fürs Leben erwarten. Wir haben einander geliebt, als wir uns an den anderen banden, einander Treue und Beständigkeit versprachen. Und wir waren sicher, dieses Gefühl werde das gegebene Wort bis ans Lebensende auf Flügeln tragen.

Doch die Euphorie des Glücks, in der Liebe des Partners geborgen, sicher und vollkommen angenommen zu sein, überspült nur eine Zeitlang alle Belange unseres Daseins. Fast unmerklich stumpfen unsere Sinne, unser Bewußtsein und auch die Fähigkeit ab, dieses Glück zu erkennen. Es ergeht uns mit der Liebe wie dem Bergbauern, der seine herrliche Alpenwelt nicht mit den Märchenaugen der Touristen sieht, oder wie dem Fischer, der die Schönheit des Meeres längst nicht mehr als Wunder erlebt. Fast unmerklich entwickeln wir uns weiter und auch weiter voneinander fort. Die Selbstverständlichkeit der Zweisamkeit und die nicht mehr bezweifelte Gewißheit, als Zentrum im Leben des Partners wichtig zu sein, scheint uns der Notwendigkeit zu entheben, an uns zu arbeiten, uns liebens- und begehrenswert, uns konkurrenzfähig zu erhalten.

Eine meiner Gesprächspartnerinnen faßte ihre Erfahrung in einen bitteren Satz:

»Als er mich erst mal rumgekriegt hatte, ich mit ihm

geschlafen und mich irgendwie zu seinem Besitz hatte machen lassen, ließ er alle Hemmungen fallen und benahm sich vollkommen ungeniert, als wäre ich als eigene Person überhaupt nicht mehr vorhanden.«

Ulrich, den ich in Goslar trag, hatte ähnliches erlebt. »Als ich sie kennenlernte, warf mich ihre Ausstrahlung innerlich total um. An ihr stimmte einfach alles: Gesicht, Haare, Figur, Stimme, sogar ihr Verstand. Ich verliebte mich sofort, wußte sofort, die ist es, die will ich, jetzt und immer. Schon im ersten Ehejahr fing der Knatsch an. Sie sparte am Frisör, kaufte stattdessen Schokolade. Statt mit mir etwas zu unternehmen, wollte sie lieber schlafen. Sie hatte keine Lust auf Theater, höchstens auf Kino oder TV, hatte keine Lust zu lesen, sich in Kursen fortzubilden schon gar nicht. Sie ließ sich einfach hängen. Ich denke, sie hatte so etwas im Hinterkopf wie ›Ich hab' ja einen eingefangen, jetzt kann ich mir's ruhig gemütlich machen.‹ Zuerst habe ich ihr noch höfliche Andeutungen gemacht von wegen Körner-Kur, Frisör oder so. Als ich dann merkte, daß sie das alles kalt ließ, habe ich auch nichts mehr gesagt. Sie ist schließlich erwachsen, muß wissen, was sie will. Aber ich konnte dann irgendwie nichts mehr mit ihr anfangen. Und dann war alles bloß noch Routine.«

Spüren wir denn den Zeitpunkt wirklich nicht, an dem wir noch rettend eingreifen, die dünner werdende Gemeinsamkeit erneuern und festigen hätten können?

Oftmals vehement bestritten, bekannten sich viele meiner Interviewpartner zu ihrer besseren Erkenntnis. Sie gaben zu, aus innerer Trägheit, aus Gewohnheit und bewußter Verdrängung nichts unternommen zu haben.

»Es ist ja so verdammt schwer, aus deinem Trott auszubrechen«, sagte Inge aus Worms. »Du bildest dir eben einfach ein, da wäre nichts. Und wenn du tausendmal weißt, da ist doch was. Solange du nichts anrührst, ist Ruhe. Und wenn du dir auch noch so viel vormachst. Du kannst immer noch damit leben. Besser vielleicht als mit der Wahrheit. Und dann machst du dir eben deine eigene Wahrheit und beißt jeden weg, der sie dir nehmen will.«

Die Last des Alltags schützt uns alle vor einem Nachdenken in Richtungen, die uns schmerzen. Man kann sich nur zu gut hinter Pflichten, Arbeit, Geselligkeiten oder dem neuesten Fernsehfilm verstecken. Einfach so tun, als gäbe es nichts Wichtigeres. Dennoch prägt die Erwartungshaltung eines notwendig hereinbrechenden Unheils beide Partner über lange Zeiträume hinweg, vergleichbar mit der seelischen Angststarre des Kaninchens unter den Augen der Schlange.

Liebe, das Ja zueinander, Ehe mit oder ohne Trauschein ist allen Enttäuschungen zum Trotz nichts, was übers Knie gebrochen, unbeschwerten Sinnes ad acta gelegt werden könnte. Die Betroffenen machen es sich nicht leicht, wobei einzuschränken bleibt, daß der betrogene Partner im Regelfall bedeutend engagierter um den Erhalt der Zweierbeziehung kämpft als der betrügende. Steht am Ende dieses Kampfes im Bewußtsein mindestens eines beider Partner die Erkenntnis fest, daß man nicht mehr geliebt wird, bzw. nicht mehr lieben kann, ist das Ende der Beziehung eingeläutet.

Erfahrungsberichte:

Astrid

Ich werde im Herbst '88 42 Jahre alt, mein geliebter Lausbub ist achteinhalb, die Scheidung ist seit fünfeinhalb Jahren rechtskräftig. Und unsere Träume sind nun real. Geplant waren sie jedenfalls nicht – zumindest nicht so.

Bernd ist sechs Jahre jünger. Aber das war jedenfalls nicht der Grund. Er hatte meistens ›reifere‹ Freundinnen, oder aber er war weniger reif. Ich weiß nicht, wie ich es richtiger formulieren könnte. Ich empfinde es schon unsinnig, einen Menschen überhaupt starr nach Jahreszahlen zu bemessen. Wie heißt es doch sinngemäß im Kleinen Prinzen: Und die Erwachsenen fragen dich nach Zahlen, wie alt er ist, welche Schuhnummer er hat, in welcher Hausnummer er wohnt. Und dann glauben sie ihn zu kennen. Sie fragen nicht nach der Farbe seiner Augen und dem Klang seiner Stimme und seines Lachens.

Und ich muß gestehen, ich erinnere mich selbst nicht mehr an seine Augenfarbe. Aber er konnte mit den Augen lachen. Das was das Allererste, was ich von ihm wahrnahm.

Es war der heißeste Sommer, an den ich mich erinnern kann – 1976 war das. Und mein Leben war grade mal wieder total chaotisch. Hierfür scheine ich Talent zu haben; entweder ist alles ganz ›gesittet‹ und ruhig, oder ich komme mir selbst vor wie inmitten eines außer Kontrolle geratenen Tornados. Was mir jedenfalls bekömmlicher ist als ›brav‹ zu sein.

Innerhalb eines Monats hatte ich psychosomatisch einen Schwangerschaftsabbruch zu verdauen – aus rational-medizinischen Gründen contra Kinderwunsch – und mich auch von dem Partner gelöst. Mitten in einer übermäßig stressigen TV-Produktion, ich war Scriptgirl, freie Mitarbeiterin, entschloß ich mich, keine Karriere machen zu wollen, noch rechtzeitig aus dem ganzen damit verbundenen Streß auszusteigen. So änderte ich über Nacht meinen Vornamen, meine Haarfarbe, meine Garderobe – und meine Anschrift. Die Anschrift zu ändern war eigentlich das Komplizierteste daran. Ich hatte in S. eine Eigentumswohnung, konnte beides, S. und Eigentumswohnung aber nicht mehr ertragen. Wir drehten damals drei Tage in Hb. Am zweiten Abend hockte ich in einer Pizzeria, rammelvoll und stickig – mir gegenüber saß eine unbekannte Frau. Es faszinierte mich, mit welcher Lust sie aß; langsam und genießerisch. Ich erzählte ihr ohne irgendwelche Höflichkeiten der klassischen Bekanntmachungsformalitäten, daß ich mich in diesem Moment entschlossen hätte, nach Hb. zu ziehen, vorerst keinerlei feste Männerbeziehungen mehr einzugehen, diesen Scheißjob an den Nagel zu hängen – und am liebsten mit ihr 'ne große Wohnung mit maximaler Aussicht bewohnen wolle. Helga, so hieß sie, war mit allen Punkten einverstanden, sie wollte vorerst noch ihren Job als Sonderschullehrerin weitermachen – und ich könnte ihr ja vielleicht das Schriftliche für ihre zweite Dienstprüfung tippen.

Zum Dessert erzählten wir uns gegenseitig von unseren Katzen und vertieften die Rollenverteilung. Ich sollte kochen und waschen, einkaufen, stricken, nähen, während sie für das Grobe 'ne Putzfrau zahlte. Daß es in Hb. extrem schwer ist, überhaupt eine Wohnung unserer Vorstellung zu kriegen, interessierte uns schon deshalb wenig, weil wir fest entschlossen waren. Und somit klappte es auch.

Helga war gerade frisch geschieden – und wir schworen beide, mindestens ein Jahr lang ›femmes fatales‹ zu sein und den Spieß mal umzudrehen. Das war das Einzige, was an dem ganzen schönen Plan schrecklich danebenging. Wir lachen heute noch darüber.

Zuerst verliebte sich Helga so unsterblich in einen meiner Freunde, was auf Gegenseitigkeit beruhte, daß es echt schon wie eine höchst unglaubwürdig dramatische Komödie aussah. Horst half mir nämlich nur sehr widerwillig bei meinem Umzug, vor allem bei dem Teil, wo eine hochneurotische Siamkatze im Auto mitfahren sollte. Er haßte Katzen bis zur Mordlust. Aber er wollte die neue Freundin kennenlernen, von der ich ihm ein Foto gezeigt hatte. Biestig, nicht? Ich lachte bösartig schadenfroh über die beiden. Und Helga revanchierte sich aufs Frivolste. Wir übernahmen damals die Küche gemeinsam von Helga, da meine in der Eigentumswohnung eingebaut war und mitvermietet wurde. Unsere neue Wohnung in Hb. war brandneu und daher mit Betonwänden. Ich war gerade erst drei Tage aus Holland zurück, als Helga mir erklärte, sie habe im Aufzug zwei sehr nette junge Männer kennengelernt. Einer zöge unter uns ein mit seiner Freundin, und der andere habe einen Schlagbohrer und würde die Küchenteile anbringen. Ich müsse montags zu Hause sein, da sie ja Unterricht habe; der junge Mann habe gerade Ferien.

Zur allerunchristlichsten Zeit für eine nagelneue Aussteigerin, Montag früh um 8.30 Uhr, klingelte es Sturm. Ich versuchte zuerst eine Holzsandale gegen die Tür zu schmeißen, traf aber nur die Vase mit den roten Rosen. Horst an Helga per Fleurop. Geschah beiden recht.

Mit dreiviertelgeschlossenen Augen sah ich nur ein Lächeln und ein Unding von Bohrmaschine, schimpfte, daß ich in Kreuz-Teufels-Namen pennen wollte, tat dies auch sofort wieder, vergaß nur vorher die Tür zuzumachen. Um 13.30 Uhr hatte auch die allerbrandneueste Aussteigerin ausgeschlafen. Und das allererste, was ich wahrnahm, war ein riesiges Lächeln, ein Unding von Bohrmaschine – und das Ganze in meinem Korbsessel vor meinem Bett.

Aus purer und echter Verlegenheit fragte ich, ob ›man‹ einen Kaffee wollte, mir war sehr danach, und ›man‹ lachte! Wenigstens kurz nach dem Aufwachen will ich gerne ernst genommen werden, weil da mein Humor nämlich noch weiterpennt. Als ich zum zweiten Pantoffel greifen wollte, grinste der Typ geradezu unverschämt und deutete auf die Rosen und Vasenscherben am Boden. Und dann fragte er allen Ernstes, ob er nicht vorher die Küchenschränke andübeln solle. Dann packte er zwei lauwarme Cola und zwei gedeckte Apfelkuchen aus, gab mir je eins ab und sagte: »Ich bin Bernd.« Gerade so, als würde mich das interessieren.

Der Apfelkuchen war jedenfalls geradezu himmlich und der Typ Bernd ja eigentlich sehr sympathisch. Und dann fingen wir an, die Küche aufzustellen. Mein Teil bestand darin, daß ich alles mit Polaroid fotografierte – noch eine Angewohnheit von meinem TV-Job her. Ich sagte Bernd, daß ihm ein Bart sicher ganz toll stehen würde, und er sagte mir, daß er sich ab sofort nie mehr rasieren würde. Den Bart trägt er noch heute – und er steht ihm wirklich prima. Er stutzt ihn nur immer wieder.

Die Küche aufzustellen, dauerte drei Tage lang! Zweieinhalb Tage davon machten wir auf dem Balkon ›Picknick‹ und erzählten von uns. Bernd war gelernter Feinmechaniker, hatte auf dem zweiten Bildungsweg gerade das Abi gemacht und wollte im Herbst '76 anfangen zu studieren – Volkswirtschaft. Er studiert nun seit zwölf Jahren und ist angeblich noch immer nicht fertig – man erkennt dies am Mindest-Ki-Unterhalt und vernimmt es staunend von Rechtsanwälten.

Und es war, wie schon erwähnt, dieser superheiße Sommer. Ständig mußte man unter die kalte Dusche rennen. So war es ganz selbstverständlich, daß Bernd frische Klamotten mitbrachte und ich die verschwitzten mitwusch und dann in ein extra Schränkchen legte. Am zweiten Tag brachte er Schallplatten mit – spanische Top-Schlager.

Als die Küche fertig war, kam Horst abends aus S. und blieb ein wenig länger, und es gab ein Candle-light-dinner auf dem Balkon. Sehr hübsch! Nach der Küche kamen die Spiegelschränke im Bad dran.

Samstags fuhr Bernd mit mir zu einem schönen griechischen Restaurant am Neckar, und ich erzählte von meiner Abtreibung und meinen psychischen und sexuellen Problemen deswegen.

Am Sonntag und Montag kam Bernd nicht, und ich vermißte ihn bereits. Das konnte ja heiter werden, dachte ich – und war zwei Tage lang recht reserviert. In diesen Tagen stellten wir Helgas Schlafzimmer auf.

Auch Bernd war viel ruhiger. Mittwochs holte er mich schon morgens ab, er wollte mit mir zu einem Baggersee fahren, seine Freunde würden auch zum Schwimmen dorthin kommen und ein Picknick mitbringen. Es war ein herrlicher Tag. Bernds Freunde gefielen mir recht gut. Abends tranken wir noch mit Helga auf dem Balkon eine Flasche Wein. Bernd erzählte, daß er sich von seiner Freundin ›nach Monaten des Zankes‹ am vergangenen Wochenende getrennt hätte und schlief erstmals und ungefragt auf der Gästeliege.

Nach einer weiteren Woche war die Wohnung fertig eingerichtet, die Siamkatze hatte uns alle mit Nachwuchs im Kleiderschrank überrascht, und Bernd und ich fuhren vier Wochen nach Spanien auf Urlaub. Spätestens da merkte ich, daß ich rettungslos in Bernd verliebt war.

Nach dem Urlaub zog Bernd mit Helgas ironischlachendem Segen zu uns. Aber das Leichte, Unbeschwerte des Sommers war verloren. Es wurde eine ernste ›Partnerschaft‹.

Meinen Mietanteil deckte ich aus dem Mieterlös meiner Eigentumswohnung und gelegentlich nahm ich kurze Jobs in der Werbung an. Sie waren nicht minder stressig als beim Fernsehen, aber sehr gut bezahlt und eben immer nur kurzfristig. So war ich eigentlich der Alleinverdiener. Bernd bekam nur ein sehr knappes Taschengeld von seinem Vater, das er für sein Auto, Schallplatten und Werkzeug ausgab. Trotzdem konnten wir uns dank meiner Jobs mehrfach lange Reisen und einen fast luxuriösen Lebensstandard leisten und Bernd unbeschwert von finanziellen Sorgen studieren. Wir wollten ›später irgendwann‹ heiraten und eine Familie gründen. Da würde dann Bernd gut verdienen und alles würde sich ausgleichen. Wie naiv waren wir beide!

Das erste Semester machte Bernd noch echten Spaß. Vom zweiten bis vierten mußte ich schon händchenhaltend mit auf die Uni in die Vorlesungen, damit er nicht einfach schwänzte.

Da gab es dann auch die ersten ernsten Spannungen.

Ich war dreißig geworden und hatte einen unbezähmbaren Kinderwunsch. Aber Bernd fühlte sich noch nicht reif. So nahm ich die Pille – trotz Kinderwunsch – und wurde ›zickig‹, wurde nahezu frigide.

Da erinnerte sich Bernd plötzlich wieder seiner ehemaligen Freundin, die ihm angeblich noch immer ›hörig und willig‹ sei. Ich machte eine böse Szene – mit dem Erfolg, daß er mich heimlich betrog, was ihm angeblich ohnehin lieber sei. Er brauche das.

So rief uns zum Beispiel nachts seine Schwester oder die Frau seines Freundes an, sie seien mit dem Auto hängengeblieben, ob Bernd nicht abschleppen könne. Er hat es immer so eingerichtet, daß ich diese Anrufe entgegennahm. Später hat sich dann diese Freundin von Bernd selbst bei mir gemeldet, erzählt, daß das alles nur ein Trick gewesen sei, sie sei nun schwanger, ob ich ihr die Abtreibung bezahlen würde. Ich dopte mich wochenlang mit Valium zu, wollte mit Bernd Schluß machen, schaffte es nicht. Eigentlich schafften wir es beide nicht. Die angebliche Schwangerschaft wurde plötzlich eine Scheinschwangerschaft. Und ich trat in Hungerstreik, was mir drei Monate stationäre Behandlung in einer psycho-somatischen Klinik einbrachte. Während dieser Zeit schlief Bernd bei einer Kommilitonin, da er nicht länger als drei Tage ohne Sex sein könne, sagte er.

Ich litt hochgradig unter Klaustrophie, bekam in geschlossenen Räumen Erstickungsanfälle, konnte nicht mehr Aufzug, Bus, Straßenbahn, Auto fahren. Durch die Therapie fand ich den Mut, selbst eine Trennung anzustreben. Da kam Bernd weinend an, er würde mich doch lieben und wolle fortan alles tun, um uns beide glücklich zu machen. Er war sogar bereit, an der Therapie mitzumachen – einer Partnertherapie.

Diese war bereits nach drei Sitzungen ein deutlicher, überraschender Erfolg. Wir erzählten von unserem letzten Streit – der allerdings nichts mit Bernds Untreue oder meiner Eifersucht und Unsicherheit zu tun hatte. Die Therapie war ebenso optimal wie auch ›simpel‹ aufgebaut. Zuerst erzählte jeder dem Therapeuten seine Version, vor allem den Teil, was die Krise emotional ausgelöst hatte. Der Partner mußte genau zuhören, ohne allerdings unterbrechen zu dürfen. Danach hieß uns der Therapeut, wir sollten nun versuchen, ›der andere zu werden‹. Wir erzählten dem Therapeuten wieder vom selben Ereignis. Diesmal aber aus der Sicht des anderen. Sicherlich war dabei entscheidend wichtig, daß ein neutraler Schiedsrichter anwesend war. Es wirkte verblüffend und nachhaltig tief: jeder konnte sich tatsächlich in die ›Haut‹ des Partners hineinversetzen und ihn dadurch verstehen, ja sogar viel klarer – fast objektiv – die eigenen Schwächen und Fehlverhalten erkennen. Das ging soweit, daß wir echt konstruktiv an der gemeinsamen Beziehung arbeiten konnten. Es hielt ein ganzes Jahr vor, in dem wir echt glücklich, jeden Tag aufs Neue ineinander verliebt waren, über alles reden und uns verständlich machen konnten.

Im vierten Semester machte Bernd das Studium keinen Spaß mehr. Er war es nicht gewohnt, mit seiner ›Freiheit‹ zu seinem Vorteil hauszuhalten. Lehre, Arbeitsstelle, Abiturnachholen – das waren alles spürbare Zwänge gewesen. Jetzt führte er ein ›freies Studentenleben‹, es gab kaum schwerwiegende finanzielle Sorgen, die auf ihn Druck ausgeübt hätten, das Studium voranzutreiben. Der Verdienst aus seinen Ferienjobs ging für seine Hobbys und Reisen drauf. Es wurden immer häufiger Jobs, die das schnelle Geld einbrachten, aber keine Bindung und Disziplin erforderten. All seine Freunde verdienten bereits gut in unterschiedlichen Berufen. Er selbst fühlte sich jedoch immer noch abhängig von den Eltern und mir. Zwar hätte er dies reduzieren oder auf absehbare Zeit ganz einstellen können, wenn er sich auf sein Studium konzentriert hätte. Aber dies erschien ihm bewußt und unterbewußt als unzumutbarer Zwang. Er verstrickte sich in immer aussichtslosere Illusionen, lehnte vehement jegliche Verantwortung ab. Ich selbst konnte ihm dabei geringstmögliche Stütze sein. Einerseits sah ich seinen Standpunkt leider nur zu gut ein und verfügte selbst über kaum mehr Selbstdisziplin, andererseits wurden mir meine eigenen Probleme bald wieder überdeutlich: Der Wunsch nach einem Kind, einer ›kompletten Familie‹, die ich selbst nie hatte. Mein Kinderwunsch war nicht wegzutherapieren, dazu hätte ich mich selbst überreden müssen. Meine sexuellen Probleme kamen wieder. Dabei war Bernd der galanteste und sicherste Liebhaber, den ich kannte. Aber ich empfand es als ausschließlich sexuelle Techniken, die an meinem Innenleben total vorbeigingen. Bernd begann wieder nach allen Seiten hin zu flirten, ließ mich urplötzlich nicht mehr in die Nähe der Uni, bot so augenscheinliche Lügen über seine allein verbrachte Zeit, daß der Verdacht sehr nahe lag, er habe wieder andere Freundinnen.

Auf gar keinen Fall wollte ich ihn mit einer Schwangerschaft ›hereinlegen‹, zu der er auch nicht bereit war. Ich ließ mir deshalb eine Spirale einsetzen, die ich organisch erstaunlich gut vertrug – die aber eine psychische Tortur für mich wurde. So versuchte ich rational mich mit Hobbys, kleinen persönlichen Erfolgserlebnissen etc. abzulenken, aufzubauen. Ich ging wieder aus, schloß eigene Freundschaften in der Nachbarschaft, wir bildeten Hobbygemeinschaften und Diskussionsabende, nahmen aktiv an Friedensfesten teil.

Ich war über 31 Jahre alt und wollte nicht noch jahrelang warten, bis Bernd sich ebenfalls zur Familiengründung entschließen konnte. An meinen Hobbys und neuen Freunden nahm er verschwindend wenig Notiz, verfolgte mich allerdings mit seiner Eifersucht. Wir sprachen darüber, meist von mir ausgehend, daß es wohl das Sinnvollste und gegenseitig Fairste wäre, wenn wir uns trennten. In der neuen Clique hatte ich mich mit einem Musiker angefreundet, der seine Kinder nach der Scheidung alleine großzog. Wir verstanden uns ganz prächtig. Er war sowas wie mein Traumprinz. Trotzdem verband uns nur eine, allerdings sehr herzliche, Freundschaft.

Bernd reagierte mit wildester Eifersucht. Daß er D. persönlich auch noch sehr gern hatte, sei das Schlimmste für ihn. Bernd belagerte D. regelrecht, flehte ihn heulend an, er solle ihm nicht die ›Frau‹ ausspannen. Es waren unglaubwürdige Szenen. Umso mehr war ich von D. enttäuscht, als dieser nicht mehr im geringsten um mich warb. Bernd wollte unbedingt mit mir eine Woche aufs Land fahren, wo wir ›so gut wie damals‹ nochmal über alles reden sollten.

Ich fuhr mit. Und nach einer Woche Non-stop-Diskussionen gab es eine erleichternde Versöhnung und die

Hoffnung, daß wir es wirklich schaffen würden. Es wurde ein sehr idyllischer, harmonischer Herbst. Vor Weihnachten tat Bernd sehr geheimnisvoll. Er bastelte an einem Puppenschrank mit allen nur erdenklichen Babyartikeln, alle selbst geschnitzt und gebastelt: Kinderwagen, Wiege, Schnuller, Teddies, etc. Außerdem war er nun täglich an der Uni und nahm mich gelegentlich auch wieder mit. Dort hatte er ein neues Hobby für sich entdeckt, das sich – mit geringen Veränderungen im Vorlesungsplan, sogar in das Studium einführen ließ. Bernd wollte sich auf dem Computermarkt spezialisieren. Ganze Wochenenden und halbe Nächte verbrachten wir in der Uni mit den Computern. Ich hatte das alles nicht mal ansatzweise begriffen, ging aber mit, da Bernd mich unbedingt dabeihaben wollte. Ich strickte ganze Fortsetzungs-Bildgeschichten-Pullis in dieser Zeit zwischen diversen Computern, nahm immer einen Picknick-Korb mit, da Bernd nicht mal zum Essen aus dem Computerraum wegzulotsen war.

Und als Weihnachtsgeschenk präsentierte mir Bernd nun sein Gebasteltes, den ›Beweis‹, wie sehr er sich nun schon mit seiner künftigen Vaterrolle vertraut gemacht habe. Ich war überglücklich – wollte aber nicht alle Ratio über den Berg schmeißen, bestand darauf, daß ich noch ein halbes Jahre die Spirale behalten würde, falls Bernd seinen festen Entschluß, wie so viele, viele andere zuvor, über Nacht wieder ändern würde. Dies fiel mir extrem schwer, aber diese Verantwortung schien mir unumgänglich. Meine Klaustrophie, die zeitweilig wieder aufgeflammt war, war völlig überwunden, und Sex machte mir wieder uneingeschränkt Freude.

In den Sommer-Semesterferien wollten wir wieder nach Spanien, wie im Sommer unseres Kennenlernens. Es sollte eine Art Flitterwochen werden, obwohl wir nie über Heiraten gesprochen hatten.

Zwei Tage vor der Abreise ließ ich mir die Spirale entfernen. Auch dies ohne die geringsten Probleme.

Der Urlaub war einfach traumhaft! Wir waren mit dem Zelt unterwegs. Kamen allerdings nie bis nach Spanien, denn wir entdeckten sehr idyllische kleine Campingplätze an kleinen Flüssen und kurz vor der spanischen Grenze einen ganz neu eröffneten FKK-Strand mit Hotels, Bars, Camping, wo wir fast einen Monat lang blieben.

Gleich zu Anfang des Urlaubs hatte ich meine Periode. Aber sie war nicht so katastrophal wie sonst, wo es tagelange Sturzblutungen, Migräne- und Depressionsanfälle gab, und Bernd ungeduldig fragte: »Wie lange dauert das denn noch!« Es war nur ein halber Tag Schmierblutung, ohne Depressionen und Streit.

Ich dachte, es sei die Klima-Veränderung, obwohl sich diese noch nie entscheidend ausgewirkt hatte.

Hätten wir den Urlaub nicht so lange und glücklich vorgeplant, dann hätten wir ihn uns ja eigentlich gar nicht leisten können – zeitlich und organisatorisch gesehen. Wir waren nämlich mitten im Umzug. Helga hatte direkt neben ihrer Schule eine ideale Wohnung gefunden und wollte auch mal wieder alleine leben. Wir besprachen alles und kündigten vertragsgemäß. Die große Wohnung hätte ich alleine, ohne sehr entscheidende Sparmaßnahmen oder gar wieder eine feste Anstellung, nicht bezahlen können. Und seit Bernd wieder regelmäßig auf die Uni ging, schränkten sich seine Nebenjobs ebenfalls sehr ein. Von seinen Eltern war nicht zu erwarten, daß sie ihm DM 650,– Mietzuschuß für eine Luxuswohnung zahlen würden.

Aber Bernds Vater sprang zumindest vermittelnd ein. Er besorgte uns eine herrliche, geräumige, ganz zentral und wunderschön gelegene Dienstwohnung seiner Abteilung. Er war mittlerer Beamter und die Wohnung eines Hausmeisterehepaares unglaublich billig. Den dazugehörigen Nebenjob des Hausmeisters konnte Bernd bequem in seiner freien Zeit ausüben.

Nach dem Urlaub waren wir glücklich wie nie zuvor,

alles lief harmonisch. Und wir renovierten die Wohnung, richteten sie ein. Meine Menstruation war überfällig, aber das konnte ja ebenfalls vom erneuten Klimawechsel und dem Absetzen der Verhütungsmaßnahmen kommen. Der Arzt hatte mir ja gesagt, daß in meinem Alter und nach so vielen Jahren Pille und Spirale wohl kaum vor sechs Monaten mit einer Schwangerschaft zu rechnen sei. Ich fühlte mich ja auch rundum pumperlgesund. Sicherlich psychosomatisch.

Nachdem die ›Mens‹ aber sechs Wochen überfällig war, entschloß ich mich doch zu einem Froschtest. Ich hatte mit Bernd nicht mehr übers Kinderkriegen geredet, seit ich die Spirale entfernen ließ. Und er war nie wieder selbst auf das Thema gekommen – hatte es wohl ›vertagt‹.

Mit unbeschreiblichen Zwiespälten holte ich das Ergebnis des Froschtests ab: Hoffnung, Freude, Angst, Unsicherheit – alles wirr durcheinander. Der Test war positiv! Es war Samstagvormittag, wir waren schon recht spät dran, waren Trauzeugen bei Bernds bestem Freund. Ich kam heulend in die Wohnung, umarmte Bernd und gab ihm den schriftlichen Test mit dem Ergebnis. Er tätschelte mir verkrampft lächelnd die Schulter, wie einem Pferd, sagte nur, daß wir uns sputen müßten, wenn wir nicht zu spät kommen wollten.

Der Tag war totaler Horror für mich. Bernd vermied jegliche Nähe zu mir, war ausgelassen und guter Laune, spielte den Clown für die anderen. Abends waren nur die Trauzeugen und allerengsten Freunde mit dem Brautpaar in deren Stammlokal zum Abendessen, fünf Freunde seit Sandkastenzeiten mit ihren ›Frauen‹.

Als schon alle sehr angeheitert waren, man den x-ten ›Letzten‹ auf das Brautpaar hob und ich als bekannte Kettenraucherin zum x-ten Mal dankend eine mir angebotene Zigarette ablehnte, sagte Bernd ohne Vorbereitung:

»Liebe Freunde – ihr seid die ersten im Bunde, die

den Weg zum Standesamt geschafft haben. Und wir sind die ersten, die Nachwuchs anzumelden haben!«

Wumms! Alle bedrängten den künftigen Papa, mich ›verschonten‹ sie – auch der Papa!

Es folgten Tage des frostigen Schweigens. Beim Arzt erfuhr ich, daß meine ›Urlaubs-Periode‹ bereits ein Schwangerschafts-Zeichen gewesen war. Ich war bereits im dritten Schwangerschaftsmonat.

Etwa eine Woche nach dem Testergebnis lud Bernd seinen Vater zum Abendessen zu uns ein. Vater und Sohn haben ein vorbildliches Verhältnis zueinander. Mit mir lag der Vater schon ganz zu Anfang in Fehde. Der Vater kam unwillig, aber er kam. Und zum zweitenmal hörte ich Bernd über die Schwangerschaft reden. Beim Kaffee sagte er ganz trocken: »Vater, wir bekommen Nachwuchs!« Mir wurde ganz elend, als die beiden über meinen Kopf hinweg, so, als sei ich gar nicht anwesend übers Heiraten sprachen. Das ›gehörte‹ sich wohl so? Die beiden einigten sich auf den schnellstmöglichen Termin, und Bernd rief noch kurz vor Mitternacht den eben erst getrauten Freund an, ob er nun seinerseits Trauzeuge ›spielen‹ (!) würde. Alles okay angeblich, Vater nach Hause, Bernd ins Bett und sofort eingeschlafen. Ich rüttelte ihn wach und bekam einen filmreifen Hysteriekoller, weil ich nicht nur nicht gefragt worden wäre und überhaupt. Bernd war tatsächlich echt erstaunt über mein ›unmögliches und ungerechtfertigtes Verhalten‹!

»Das sei doch nun alles nur nach meinem Wunsch«, also sollte ich mich nicht so haben. »Wegen mir brauchst du ja nicht zu heiraten. Dann blasen wir das halt alles wieder ab. Papa wird zufrieden sein!« Es hat fünf Tage totale Kämpfe gekostet – und dann war mir einerseits alles egal, andererseits hatte ich die Hoffnung, Bernd würde schon aus seinem ›Schock‹ auftauen und der ›Papa‹ werden, den er mir monatelang vorgespielt hatte. Bis ich dran glaubte, daß es keine vorübergehende Laune war. Vor der Schwangerschaft hatte ich eine absolute Topfigur – sehr groß, sehr schlank, aber ›Förmchen‹ an den richtigen Stellen.

Obwohl erst Anfang viertem Schwangerschaftsmonat, mußte ich bereits Umstandskleider zur Hochzeit tragen, denn ich hatte schon ›einen halben Fußball‹. Dem ansonsten so sex-besessenen Bernd ›verging alles‹. Die Hochzeit war noch eine Steigerung des Psycho-Horrors. Ich stand nur während der Trauung neben ihm, ansonsten amüsierte er sich auf seine Weise. Meine Figur wurde danach immer ›unästhetischer‹ für Bernd. Er blieb nun schon tage- und nächtelang fort. Und kam er mal, dann gab es böse, hysterische Szenen, die immer so endeten, daß ich ja jetzt hätte, was ich wollte, Bernd aber zu jung sei, um zu ›versauern‹. Er erzählte mir sogar, daß er eine ›vorübergehende Freundin‹ in der Stadt hätte, die nicht so zickig sei wie ich.

Eines Nachts, ich war im fünften Schwangerschaftsmonat, sperrte er mich sogar absichtlich oder versehentlich im dritten Stockwerk ein, als er über Nacht zu seiner Freundin fuhr. Angeblich aus Sicherheitsgründen wegen ›Mordverdacht gegen mein Kind!‹ Telefonisch alarmierte ich Helga, da ich unerträgliche Bauchschmerzen bekam und wurde per Feuerwehr herausgeholt. Zum erstenmal wurde ich stationär zwei Tage in die Klinik gebracht – vorzeitige Wehen.

Bernd hätte gar nicht gemerkt, daß ich ›weg‹ war, hätte Helga ihn nicht aufgetrieben und ihn in die Klinik geschickt.

Bernd kam also heulend-zerknirscht, versuchte zu erklären, daß er einfach durchgedreht habe. Jetzt bliebe er treu und würde sich wirklich auf das Baby freuen. Ich war nur zu süchtig danach, dies alles zu glauben. Und schlagartig hörten die psychosomatischen Wehen auf.

Gerade zwei Wochen ging mal wieder alles relativ gut. Das heißt, ich unterdrückte meine hysterische Panik und Bernd ließ sich seinen ausgesprochenen Ekel vor meinem Bauch wenigstens nicht mehr sooo deutlich anmerken. Allerdings war er auch nicht mehr bereit, sich mit mir sehen zu lassen. Sein alleräußerstes Zugeständnis war ›der Italiener nebenan‹. Der Wirt und seine Frau schienen die einzigen zu sein, die sich über meinen ›Bauch‹ himmlisch freuen konnten. Sie haben ja selbst sechs ›Orgelpfeifen‹.

Aber Bernds ›Toleranzkapazität‹ hielt nicht lange vor. Meine Panik setzte im gleichen Verhältnis dazu wieder ein. Es gab unwürdige Szenen.

Ende des sechsten Schwangerschaftsmonats wurde ich wieder stationär in die Gynäkologie eingewiesen. Dort blieb ich danach bis nach der Geburt. Da ich mich weigerte, Wehenstopper zu nehmen, empfahl mich mein Arzt zu einer Gesprächstherapie einmal wöchentlich außerhalb der Klinik. Ich mußte diese einhalten, da es die Voraussetzung für den stationären Aufenthalt war und kassenrechtlich Konsequenzen hatte. Aber viel beruhigender und lebensrettend hatten sich die tolle Anteilnahme und der Einsatz meines Arztes ausgewirkt.

Mein Bauch hatte bereits ›zwei Fußbälle Umfang‹, und ich watschelte wie eine Ente. Ich nahm alle Mahlzeiten in der Gynäkologie ein, hatte dort mein ›eigenes‹ Bett und mit der Zeit Dekorationen. Ich konnte herumlaufen. Sogar kleine Ausflüge in die Stadt waren erlaubt. Davon machte ich allerdings wenig Gebrauch – aus Angst, ich könnte Bernd unverhofft begegnen.

Dieser kam die ersten Tage noch regelmäßig, dann immer unregelmäßiger, bis er gar nicht mehr kam. Zuerst vage, dann immer ›brutaler‹ machte er Andeutungen, daß er eine Kinderfreundin wiedergetroffen habe, bei ihren Eltern einen Stein im Brett hätte. Und dann sei es halt ›passiert‹, sei die ganz große Liebe seines Lebens geworden.

Ende des siebten Schwangerschaftsmonats bekam ich in die Gynäkologie sein Scheidungsbegehren – Härteklausel (wörtlich!): »Meine Frau hat sich ohne ersichtlichen Grund stationär in die Klinik einweisen lassen, um sich vor ihren ehelichen Pflichten zu drücken.«

Der Familienrichter – vor dem ich mit meinem Arzt und unbeschreiblichem Umfang erschien – zerschmetterte zwar Bernds Klage. Aber für mich schien eine Welt unterzugehen. Das war so gar nicht Bernd, den ich kannte, trotz allem nicht. Er war immer den sanften Weg, den des geringsten Widerstandes gegangen, war immer noch zugänglich, wenn auch stur auf einem Standpunkt beharrend. Ich hatte schreckliche Tage und ernstzunehmende Wehen.

Im neunten Schwangerschaftsmonat konnte ich kaum mehr wie eine Ente watscheln. Aber ich mußte doch endlich fürs Baby einkaufen, was ich bisher noch immer nicht getan hatte. Also beurlaubte mich mein Arzt einen ganzen Einkaufstag lang. Am Spätnachmittag kam ich vor der Wohnung mit dem Taxi und allen eingekauften Babysachen an. Da verließ gerade Bernd das Haus, eng umschlungen und küssend mit seiner Freundin. Sie waren beide sichtlich ungehalten, mich zu treffen, wollten schnellstmöglich weg.

Aber sie mußte sich an meinem Bauch vorbei auf die Beifahrerseite von Bernds Auto quetschen. Da fragte ich sie: »Was denkst du dir eigentlich dabei?« Sie deutete auf meinen Bauch und sagte nur: »Das da ist dein Problem! Ich will den Bernd, er will mich. Mehr gibts da nicht zu sagen!«, stürzte ins Auto, und sie fuhren mit quietschenden Reifen weg.

Der Taxifahrer half mir noch die Sachen ins Haus bringen und machte ein sehr betretenes Gesicht dabei.

Später hat Helga mit meiner Mutter die Wohnung und das Kinderzimmer mit allen Sachen organisiert, aufgeräumt und hübsch gemacht.

Jan ist an einem Frühlingssonntag 1980 direkt unter einem Regenbogen geboren. Er brachte neun Pfund strotzende Gesundheit mit ins Leben. Nur vier Tage vor dem offiziell errechneten Termin. Bernd war zehn Tage vor der Geburt mit seiner Freundin nach Nordafrika in Urlaub gefahren und kam erst eine Woche nach der Geburt zurück, braungebrannt, erholt und voll Lebensfreude. Er wollte mich mit Jan nicht mehr in die Wohnung lassen. Der Schwiegervater unterstützte ihn dabei mit der Begründung, daß es eine Dienstwohnung sei.

Ganz offen hoffte ich noch, daß Bernd zur Familie zurückkäme – irgendwann. Dies wollte ich nicht unnötig gefährden. Andererseits konnte ich ja nicht mit einem zehn Tage alten Baby auf der Straße übernachten.

Da wendete ich mich an eine befreundete Lokalredakteurin mit meiner Sorge. Diese drohte nach Überprüfung dem Oberbürgermeister an, meine Geschichte innerhalb von 24 Stunden publik zu machen, wenn er keine Lösung fände. Der Bürgermeister zitierte den Schwiegervater, der ja ein beamteter Angestellter der Stadt ist, zu sich.

»Die soll doch nach S. zurück!« Auf diesen Ausspruch wurde der Schwiegervater strafversetzt mit Beförderungssperre. Begründung des Bürgermeisters: »Wenn Sie nicht für faires Recht und Ordnung innerhalb ihrer engsten Familie sorgen können, dann sind Sie auch nicht befähigt, über mehr als hundert Untergebene Chef zu sein!«

Der Schwiegervater hat noch nie seinen Enkel gesehen. Er schickte sogar letzte Weihnachten dessen Briefgruß mit dem postalischen Vermerk »Annahme verweigert« zurück. Der Vater von Jan weigert sich ebenfalls, Jan jemals zu sehen, zahlt nur den gerichtlich eingeklagten Mindestunterhalt. Ich weiß fast nichts mehr über ihn.

Die zweite Scheidungsklage, zu Jans erstem Geburtstag, habe ich in der Hoffnung abgewiesen, daß Bernd sich vielleicht noch besinnt. Die Eigentumswohnung in S. habe ich zu diesem Zweck verkauft und vom Erlös in Hb. eine kleinere gekauft.

Genau zum dritten Geburtstag von Jan wurde die Scheidung rechtskräftig.

Da war das wonnige Sonntagskind Jan drei Jahre alt. Aber den Psychostreß hatte ich noch immer nicht überwunden. Meinen finanziellen Reserven waren aufgebraucht. Aber ich wollte mit keinen Hilfsjobs oder stressigen Zeitarbeiten unser Einkommen verdienen. Das hätte mich all die Restenergie gekostet, die ich so dringend nötig fürs Kind und mich brauchte.

Ganz langsam und anfangs zum Teil überaus schmerzlich begann mir einiges klar zu werden: Ohne Bernds ›Brutalität‹ hätte ich vielleicht nie den rechtzeitigen Ausstieg aus einer letztendlich hoffnungslosen Beziehung gefunden, wir wären vielleicht alle drei – sicher aber das Kind – stark lädiert in Unzulänglichkeiten, faulen Kompromissen erstickt. Die letzte vermeintliche Schwäche ist vielleicht die einzige Stärke seines bisherigen Lebens gewesen. Anstatt ihm noch böse zu sein, möchte ich ihm eigentlich danken. Durch ihn habe ich schmerzlich, aber entscheidend erst zu mir selbst finden können. Meine eigenen Schwächen in dieser ganzen ›Summe‹ sind auch für mich selbst nicht mehr zu übersehen. Durch mein Kind bin ich erwachsener und reifer geworden. Aber ich wäre es vielleicht/sicherlich nicht geworden ohne die Zwangsabnabelung aus einer unreifen Beziehung. Sicherlich hätte es auch hier konstruktivere Möglichkeiten des Gemeinsamwerdens gegeben. Aber es hätte die Grundsubstanz nicht verändert, und diese war nie eine kollektive. Gegensätze mögen sich anziehen, aber es kann daraus in den meisten Fällen nur Kompromisse oder Fehlschläge geben. Es ist einfach überheblich anzunehmen, daß man selbst die berühmte Ausnahme sei. Und trotzdem (oder gerade deswegen?) ist Bernd der ideale ›Erzeuger‹, den ich meinem Kind wünschen konnte. Jan hat Bernds hübsches Aussehen, seine psychosomatische Gesundheit, seinen betörenden Charme, seine Intelligenz. Es ist so ganz der Bub, den sich Bernd oder jeder Vater wünschen kann. Und irgendwann in mehr oder weniger ferner Zukunft wird sich Jan auch aufmachen, uns seinen ›Baba‹ zu finden, von dem er nie etwas Schlechtes gehört hat. Ich werde ihn losziehen lassen, wenn er die Stabilität hat, gleichermaßen mit einem Erfolgserlebnis wie auch dem Gegenteil klarzukommen. Außer Jahren trennen uns noch Tausende von Kilometern von diesem Ereignis.

Sabine

G. und ich wohnten beide im gleichen kleinen Ort. Als wir uns näher kamen, war er 22, ich knapp 19.

Ich hatte gerade eine dreijährige Beziehung hinter mir und fand in G. einen lieben Zuhörer für die Bewältigung meiner ›Trennungsprobleme‹. Wir sind stundenlang spazieren gegangen und haben bis tief in die Nacht hinein diskutiert. Ja, und daraus ergaben sich dann irgendwann Zärtlichkeiten. Aber nur, wenn wir alleine waren, nie nach außen hin, vor Freunden, Eltern usw. Doch mir genügte das. Ich war überzeugt davon, daß wir von nun an zusammengehörten. G. widersprach dem nicht.

Es kam aber anders. G. hatte seinen Urlaub schon verplant. Er wollte mit Freunden nach Bayern. Mit vielen Versprechungen fuhr er los. Dann habe ich nichts mehr von ihm gehört. Keine Karte, kein Anruf, absolut nichts. Irgendwann war er wieder zurück, aber er kam nicht alleine. Er hatte seine ›Freundin‹ mitgebracht, die er während des Urlaubs kennen- und liebengelernt hatte. Ich erfuhr das alles über ›siebzehn Ecken‹, und glaubte es erst, als ich die beiden zusammen sah. Das hat mich ganz schön umgehauen. So ein Feigling!

Irgendwann fuhr seine ›Flamme‹ wieder zurück, irgendwann meldete er sich wieder bei mir, als sei nichts gewesen, irgendwann konnten wir wieder miteinander reden. Bis dahin hatte ich treu und brav meine Zeit damit verbracht, darauf zu warten, daß er der anderen überdrüssig wurde. Wie blöd! Doch die andere rief ständig bei G. an. Meist immer dann, wenn ich auch bei ihm saß. Ich habe oft bis zu zwei Stunden oben in seinem Zimmer auf das Ende des Telefonats gewartet. Und dann seine Erklärungen: ». . . er sei in die Sache halt so reingerutscht.« Sie ginge ihm jetzt doch aber auf die Nerven. Aber er wolle sie nicht verletzen, denn sie würde mit Selbstmord drohen. Er werde Weihnachten bei ihr verbringen, zudem sei das ein günstiger Winterurlaub. Danach wolle er aber mit ihr Schluß machen und eine neue Beziehung mit mir aufbauen. Aber erst müsse die Sache mit ihr geklärt sein. Schließlich sei er ja kein Schwein. Ich hab' ihm das alles abgenommen. Fehler macht ja schließlich jeder einmal, oder?

Er fuhr also Weihnachten zu ihr. »Schade, ich würde viel lieber bei dir sein.« Zwei Tage später sein Anruf: »Bitte hol' mich vom Bahnhof ab; ich komme früher. Die ist ja hysterisch.«

Und ich fuhr los, holte ihn ab. Mit fünf weißen Tulpen stand ich am Bahnsteig, richtete ihn nach seinem ›Opfertrip‹ seelisch auf und freute mich, daß er zurück war, und ich mich wieder um ihn kümmern durfte. So ging's auch im neuen Jahr (1981) weiter. Ich habe gewartet, bis er sich meldete.

Wir zogen zu Sportveranstaltungen mit Freunden los, mal nach Amsterdam, aber nirgends so richtig als Paar. Aber immer wenn wir alleine waren, bekam ich doch ein paar Zärtlichkeiten, obwohl ich mehr gegeben als bekommen habe. Und im Sommer '81 fuhren wir sogar zusammen in den Urlaub. Wir hatten ein sehr gutes, intensives, zärtliches Verhältnis zueinander. Da hab' ich gedacht, jetzt wird's besser. Als wir wieder zu Hause waren, mußte G. zur Bundeswehr. Das war eine schlimme Zeit. G. war immer schon schwierig und oft in sich gekehrt. Er hatte erst seine Schwester und später seine geliebte Mutter durch Krebs verloren. Dann lief ihm seine Freundin weg, die er noch jahrelang idealisiert hat. Außerdem hatte er eine Stiefmutter bekommen, die selbst schon große Kinder hatte. Aber gerade seine ruhige Art, sein Nichttrinken und Nichtrauchen, seine Sensibilität ließen ihn für mich liebenswert erscheinen. Zudem sah er auch noch gut aus und legte sehr großen Wert auf Körperpflege. Jedenfalls hab' ich ihn ganz schön geliebt und habe seine ›Gemeinheiten‹ mit seiner wenig erfreulichen Jugend entschuldigt. Immer wieder, jahrelang!

Jetzt mußte er also zum Bund: Vorgesetzte, die jünger waren als er, Alkoholzwang, ein Dienst an der Waffe, den er mit seinem Gewissen nicht vereinbaren konnte, das Teilen eines Zimmers mit mehreren, noch unbekannten Leuten. Das alles brachte viele neue Probleme in unsere Beziehung. Darüber redete ›Mann‹, wenn er am Wochenende nach Hause kam. In dieser Zeit klammerte er sich ziemlich an mich. Die Geliebte wurde zum Psychiater. Und trotzdem oder vielleicht gerade deshalb war es eine unserer schönsten Zeiten. Wir wollten uns zusammen eine kleine Wohnung nehmen; zusammen leben. Aber ein Wort wie Liebe hat er nie dafür benutzt.

Und dann hat er am 1. Mai 1982 die Beziehung beendet, weil ich ihn einenge, ihm die Luft zum Atmen nehme, einfach so, ohne Vorwarnung. Völlig fassungslos bin ich dann im Sommer, kurz vor meiner Gesellenprüfung als Fotografin allein in eine Wohnung gezogen.

Mir ging es zu diesem Zeitpunkt unheimlich mies. Krach zu Hause, Auszug, kaum Geld, Prüfungsstreß. Ich konnte kaum noch essen, habe in vier Wochen zwölf Kilo abgenommen. Meine Gedanken drehten sich im Kreis. Was hatte ich falsch gemacht? Ich habe die ganze Schuld bei mir gesucht. War es falsch, von seinem Partner auch mal Zuwendung in der Öffentlichkeit zu erwarten, eine kleine liebe Geste, einen Händedruck?

Tagsüber arbeitete ich als Fotografin, am Wochenende half ich in einem griechischen Restaurant aus und in meiner Freizeit habe ich viele neue, nette Leute kennengelernt. So auch meine Freundin Brigitte. Wir haben viel unternommen, haben uns gegenseitig bei der Bewältigung unserer Probleme geholfen und waren ein lustiges, beliebtes Duo, das viel Spaß hatte.

Natürlich haben wir auch sehr oft über G. gesprochen, was mir letztendlich sehr geholfen hat. In unser fast immer lustiges Beisammensein platzte dann wieder G. hinein. Ich war froh, daß er zu mir zurückkam und nahm ihn mit offenen Armen auf, wie schon einige Male vorher. Brigitte akzeptierte meinen Entschluß und richtete mich wieder seelisch auf, wenn G. sich wieder mal einige Tage nicht meldete. G. besaß meinen Wohnungsschlüssel, und ich verbrachte wieder viele Tage damit, auf ihn zu warten.

Wenn ich mal zum Einkaufen ging und G. mich zu Hause nicht antraf, machte ich mir schwere Vorwürfe. Es war ja auch meine Schuld, daß er mich nicht antraf, denn ich war ja zum Einkaufen, beim Frisör oder auf ein Glas Wein losgegangen. So bestand die Beziehung zu G. wieder mal aus den alten, längst bekannten Höhen und Tiefen. Brigitte half mir weiterhin, diese Berg- und Talfahrt zu bestehen. Und dann folgte wieder so ein Hammer: Freitagnacht, 22.30 Uhr kam G., ich hatte schon geschlafen, und druckste, er hätte sich in meine Freundin ›verguckt‹. Mit den Worten: »Sie reizt mich, aber ich will dir nicht weh tun«, ließ er mich zurück, aber nicht, ohne meinen Wohnungsschlüssel mitzunehmen.

Ich war jedenfalls ganz schön geplättet. Mit welcher Selbstverständlichkeit war er doch mitten in der Nacht bei mir aufgekreuzt und wie sehr hatte er mich verletzt.

Tat so, als sei schon alles abgeklärt zwischen ihm und Brigitte! Ich hatte eine unheimlich grenzenlose Wut auf ihn.

Denn ich wußte, daß Brigitte ihn nie übermäßig sympathisch gefunden hatte. Ich informierte Brigitte über den Freitagabend, worauf sie gleich zu mir kam, um mich mal wieder aufzurichten. Wir beschlossen, am Samstagabend alleine loszugehen. Und trafen natürlich auf G.. Brigitte nutzte die Gelegenheit und putzte den guten Mann ganz schön runter – über zwei Stunden lang. Während dieser Zeit habe ich mich auf der Tanzfläche ausgetobt. Danach ging's uns beiden besser, und G., in seiner männlichen Eitelkeit verletzt, räumte das Feld.

Jedenfalls kam er gut eine Woche später und meinte, ich hätte ihn ja wohl total falsch verstanden. Er hätte das ja alles gar nicht so gemeint. Und überhaupt habe er es ja wohl gar nicht nötig, sich vor dieser Person rechtfertigen zu müssen. Das hätten wir uns ja alles an den Haaren herbeigezogen. Er hätte nie vorgehabt, etwas mit Brigitte anzufangen. Die Beziehung plätscherte so weiter vor sich hin.

Im März desselben Jahres wurde ich schwanger. Erst im Mai allerdings habe ich G. von seinem bevorstehenden Vaterwerden erzählt.

Das war bezeichnend für unsere momentane Beziehung. Ich wollte gar nicht mehr mit G. zusammensein, jetzt, wo ich ein Kind von ihm erwartete. Das lag wohl auch mit daran, daß ich während dieser Zeit jemanden kennenlernte, mit dem und durch den ich den Absprung aus der Beziehung zu G. hätte schaffen können. Wenn ... ja, wenn ich nicht schwanger gewesen wäre! Als G. von meiner Schwangerschaft erfuhr und den ersten ›Schock‹ überwunden hatte, schmiedete er Zukunftspläne für uns und unser Kind. Wir wollten erst einmal zusammenziehen, das Kind sollte erst einmal da sein und dann wollten wir (er?) weitersehen, ob wir eventuell auch heiraten würden. Bis wir eine gemeinsame, größere Wohnung fanden, zog ich vorübergehend in sein Elternhaus. Er hat dort zwei Zimmer bewohnt.

Wir hatten unsere liebe Not mit uns und der neuen

Situation. Ich wußte nicht, ob ich wirklich mit ihm zusammenbleiben wollte. Meine Liebe zu ihm hatte die Jahre davor sehr leiden müssen. Eigentlich wollte ich mit dem Kind alleine leben. Und er kam nicht klar damit, Vater zu werden, Verantwortung übernehmen zu müssen.

Bei irgendeiner unserer unzähligen Auseinandersetzungen flippte G. dann aus und schlug mich. Zielscheibe war mein Bauch! Ich war so fertig und hab' mich bei strömendem Regen auf mein Fahrrad geschwungen und bin zu meiner sechs Kilometer entfernten Wohnung gefahren. Immer wieder bin ich von Weinkrämpfen geschüttelt worden. Heute weiß ich gar nicht mehr, wie ich es überhaupt geschafft habe, heil in meine eigenen vier Wände zu kommen. Es dauerte nicht lange, und G. kam nach. Er bat mich weinend um Verzeihung. Er fühle sich überfordert und außerdem hätte ich ihn provoziert.

Wir fanden eine Wohnung. Unsere Eltern halfen beim Umzug. Ab diesem Zeitpunkt (Juli 83) gab es für mich keine Zärtlichkeit mehr. G. zog sich zurück mit der Begründung, er könne nicht mehr mit mir schlafen, geschweige denn zärtlich zu mir sein, da ich ja schwanger sei.

Ganz überraschend kam aber auch zu diesem Zeitpunkt sein Wunsch zu heiraten.

Ich war arg durcheinander und habe ihn, ich war im sechsten Monat, standesamtlich geheiratet. Ich kann's heute gar nicht begreifen. Oder habe ich mich heiraten lassen? Zwei Wochen nach unserer ›Hochzeit‹ hat G. mich wieder geschlagen. Diesmal war schon eine Steigerung in seiner Prügelei! Und ich bin mitten in der Nacht ganz durcheinander mit dem Auto durch die Gegend gefahren. Dachte an Selbstmord, somit also auch an Mord am ungeborenen Leben. Fing wieder an zu rauchen und wäre am liebsten ganz weit weggefahren, um nicht mehr mit ihm zusammen sein zu müssen!

Ich hatte niemanden, mit dem ich hätte darüber reden können. Brigitte hatte auswärts eine Ausbildung angetreten. Und wenn ich mich meinen Eltern offenbart hätte, hätten sie mich sofort nach Hause geholt. Aber ich wollte trotzdem unsere Beziehung aufrecht erhalten, hatte immer noch die Hoffnung, sie zu verändern. Was war ich doch für ein Traumtänzer!

G. ließ mich regelrecht im Stich. Er ging nicht mehr mit mir aus. Ich war ja auch zu dick geworden. Vor lauter Frust stopfte ich alles Eßbare in mich hinein. Bis zur Geburt habe ich dann auch fünfzig Pfund zugenommen. Er konnte nur noch meckern und fordern. Und wenn wir Besuch hatten, spielte er auf liebevoll und fürsorglich. Wir besuchten zwar einen Babypflegekursus, aber mehr Interesse zeigte er nicht.

Zwei Wochen vor Geburtstermin mußte ich ins Krankenhaus – zuviel Wasser. Das war der Zeitpunkt, an dem in G. eine Wende vorging. Er kam mich mindestens einmal am Tag besuchen, und das, obwohl die Klinik dreißig Kilometer von uns entfernt und die Wetterlage sehr ungünstig war. Zudem steckte er in der Abschlußprüfung zu seiner Ausbildung zum Beamten der mittleren Laufbahn.

Ich wurde wieder entlassen, weil mit der Geburt noch nicht zu rechnen war.

Montag morgen sollte das Kind kommen. Doch G. hatte seinen wichtigsten Prüfungstermin. Also rief ich ihn kurz vor der Geburt an und erzählte ihm, daß sich auch heute nichts tun würde, obwohl ich wußte, daß das Kind binnen zwei bis vier Stunden da sein würde.

Er war also bei der Geburt nicht dabei, und ich war nicht traurig darüber. Ich weiß noch, wie ich dachte, daß er es nicht verdient hat, bei solch einem Erlebnis dabei zu sein, wo er mich die neun Monate davor doch kaum beachtet hatte. Ich war ihm wohl lästig.

Obwohl er nach der Geburt lieb und nett war, weiß ich aus Tagebuchaufzeichnungen, daß mir immer wieder die Textzeile eines bekannten Liedes einfiel: »Ich hoffe, daß ich irgendwann die Zeit mit dir vergessen kann; ich hoffe, meine Liebe geht vorbei.«

Obwohl eine Wandlung in G. vorging, er trug jetzt seinen Ehering, war zärtlich zu mir und unserem Sohn usw., faßte ich den Entschluß, sein nächstes außereheliches Verhältnis nicht mehr zu tolerieren! Die nächsten eineinhalb Jahre ging alles ganz gut.

Doch dann schlichen sich wieder einige Dinge ein. Es war im April '85. G. kam abends später nach Hause, joggte des öfteren in der Gegend herum, manchmal bis zu drei Stunden und war wieder der Alte, zugeknöpft und unnahbar. Er ließ sich bei Regen von der Arbeit nach Hause bringen, aber stieg immer einige Häuser vor oder nach unserer Wohnung aus. Alles jedenfalls höchst verdächtig. Und aus Erfahrung kannte ich diese Anzeichen. Diesmal mußte ich etwas tun. Ich ging heimlich zur Rechtsanwältin. Ich machte alles klar, von der Wohnungssuche bis zur Hausratsaufteilung und der Unterhaltsklärung. Und trotzdem, ich dachte immer noch an eine Chance für uns. Wahnsinn. Ich sagte G. auf den Kopf zu, daß er ein Verhältnis mit einer anderen Frau habe. Er stritt es ab und im gleichen Moment verlangte er rosa Briefpapier! Da ich ihn dann so unter Druck gesetzt hatte, gab er schließlich seine ›rein kollegiale‹ Beziehung zu einer verheirateten Kollegin zu. Es sei aber noch nichts passiert zwischen ihnen, nur jetzt müsse er sich zwischen ihr und mir entscheiden. Und wieder war er einfach so in die Sache hineingerutscht.

Ich hab' das Kind, einige Dinge für den Jungen und mich eingepackt und bin zu meinen Eltern. Ohne Vorwurf und spontan haben sie mich empfangen. Haben sich alles angehört und mich, so gut sie es konnten, getröstet. Durch G.s Stiefbruder, der mit meiner Schwester befreundet war, erfuhren dann meine Schwiegereltern und auch G.s Schwester von der ganzen Angelegenheit. Während meine Schwiegereltern sehr zurückhaltend reagierten, schlug G.s Schwester sich sofort auf die Seite ihres Bruders. Sie rief mich an, ich solle unbedingt noch mal mit G. reden, der sehr fertig sei, und ja nichts überstürzen. Gegen den Willen meiner Eltern und innerlich arg aufgewühlt bin ich zu ihm und hab' mich wieder von ihm einlullen lassen. Es war eine gute Vorstellung, die er inszenierte. »Ihr seid mir wichtig. Bleibt bei mir; verlaßt mich nicht. Laß uns noch mal von vorn anfangen. Notfalls gehen wir eben zur Eheberatung, ich verspreche es dir.«

Also ein neuer Versuch. Bei der Anwältin alles abgesagt, und wieder mit dem Kind zu G. zurück.

Die nächsten vier Wochen hat er sich wie wahnsinnig um mich bemüht. Doch auf das Versprechen mit der Eheberatung, zu der ich unbedingt wollte, angesprochen, meinte er nur, er würde seine Probleme nicht vor fremden Leuten ausbreiten. Das hat mich ganz schön geärgert. Da habe ich überlegt, ihm eine Frist zu setzen. Wenn er bis Jahresende nicht irgendwas tut, was uns hilft, dann gehe ich mit dem Kind. Die einzige, die von dieser Frist wußte, war Brigitte. Als ich über ein Wochenende im Juli '85 alleine bei ihr war, haben wir mal wieder ›G.-Probleme‹ gewälzt.

Für mich stand fest, daß es die allerletzte Chance war, die ich G. und uns gab! Und dann kam es. Das Ende. Da bin ich dann noch mal, aber deftig, durch die Hölle gegangen!

Alles fing wieder von vorn an. G. blieb abends immer länger weg. Oft kam er nach drei Uhr nach Hause, von angeblichen Sportsitzungen. Er telefonierte von der Telefonzelle aus, und wenn er zu Hause telefonierte, schloß er die Zimmertür hinter sich ab. Ich wußte schon wieder, was das bedeutete.

Und dann der alles entscheidende Abend. G. kam wieder spät, wie fast immer. Diesmal nagelte ich ihn fest. Er sollte mir einmal nur die Wahrheit sagen.

Es gab eine wilde Auseinandersetzung, in deren Verlauf G. immer aggressiver wurde. Er fühlte sich zu Unrecht angegriffen. Ich hielt ihm meine Erfahrungen entgegen. Er drängte mich in eine Ecke und wollte mir dann sein Knie mit voller Wucht in den Unterleib rammen. Ich drehte mich rechtzeitig. So daß er ›nur‹ meinen Oberschenkel traf. Es war ein wahnsinniger Schmerz und ein ebenso großer Haß, den ich empfand. Ich war nahe dran, ihn umzubringen. Ich hatte schon das Brotmesser in der Hand. So schnell könnte man zum Mörder werden, dachte ich noch und legte das Messer sorgsam wieder zurück. Mein Oberschenkel tat höllisch weh, ich konnte nicht mehr richtig laufen, und im Kinderzimmer weinte der Junge.

G. tröstete das Kind, während ich überlegte, ob ich zum Arzt sollte, um G. anzuzeigen. Aber ich tat's nicht. G. war Beamter, würde durch eine Anzeige vielleicht ein Disziplinarverfahren bekommen. Dann vielleicht nicht, wie zu erwarten, befördert werden, und ich bekäme bei unserer Trennung weniger Unterhalt.

G. entschuldigte sich mal wieder für alles, und ich tat, als verziehe ich ihm. Am nächsten Tag habe ich mir einen Termin bei meiner Anwältin geben lassen und alles unter Dach und Fach gebracht. Immer noch sagte ich meinen Eltern nichts. Angeblich hatte ich mich an der Tischkante gestoßen. Auf dem Geburtstag meiner Schwester habe ich meinen beiden Schwestern alles erzählt. Ich konnte es einfach nicht mehr für mich behalten.

G. hielt nichts von einer Scheidung, die für mich das Ziel einer Trennung war. Er versuchte mich zu überreden, zu meinen Eltern zu ziehen. Wir könnten aber auch eine Wohngemeinschaft gründen, das wäre nicht so teuer vom Unterhalt her.

Immer noch (wieder) belog er mich. Er habe nichts mit seiner verheirateten Kollegin. Er fände sie zwar nett, aber mehr nicht. Diese Behauptung konnte er allerdings nicht mehr aufrecht erhalten, als ich einen fast zwei Wochen alten Liebenbrief von ihr an ihn gefunden habe.

Meine Entdeckung machte ihn so sauer, daß er wieder ausflippte. Es war wieder eine Steigerung. Vom Schlagen bis zum Würgen. Er zerriß meine Hose und mein T-shirt und sperrte mich aus. Mittlerweile waren auch meine Eltern über meine Ehe im Bilde. Mein Vater, den ich nach dieser Auseinandersetzung anrief, wollte mir zu Hilfe kommen. Ich aber hielt es für besser, daß er nichts unternahm. Ich wollte die zwei Wochen bis zu meinem Auszug still halten, nichts gegen G. unternehmen. Ich hatte eine wahnsinnige Angst, eine Reaktion von mir könne sich später bei Gericht gegen mich wenden. Ich verlöre vielleicht das Sorgerecht für das Kind.

Heute weiß ich nicht mehr, wie ich diese Zeit überhaupt überstanden habe.

Ich kam mir damals wie ein Prügelknabe vor, wenn der ›Alte‹ mit seinen Gewissensbissen nicht klar kam, mußte ich herhalten.

Wie dem auch sei: Ich zog mit dem Kind aus, während G. übers Wochenende weg war.

Seitdem haben wir halt all' die Schwierigkeiten, die andere geschiedene Eheleute auch haben: Unterhalt, Umgangsrecht und Kind.

Aber dank der Unterstützung meiner Geschwister, Eltern und auch meiner Schwiegereltern und der Zeit, die nun seitdem vergangen ist, habe ich diese Beziehung und Ehe gut verarbeitet.

Während G. mit dem ›Scheidungsgrund‹ immer noch zusammen ist, das seit über zweieinhalb Jahren und nahtlos vom Ende unserer Beziehung aus, lebe ich noch mit dem Kind alleine. Seit gut einem Jahr kann ich sagen, daß ich einem neuen Versuch mit einem neuen Partner nicht mehr abgeneigt bin. Die Zeit davor habe ich einfach das Alleinsein gebraucht, um das Gewesene verarbeiten zu können.

Heute wünsche ich mir schon manchmal einen Partner, aber ich bin, glaub' ich, sehr anspruchsvoll, sehr wählerisch geworden. Je länger ich allerdings alleine bin, um so weniger Bereiche fallen mir ein, die ich mit einem Partner teilen möchte.

Vielleicht bin ich aber immer noch blockiert. Vielleicht möchte ich mich nicht mehr verlieben, aus Angst, dann wieder verletzbar zu sein. Ich stolpere heute immer noch mal über Beziehungsmomente, die ich noch nicht so ganz abgeklärt habe. Natürlich, ich bin jetzt seit zweieinhalb Jahren von G. weg, aber ich glaube, um so eine Beziehung vollends abschließen zu können, braucht man etwas Zeit. Deshalb ist es mir unbegreiflich, daß G. gleich eine neue Beziehung zu einer neuen Partnerin aufbauen konnte. Wenn ich ihn heute sehe – ein- bis zweimal in der Woche holt er das Kind ab, kommt er mir wie ein Fremder vor. Als hätte ich ihn nie gekannt. Ich kann manchmal kaum glauben, daß er der Vater meines Kindes ist.

Allerdings: Einen Wunsch trage ich immer noch mit mir herum: Ich wünsche G., daß seine Beziehung zu seiner jetzigen Freundin nicht hält, weil ich meine, sie hätten es beide nicht verdient.

Sie haben damals beide ihre Ehepartner belogen und betrogen und ihnen dann auch noch den Schwarzen Peter zugeschoben. Das ist etwas, was ich bis heute nicht vergessen konnte.

Rüdiger

Ich bin seit vier Jahren geschieden. Ich liebe meine Frau immer noch. Für mich ist sie meine Frau geblieben. Obwohl ich sie betrogen habe.

Von Beruf bin ich Werbegrafiker, arbeite in einem großen deutschen Verlagshaus, bin freier Mitarbeiter in einer Werbeagentur und versuche derzeit einen Partner zu finden, um mich selbständig zu machen. Durch den Job kam ich ziemlich viel herum. Heute genau wie früher.

Meine Frau lernte ich auf einer Messe kennen. Sie war da Hostess. Als sie zum dritten Mal an meinen Tisch kam, lud ich sie ein, abends mit mir essen zu gehen. Sie hatte eine Schwäche für Männer mit behaarter Brust – meine guckte aus dem Hemd – und sagte zu.

Bei dem einen Essen blieb es nicht. Und eines Tages schlug ich ihr vor, meine Spesenrechnungen zu senken und mich zu heiraten.

Wir heirateten ganz romantisch in aller Stille, mit Trauzeugen von der Straße. Flitterten drei Wochen auf Lanzarote und kehrten mit dem ersten Frust im Handgepäck nach Hause zurück. Meine Frau, die mich vor der Ehe gar nicht schnell und oft genug im Bett haben konnte, war plötzlich als Meisterausredenerfinderin zu ungestörter Nachtruhe gelangt. Sobald ich abends zur Sache kommen wollte, gab's jedesmal ein anderes Nein. Mal war's die Migräne, mal Bauchweh, mal Müdigkeit, mal allgemeine Unlust, mal zuviel Krach, mal zu wenig Krach mit mir usw. usf. Ich legte innerlich die Ohren an. Was war denn los?

Schließlich kam's an den Tag. Es war das Bewußtsein von der ›ehelichen Pflicht‹. Trauschein gleich Berechtigungsausweis gleich Garantieurkunde. Meine Frau kam sich prostituiert vor und gekauft. Und ich, sagte sie, würde vielleicht so nicht denken, sehr wohl aber danach handeln. Kaum läge ich im Ehebett, sei meine Hand schon unter dem Nachbarkissen. Von wegen liebevolle Einstimmung oder zärtliche Schmusestunde als Auftakt!

Okay, ich muß zugeben, Ehe hatte für mich immer den Aspekt des Lebensendes. Mit dem Trauschein hörte für mich alles auf: Unbeschwertheit, Ausgehen, Kontoüberziehen, Flirten, Tanzen. Eben einfach alles. Aber wo Rechte waren, gab's für mich auch Pflichten. Und wozu verdammt noch mal, hatte ich eine Frau, wenn ich im entscheidenden Moment dann doch keine besaß? Also gut, ich gab mir danach etwas mehr Mühe. Aber das regte meine Frau auch nicht an.

Sie wollte keinen Sex, brauchte keinen Sex, erlaubte keinen Sex. In den Flitterwochen, wo andere tagelang nicht wissen, welches Bein nun wem gehört! Ich nahm's trotzdem hin. Schließlich liebte ich meine Frau. Da mußte ich schon etwas Verständnis für sie aufbringen. Dachte ich. Heute ist mir klar, daß sie eher eine anständige Tracht Prügel verdient hätte, um wieder normal zu werden. Ich sollte vielleicht etwas über ihre Kindheit und ihre Familie sagen.

Mein Schwiegervater ist ein richtiger Machotyp, der geborene Fremdgänger. Jeder Mist, den er verbockt, wird ängstlich vertuscht. Und seine Frau ist eine Sklavin. Die wird kommandiert, angebrüllt, die wird auch in der Mittagspause mal kurz geliebt, zwischen Abwasch und Knopfannähen.

Meine Schwiegermutter hat nie gelernt, zu sich selbst zu stehen. Für alles braucht sie einen Macher, einen Anstifter und Verantwortungsträger. Von klein auf wollte meine Frau anders sein. Bevormundet oder untergebuttert zu werden, steckte wie eine Krankheit in ihr drin. Ihr ständiges Nein zum Sex mit mir war lediglich ein Relikt jener Zeit. Sie wollte bestimmen, wann ich durfte. Und weil ihr ein Ja wie ein Reinfallen auf meine Tricks verdächtig erschien, sagte sie lieber Nein. Gleichzeitig hatte sie aber Verlangen nach mir und verübelte mir, daß ich es nicht schaffte, ihr Nein umzustimmen. Ziemlich verzwickt, die ganze Geschichte. Und damals noch mehr als heute, denn ich begriff nichts.

Statt meiner Frau ihre Ängste abbauen zu helfen, markierte ich den starken Mann und trieb sie damit nur noch mehr von mir weg. Schließlich bewies ich ihr, daß alle Männer tatsächlich wie ihr Vater waren.

Da Sex mit meiner Frau allmählich Seltenheitswert

bekam, schaute ich mich nach Ersatzbefriedigung um. Die fand sich mal hier, mal da. Ich sorgte dafür, daß ich keine Frau zweimal sah, damit ich mich nicht etwa verlieben konnte. Und ich sorgte dafür, daß niemand meine Exkursionen beobachtete.

Die Sache flog auf, als eines meiner Abenteuer meiner Frau schrieb, um ihr mitzuteilen, von mir schwanger zu sein. Mir war ziemlich klar, daß das gelogen war, denn ich hatte mich immer geschützt und beste Ware benützt. Meine Frau sah das jedoch anders. Ich habe sie betrogen, beleidigt und mißachtet. Mit einem Mann, der keine Achtung vor ihr habe und sie nicht liebe, wolle sie nicht eine Stunde länger als dringend erforderlich liiert sein.

Wir wurden ziemlich rasch geschieden. Ich wußte, meine einzige Chance, meine Frau nicht ganz zu verlieren, war, ihr keine Steine in den Weg zu legen.

Seitdem sehen wir uns öfter mal, gehen miteinander aus, reden. Sexuell spielt sich bei uns nichts ab. An mir hapert's nicht; sie lehnt jeden Versuch ab. Das stinkt mir schon. Schließlich bin ich ein Mann. Aber ich zeige nur die kalte Schulter, tu, als wäre auch in mir kein Verlangen.

Inzwischen trägt meine Ex-Frau wieder Klamotten, die zu ihrem Typ passen, läßt ihre Haare zündhölzchenkurz schneiden und lädt sich Gäste ein. Ich spüre oft schon überscharf, daß ich überzählig bin. Aber ich gebe nicht auf. Irgendwann ist diese Frau wieder meine Frau. Es lohnt sich für mich, auf sie zu warten.

Annette

Ich habe drei geschiedene Ehen hinter mir. Betrogen und zwar bitter und schwer betrogen wurde ich jedoch erst in meiner letzten.

Meine erste Ehe war eine sogenannte Muß-Ehe.

Mein Mann und ich kannten uns nur kurz, als ich schwanger wurde. Mein Vater erzwang die Ehe, weil ein uneheliches Kind in seinen Augen untragbar war.

Daß diese Ehe von Anfang an zum Scheitern verurteilt war, liegt auf der Hand. Wir trennten uns in gegenseitigem Einvernehmen. Das Kind blieb bei mir.

Meine zweite Ehe kann als eine Flucht-Ehe bezeichnet werden. Ich wollte aus der Familie raus, in der das Kind und ich wie Fremdkörper, derer man sich schämte, angesehen wurden. Mein zweiter Mann arbeitete viel auf Montage. Wir lebten fünf Jahre zusammen, aber im Grunde blieben wir uns fremd. Da er auch zu meinem Kind keine rechte Beziehung aufbauen konnte, begann ich an Scheidung zu denken.

Ich wußte, daß mein Mann mich nie freiwillig gehen lassen würde. Einmal, als ich wieder allein im Freundeskreis saß, fragte ich halb im Scherz, ob mir keiner einen Rat geben könne, wie ich an einen Scheidungsgrund käme.

Ein Mann, den ich bis dahin kaum kannte, meldete sich zu Wort. Wenn es weiter nichts sei, er wolle schon als mein Seitensprung vor Gericht herhalten.

Mein Mann glaubte meinen Trick sofort. Wir wurden geschieden. Mein vorgeblicher Liebhaber wurde jedoch erst nach der Scheidung wirklich zu meinem Geliebten und Ehemann. Mit ihm war ich 23 Jahre verheiratet. In einer, wie ich glaubte, harmonischen Ehe.

Wir hatten es in diesen Jahren nicht leicht. Mein Mann litt unter extremen Bandscheibenschäden, später kam Hodenkrebs dazu. Der behandelnde Arzt eröffnet uns, daß als Folge der Erkrankung mit Impotenz zu rechnen sei. Für uns, die wir mit 30 und 37 noch verhältnismaßig jung waren, eine herbe Aussicht.

Dennoch stand es für mich nie zur Debatte, meinen Mann nun zu verlassen oder ihm untreu zu werden. Die körperliche Seite unseres Lebens lag zwar brach und brachte manches Problem mit sich. Aber eine Ehe, eine harmonische Beziehung ist in meinen Augen mehr als Sex.

Mein Mann wurde wegen seiner Erkrankung mehrfach zur Kur geschickt. Strohfeuer, Kurschatten – das gab es. Aber da er innerhalb kürzester Zeit bei mir wieder zu sich selbst fand, sprach ich nie darüber.

Der eigentliche Countdown begann, als mein Mann einen Schlaganfall mit halbseitiger Lähmung erlitt. Die Krankheit heilte jedoch erstaunlich gut aus. Nichts blieb zurück.

Eine Kur sollte seine Gesundheit stabilisieren.

In den ersten Wochen beschrieb er mir oft die Gesellschaft, in der er sich dort befand. Über eine Frau, die später hinzugekommen war, sprach er besonders abschätzig. Sie trinke, werfe sich allen Männern an den Hals, sei einfach ein unmögliches Weib.

Ich merkte nichts.

Stutzig, aber immer noch nicht mißtrauisch, wurde ich erst gegen Ende der Kurwochen. Mein Mann und ich suchten zu der Zeit ein Mietshaus. Es war uns auch eines ins Auge gefallen, und die Eigentümer waren bereit, an uns zu vermieten. Ich trieb den Mietvertrag voran und rief meinen Mann voll Vorfreude an. Ich staunte aber nicht schlecht über seine Reaktion. Er fand meinen Entschluß plötzlich zu vorschnell, hatte Einwände und Bedenken und veranlaßte mich, den Mietvertrag sofort wieder zu lösen. Die Sache war mir unsagbar peinlich. Aber gegen seinen ausdrücklichen Willen hätte ich das Haus nicht mieten können.

Tage später holte ich meinen Mann im Kurort ab. Er schien es äußerst eilig zu haben, von dort wegzukommen, verhielt sich mir gegenüber jedoch so kühl, ja, abweisend, daß ich nicht glauben durfte, er freue sich auf daheim.

Bei uns behielt er seine Distanz deutlich bei. Er nutzte jede Gelegenheit, sich abzuseilen. Zum Beispiel: »Ich geh' in die Kneipe, du hast ja sowieso zu bügeln.«

Oder: »Ich besuche den und den, du kochst ja.« Mir zu helfen oder auch nur mir Gesellschaft zu leisten, fiel ihm nie ein. Und ich bitte nicht. Entweder hätte er von sich aus helfen oder bleiben wollen, oder eben nicht. Ich bin schon von zu Hause so erzogen, daß man alles allein kann. Das bin ich gewöhnt, und ich hab's auch immer so gehalten.

Irgendwann rief mich dann eine Freundin mit der Bemerkung an, ach, mein Telefon sei ja doch in Ordnung. Sie habe meinen Mann soeben in einer Telefonzelle gesehen, und er habe gesagt, unser Apparat sei kaputt.

In dem Moment rastete bei mir etwas ein. Ich zählte zwei und zwei zusammen.

Als mein Mann kurz darauf angeblich deshalb zu einem Arbeitskollegen fahren wollte – er fuhr übrigens an diesem Tag erstmals seit dem Schlaganfall wieder selbst Auto –, weil ich wieder mit Hausarbeit beschäftigt war, fing ich an, sein Zimmer zu durchsuchen. Ich wußte nicht, wonach ich suchte. Aber ich fand Briefe. Liebesbriefe, aus denen eindeutig hervorging, daß auch eine sexuelle Beziehung bestand. Die Absenderin war jene Frau, von der mein Mann mir so abfällig erzählt hatte.

Ich war seit eh und je eine Frau, die rasche Entscheidungen erwarten, aber auch fällen kann. Das mag durch meinen Beruf mitbedingt sein, der mich als Frau unter Männern in leitende Positionen katapultierte und lehrte, selbstbewußt aufzutreten. Sich vor irgendetwas drücken zu wollen, führt zu keiner Lösung.

Eine Aussprache mit meinem Mann war mir ungeheuer wichtig. Aus den gefundenen Briefen wußte ich, daß er unsere Ehe seit Jahren als gescheitert, ja, als eine Art Zwangsjacke empfand. Wußte auch, daß er schon lange an eine Trennung, an ein neues Leben dachte. Gefühle und Erkenntnisse also, die er vor mir perfekt geheim gehalten hatte. So perfekt, daß ich mir bisher eingebildet hatte, eine zwar problembehaftete, im allgemeinen jedoch glückliche Ehe zu führen.

Um meinen Mann möglichst schnell bei mir zu haben, rief ich ihn bei seinem Arbeitskollegen an und erzählte, er habe Besuch bekommen und müsse umgehend aufbrechen. Der Trick funktionierte. Mein Mann kam. Ich legte ›die Karten‹ sofort auf den Tisch. Mein Mann reagierte mit einer leichten Verlegenheit, wollte gar auf meine Indiskretion und mein Nachspionieren schimpfen. Von Unrechtsbewußtsein, Scham oder gar Reue keine Spur.

Er gab unumwunden zu, ein Verhältnis mit dieser Frau zu haben und dieses auch beibehalten zu wollen. Scheidung, meinte er, wünsche er nicht. Im Gegenteil, daheim solle alles bleiben wie gehabt. Ich könne weiterhin arbeiten, Haus und Kinder versorgen und den Status beibehalten, seine Frau zu sein.

Nach dem Motto ›Was hat sie, was ich nicht habe?‹ fragte ich meinen Mann über seine Geliebte aus. Sie habe Zeit für ihn, sagte er, und es stimme im Bett.

Ich erinnerte meinen Mann an seine Krankheit, an seine Impotenz, an meine zehnjährige Pflege und Fürsorge, Verständnis und Rücksichtnahme, welche mir auch nicht immer ganz leicht geworden waren.

»Du glaubst ja gar nicht, wie langweilig deine zehn Jahre Pflege waren«, sagte mein Mann.

Ich war zutiefst verletzt. Ich begriff seine Interpretation der zehn Jahre nach seiner Krankheit nicht. Aber ich begriff meine eigene seelische Lage. Ich gab meinem Mann eine letzte Bedenkzeit. Er solle sich gut überlegen, was er wolle. Es gab nur sie oder ich. Eine Ehe zu dritt kam nicht in Betracht. Falls er sich für unsere Ehe entscheiden könne, versprach ich ihm meine Bemühungen, alles Gewesene rasch zu vergessen, jedenfalls aber nichts mehr zu erwähnen.

Mein Mann zog seine neue Freundin vor.

Drei Tage später reichte ich Scheidungsantrag bei

einem Rechtsanwalt meines Vertrauens ein. Das war am 30. Juni. Schon am 25. Februar des darauffolgenden Jahres wurden wir geschieden. Das Gericht befand, ein längeres gemeinsames Leben sei mir wegen fortgesetztem und auch weiterhin beabsichtigem Betrug durch den Partner nicht zuzumuten.

Wenn ich heute über alles nachdenke, Bilanz ziehe, kann ich mir keine gravierenden Vorwürfe machen.

Ich war immer ganztägig berufstätig. Zusätzlich versorgte ich ganz allein meinen Vier-Personen-Haushalt plus, bis zu ihrem Tod, die bei uns lebende Großmutter. Zeit für gemeinsame Unternehmungen mit Mann oder/ und Familie blieb kaum noch. Wir lebten im Grunde eher neben- als miteinander. Eine sich liebevoll austauschende Zweierbeziehung gab es nicht (mehr). Liebe, besonders sexuelle, war gegen Fürsorge und lapidare Alltagsgespräche ausgewechselt worden.

Für mich ist Harmonie in einer Beziehung das Wichtigste. Ich möchte es daheim gemütlich, friedlich, behaglich haben. Dafür habe ich immer vieles hingenommen. Zum Beispiel, daß mein Mann mich nie im Haushalt unterstützte, mir auch bei den Kindern alles allein überließ. Ich wollte nicht betteln, Streit provozieren. Im Grunde unterstützte ich seine Bequemlichkeit. Und wenn schon, dann litt ich im stillen Kämmerlein darunter.

Heute bin ich sicher, hätte ich meinem Mann öfter mal in den Arsch getreten, wären wir noch glücklich verheiratet.

In unserem Bekannten- und Freundeskreis stößt mein Ex-Mann auf totales Unverständnis. Wer ihn mit seiner ›Neuen‹ gesehen hat, schüttelt nur immer den Kopf. Ich weiß nicht, wie alt sie ist. In jedem Fall nur wenig jünger als ich. In bezug auf Aussehen, Kleidung usw. ist sie jedoch nicht der Typ, nach dem mein Mann in unseren gemeinsamen Jahren den Kopf verdrehte.

Da sie verwitwet ist und nach einer Bypass-Operation

nur mehr stundenweise arbeiten kann, hat sie relativ viel Zeit. Hausbesitz und Geld sind vorhanden. Faktoren, die bei meinem Mann schwer wiegen. Immer schon leistete er sich selbst gern allerlei Luxus. Diesen kann seine neue Freundin leicht bezahlen. Und wenn sie's tut, wird's mein Ex-Mann bedenkenlos als Liebesgabe annehmen.

Bis jetzt leben beide übrigens nicht zusammen, sondern sehen einander überwiegend am Wochenende. Ich weiß, daß mein Ex-Mann nicht glücklich ist, seine Gesundheit wieder stark zu wünschen übrig läßt. Trotzdem fühle ich mich nicht mehr zuständig.

Ich habe die Scheidung mit allem Drumherum ziemlich schnell verdaut. Erstmals in meinem Leben sehe ich, wie schön es ist, für mich selbst Zeit zu haben. Ich genieße meine Unabhängigkeit und den Frieden meiner Umgebung. Manchmal fehlt mir ein Gesprächs-, ein Ansprechpartner. Dieser Mangel ist jedoch längst nicht groß genug, um in mir die Bereitschaft zu einer neuen Bindung zu wecken. Meine letzte Ehe hat mich klüger, vorsichtiger, in jedem Fall aber ichbezogener werden lassen. Kompromißbereitschaft gleich Null. So könnte man sagen. Und es gibt keine Anzeichen für eine Änderung.

Joachim

Als ich Gabi kennenlernte, ging sie mit einem anderen. Dem habe ich sie dann ausgespannt. Es war eine echt schöne Zeit. Wir haben viel zusammen unternommen. Urlaub, Freunde, Geld, alles hat gestimmt. Die Gabi war immer fröhlich, hat viel gelacht und alles mitgemacht. Wir waren riesig glücklich zusammen.

Dann haben wir geheiratet. Und von da an wurde alles anders. Hochzeit war im Herbst. Bis Fasching lief alles optimal, also knapp vier Monate.

Die Gabi war mit Freunden aus. Im Übermut haben sie dann irgendwie verrückt getanzt, Rock'n Roll oder so war. Dabei hat sich die Gabi am Lendenwirbel verletzt. Sie mußte sofort ins Krankenhaus. Sie hatte zwar früher schon mal nach einem Unfall damit zu tun gehabt. Diesmal wurde über ein Vierteljahr Klinik daraus. Eine Virusinfektion, der die Ärzte tagelang nicht beikamen, brachte Gabi in Lebensgefahr. Kaum ging es ihr wieder besser, trat eine schwere Thrombose auf. Tabletten wurden nötig, die das Blut dünnflüssig halten sollten. Und als Gabi endlich heim durfte, gab uns ihr Arzt mit auf den Weg, daß vorerst kein Kind kommen dürfe.

Die Krankenhauszeit hatte meine Frau sehr verändert. Statt wie früher fröhlich zu sein, grübelte sie nun viel vor sich hin, geriet aus nichtigen Anlässen sofort in Rage, hatte Launen und suchte förmlich Streit mit mir. Auch fiel mir auf, daß sie plötzlich einen Kleidertick hatte. Mehrmals die Woche kaufte sie ein. Ich gönnte es ihr von Herzen. Geld war eigentlich kein Problem. Ich verdiente gut. Wir hatten beide Ersparnisse, die nicht für Hausbau oder ähnliches herhalten mußten. Die Kauferei ging schon etwas ans Eingemachte. Aber was soll's. Ich dachte, wenn's ihr Freude macht. Außerdem glaubte ich, Gabi habe einen kleinen Knacks aus der Klinik heimgebracht. Sie hatte dort aus einem Gespräch, das der behandelnde Arzt mit ihr führte, herausgehört, daß sie ums Haar gestorben wäre. Ich konnte mir gut vorstellen, wie geschockt sie gewesen war. Vielleicht hatte sie jetzt das Bedürfnis, besonders intensiv zu leben. Ich weiß es nicht. Aber ich legte mir eben alles so zurecht.

In unserem Bekannten- und Freundeskreis ›regnete‹ es damals Babys. Gabi wäre auch gern Mutter geworden. Doch da waren die Tabletten, die das Blut so dünn hielten, daß es für ein Baby zu wenig Sauerstoff mit sich führte. Das Kind wäre hirngeschädigt zur Welt gekommen. Also blieben wir vernünftig. Gaby geriet darüber in eine psychische Krise.

Schließlich fuhren wir im Urlaub in die Bretagne. Es war ein total verregneter Sommer. Die räumliche Enge ging uns auf die Nerven. Und wir hatten einen Krach nach dem anderen. Die unbeschwerte, so gern zum Lachen bereite junge Frau, die ich vor knapp einem Jahr geheiratet hatte, gab's auf einmal nicht mehr. Im September muß sie dann den Kerl kennengelernt bzw. wiedergetroffen haben, der den Stein endgültig ins Rollen brachte.

Niemals werde ich jenen Sonntag Anfang Dezember vergessen, an dem meine Frau sagte: »Jochen, ich habe dich nicht mehr lieb. Ich will dich verlassen, mir eine Wohnung und Arbeit suchen.«

Ich war wie vom Blitz getroffen. Ob ein anderer dahinter stecke, war meine erste Reaktion. Doch Gabi versicherte, es gäbe keinen anderen, sie liebe mich nur nicht mehr. Die folgende Woche war furchtbar. Ich liebte meine Frau so sehr. Ich wollte sie nicht aufgeben. Irgendwann kamen die Zweifel. Bei der erstbesten Gelegenheit durchstöberte ich die Privatsachen meiner Frau und wurde fündig. In einer Kassette, die sie vergessen hatte abzuschließen, lag ein Paßbild mit Telefonnummer. Den Mann kannte ich vom Sehen. »Meine Frau ist also nicht treu, wie sie es mir vor dem Altar versprochen hat«, dachte ich und begriff trotzdem nichts.

Als Gabi und ich an diesem Abend allein waren, versuchte ich, mit ihr zu reden. Sie wich mir jedoch ständig von einem Zimmer ins andere aus, so daß ich ihr nachlaufen mußte. Etwas grob packte ich sie deshalb an den Armen und stieß sie aufs Bett. Dadurch wurde Gabi jedoch erst recht verrückt. In meiner Ratlosigkeit wollte ich ihre Eltern anrufen, die sehr katholisch sind und in der Ehe noch etwas Heiliges sahen. Aber Gabi riß den Stecker aus der Wand, so daß ich nicht telefonieren konnte.

Von dieser Zeit an trafen Gabi und ihr Freund sich immer öfter. Ich konnte die beiden manchmal fotografieren und begann alles über Gabis Galan zu erfahren. Vor allem aber fing ich an, mir Pläne für mein künftiges Vorgehen zu schmieden. Ich wollte meine Frau nicht hergeben.

Manchmal kamen mir zwar Zweifel, ob ich die Kraft hätte, Gabi nie an diese Zeit zu erinnern und mir daraus keine Rechte abzuleiten. Aber meine Liebe zu ihr überwog.

Ich kutschierte Gabi zu ihrem Kerl. Ich hielt ihr Verhältnis vor ihren Eltern geheim. Und ich versuchte, nach wie vor lieb zu ihr zu sein.

Um Gabi zu halten, verfiel ich auf fast kriminelle Machenschaften. Als sie im Fasching eines Tages in ein Nachbardorf zu ihrem Kerl wollte, brachte ich sie hin, beschloß aber spontan, beide zu belauern. Tatsächlich waren sie zusammen.

In meiner Verzweiflung rief ich die Mutter dieses Kerls an. Ich bat sie, ihrem Sohn auszurichten, die Finger von meiner Frau zu lassen.

Dies mußte gewirkt haben, denn als ich tags darauf von der Nachtschicht heimkam, lag ein Zettel in meinem Bett und Gabi auf dem Sofa. Auf dem Zettel stand: »Du hast alles kaputt gemacht. So bekommst du mich nicht mehr zurück!«

Natürlich stritt ich ab, der anonyme Anrufer gewesen zu sein. Ich wußte ja, wenn sie das von mir herausbekäme, würde sie mir nie mehr vertrauen und dann hätte ich sie verloren. Daher richtete ich ihre Gedanken auf einen, der sie mit ihrem Galan gesehen haben könnte. Das war ja nur zu gut möglich. Gabi glaubte mir sofort.

Es war sowieso eine sehr sonderbare Beziehung zwischen uns. Gabi betrog mich zwar, aber trotzdem brauchte sie mich ständig. Ich mußte sie zu ihrem Liebhaber fahren. Abends im Bett erzählte sie mir bereitwillig, wo sie mit ihm was gemacht hatte. Auch Sex. Zwischen uns beiden lief da ja seit Monaten nichts. Ich mußte sie zum Arzt bringen, für sie sorgen. Und ich, ich war noch glücklich darüber. Ich glaubte, Hoffnung zu haben, so lange diese Vertrauensbasis existierte. Vielleicht hatte Gabi ja nur das Bedürfnis, etwas nachzuholen. Wir hatten sehr jung geheiratet, sie war gerade erst 19. Wenn es mir gelingen würde, die beiden zu trennen, könnte zwischen uns bestimmt alles wieder gut werden.

Ich versuchte wirklich jeden Trick, Gabi und ihren Kerl zu entzweien. Telefonterror bei seiner Mutter, Ärger für ihn am Arbeitsplatz. Mir war fast alles recht.

Denn sobald Gabi ihn nicht sehen konnte, hatten wir zwei es schön miteinander. Sie spielte die Hausfrau und ich merkte, wie schön alles sein könnte, wenn dieser ›Sauwedel‹ nicht wäre.

Je länger sich die Geschichte hinzog, desto öfter dachte ich über eine Scheidung nach. Sie schien mir langsam vorstellbar und möglich. Aber da war so vieles, was mitsprach.

Ich selbst war treu und brauchte keinen Seitensprung. Ich stamme aus einer harmonischen Familie. Bei uns gab's so etwas nicht. Trotzdem war Gabis Untreue für mich kein Grund, sie zu verstoßen. Aber da waren die Freunde. Wie würde ich vor ihnen dastehen, wenn ich geschieden wäre? Und würden sie es überhaupt akzeptieren, wenn Gabi zu mir zurückfände. Oder würden sie uns künftig schneiden? Und auf dem Amt, wenn ich meinen Paß vorlegen müßte, und da stünde ›geschieden‹? Wäre ich nicht blamiert? Mir war oft, als hörte ich alle Leute über mich lachen und mit Fingern zeigen.

Meine Telefonaktionen hatten tatsächlich Erfolg. Gabis Kerl ließ sich von seiner durch mich aufgestörten Mutter abwimmeln.

Doch wenn ich gehofft hatte, Gabi nun wieder für mich zu haben, lag ich falsch.

Schon kurze Zeit später traf meine Frau sich mit einem anderen. Ihr Bruder leistete diesen Affären regelrecht Vorschub, indem er Gabi ausführte und ihr Alibis verschaffte.

Für mich war diese zweite Geschichte das Ende. Gabi hatte mich lange genug an der Nase herumgeführt. Ich ließ ihr durch ihre Eltern, die ihre Tochter übrigens absolut nicht verstanden, ausrichten, daß sie nicht mehr bei mir aufzutauchen brauchte.

Das war's dann.

Gabi holte wenige Tage später ihre Klamotten bei mir ab. Unsere anfänglich sehr glückliche Beziehung war zu Ende. An unserem ersten Hochzeitstag reichte ich die Scheidung ein.

Gabi lebt mittlerweile mit dem Freund einer Freundin zusammen und hat ein Kind von ihm. Der Mann hat übrigens mehrere uneheliche Kinder. Soviel ich weiß, ist sie immer noch arbeitslos. Der totale soziale Abstieg also. Ich begreife immer noch nicht, warum sie aus unserer Beziehung ausbrechen mußte. Die einzige Erklärung scheint mir ihre Krankheit. Daß da irgendein Auslöser war. Ich habe immer wieder versucht, eine Antwort von ihr zu erhalten, aber sie wußte anscheinend selber keine. Sie sagte nur, sie liebe mich eben nicht mehr.

Nach einer Phase der Unentschlossenheit bin ich selbst jetzt wieder in festen Händen. Meine Freundin ist mit meiner Ex-Frau nicht zu vergleichen. Die war ein Mädchen, total unselbständig, unreif, sehr auf mich fixiert. Der habe ich alles gezeigt. Ehe sie mich kannte, war sie zum Beispiel nie im Urlaub oder so.

Meine Freundin hingegen hat ein Kind in unsere Beziehung eingebracht. Und ich bewundere sehr, wie verantwortungsbewußt und umsichtig sie ist. Vor allem dem Kind gegenüber. Bei ihr muß ich nicht immer an alles denken, alles planen. Sie handelt selbständig und aus einer eigenen Idee heraus, so daß ich auch einfach mal durchhängen kann.

Ans Heiraten denken wir nicht. Vielleicht, wenn ein

Kind käme. Aber auch dann nur, wenn wir uns noch so super verstehen wie jetzt.

Wenn man das alles mal mitgemacht hat, ich meine die Sache mit einer Ex-Frau, Scheidung usw., ist man doch irgendwie reifer geworden. Man lernt, daß einem nichts und niemand gehört. Aber auch, daß es keine Bindung oder Erziehung gibt, die nicht gelöst werden könnte. Jeder Mensch ist ein freier Mensch, der, was Beziehungen zu anderen angeht, tun und lassen kann, was er will.

Moral ist ein alter Begriff, den es eigentlich in den neuen Ausgaben des Duden gar nicht geben dürfte, weil es eine Moral in Wirklichkeit und Praxis nicht mehr gibt. Es gibt wahrscheinlich keinen Menschen, der nicht versucht sich vorzustellen, aus der Welt, in der er lebt, auszubrechen. Irgendwie ist jeder ein Fremdgänger, wenn auch nur in seinen Gedanken.

Katrin

Mein Mann und ich waren sieben Jahre verheiratet. Seit sechs Jahren bin ich geschieden, lebe ich mit meinen zwei Kindern allein. Meine Tochter ist elf, mein Sohn neun Jahre.

Die Krise meiner Ehe begann vor rund zehn Jahren. Damals war ich gerade im zweiten Monat mit meinem Sohn schwanger und ahnte nicht, daß mein Mann eine andere Frau liebte, wegen der er sich von mir scheiden lassen wollte.

Dies alles erfuhr ich erst sechs Wochen nach der Entbindung. Ich habe dann Druck auf meinen Mann ausgeübt, seine Eltern ebenfalls. Das Verhältnis endete. Unsere Ehe hielt für weitere drei Jahre. Ich hielt nur durch, indem ich vieles verdrängte und aus Angst vor einer Trennung schluckte.

Schließlich lernte mein Mann erneut eine Frau kennen, eine Arbeitskollegin. Er versuchte zwar, alles zu verheimlichen, aber ich war hellwach und bohrte so lange, bis er alles zugab. Diesmal wollte auch ich die Trennung.

Unsere Kinder waren damals fünf und drei Jahre. Zunächst schien mir das Ende meiner Ehe nichts auszumachen. Es ging mir sehr gut. Ich suchte eine neue Wohnung, was nicht leicht war. Wir waren verwöhnt, die Kinder und ich. Von einer 130 qm-Wohnung mit Garten in eine nur 55 qm kleine umziehen zu müssen, fiel schwer. Aber das war es nicht allein. Mein Mann hatte mir vieles abgenommen, im Haushalt und bei der Kindererziehung geholfen. Auf einmal war ich auf mich selbst gestellt, trug alle Verantwortung; etwas, was ich vorher noch nie gemacht hatte.

Irgendwann kam dann der Zusammenbruch: Atemnot, Schlafstörungen. Aber ich habe mich immer wieder aufgerappelt. Ich hatte keine abgeschlossene Berufsausbildung. So begann ich eine Ausbildung als Erzieherin, die ich erfolgreich abschloß. Ich hatte das Glück, daß mich Freunde tatkräftig unterstützten, meine Kinder versorgten, kochten. Ohne ihre Hilfe hätte ich diese Zeit nicht durchgestanden. Vor eineinhalb Jahren dachte ich erstmals ernsthaft an eine neue Bindung, doch die Beziehung klappte glücklicherweise nicht. Jetzt bin ich, wie man so schön sagt, die Geliebte eines Partners, der noch verheiratet ist und seinem Beruf zuliebe wohl auch bleiben wird. Seine Frau weiß von unserer Beziehung, und die beiden reden zur Zeit über die ganze Geschichte.

Manchmal fühle ich mich sehr einsam, obwohl ich Freunde habe, obwohl ich zwölf Stunden im Kindergarten arbeite. Manchmal habe ich eine Sauwut, weil mein Ex-Mann wieder verheiratet ist, mit der Neuen ein Kind hat und finanziell gut dasteht. Dann aber bin ich wieder auf mich wütend, weil zuerst die Kinder kamen und dann erst der Beruf; weil ich merke, wie schwierig es ist mit den Kindern, so allein und finanziell abhängig. Ich wäre gern unabhängig, hätte mein eigenes Einkommen, ein Auto, eine vernünftige Partnerschaft. Doch leider ist alles anders. Wir können uns vieles nicht leisten. Wie oft stehe ich vor dem Konflikt: Mehr Geld oder mehr Zeit für die Kinder? Bis jetzt haben meine Kinder gesiegt. Ich bin stolz, daß sie trotz allem zur Musikschule gehen können, trotz allem ihre Persönlichkeit entwickeln, trotz allem gut in der Schule sind. Ich bin stolz auf meine Tochter, die jetzt aufs Gymnasium geht. Und ich bin stolz auf mich.

Ich weiß heute, daß die Trennung von meinem Mann notwendig für mich war. Innerhalb dieser Ehe hätte ich mich nie richtig kennengelernt. Ich bin offener geworden, kann meine Gefühle und Bedürfnisse einschätzen. Ich kann allein leben.

Wenn ich heute über eine Partnerschaft nachdenke, weiß ich genau, wie sie sein müßte. Und ich bin sicher, sie hätte bessere Chancen, weil ich mehr Persönlichkeit habe als damals. Unterbuttern ließe ich mich jedenfalls so schnell nicht mehr. Mein Partner müßte mir schon mal etwas abnehmen, damit ich meine eigenen Bedürfnisse besser umsetzen könnte.

Wenn eine Partnerschaft in die Brüche geht, liegt es, glaube ich, meistens an den zu schwach entwickelten Persönlichkeiten. Ich meine Offenheit, nicht reden, nicht aussprechen können, Vorkommnisse einfach unter den Teppich kehren. Wir haben alle wohl zu viele Ängste, verstehen manchmal einfach nicht, was da wirklich läuft. Musik, Filme, das gaukelt einem doch alles eine total falsche Vorstellung von Liebe vor.

Irgendwann kommt dann die Quittung. Da kriegt man einfach Dinge auferlegt, wenn man sie nicht von selber früh genug erkennt.

Kann man unter dieser Voraussetzung von Betrug reden? Meine Kinder haben übrigens immer noch einen sehr guten Kontakt zu ihrem Vater. Sie sind jedes

Wochenende bei ihm, übernachten zusätzlich einmal wöchentlich bei ihm. Und er nimmt sie auch auf Reisen mit. Ich selbst verstehe mich nicht mehr mit ihm. Aggressionen wie anfangs, wo ich Wut empfand und dachte, wie kann der dir so etwas antun, sind heute nicht mehr da. Wir reden aber nur das Notwendigste miteinander, meiden den Kontakt.

Ich bin froh, nicht mehr mit ihm verheiratet zu sein und eine solche Entwicklung durchgemacht zu haben. Ich habe zu mir selbst gefunden. Schlimm finde ich es nur immer wieder für die Kinder, die ›so etwas‹ erleben müssen.

Hin und wieder bin ich sehr verzweifelt, weil kein Partner da ist. Dann habe ich das Gefühl, zwischen zwei Stühlen zu sitzen. Ich möchte gern etwas unternehmen, aber keiner ist da. Oft habe ich mich einfach an Freunde angehängt, um nicht so einsam zu sein. Das mache ich nicht mehr. Dann bleibe ich lieber zu Hause oder gehe allein weg.

Britta

Ich bin 32 Jahre, geschieden, keine Kinder. Mein Beruf: Sekretärin.

Ich arbeite in einer kleinen Firma im Dienstleistungsbereich. Wir sind dort zwanzig Mitarbeiter plus Chef. Der Chef ist mein Liebhaber.

Zuerst war Werner nicht so mein Typ. Ich mag große blonde Typen mit Athletenfigur. Er ist ziemlich klein, ziemlich dick, ziemlich kahl. Auf den ersten Eindruck nichts für mich.

Von Anfang an behandelte er mich wie etwas Besonderes. Er veranlaßte zum Beispiel, daß immer frische Blumen bei mir standen. Ich bekam einen anatomisch geformten Stuhl, durfte Pause machen, wann ich wollte und wurde für Überstunden extra bezahlt.

Werner hat eine sehr nette, aufmerksame Art, mit Leuten umzugehen. Man kommt sich richtig beachtet und persönlich bekannt vor.

Ganz allmählich legte ich meine Hemmungen ab. Ich lernte ›frisch gewagt‹ am Telefon zu sprechen, lernte mich modischer als zuvor zu kleiden, suchte regelmäßig Kosmetikerin, Masseur und Friseur auf, investierte in meine Person. Wenig später erfuhr ich, daß Werner nur Frauen mit sorgfältiger Aussprache in seinem Vorzimmer wollte. Meine Aussprache war eine Katastrophe. Ich sah ein, daß eine Zusatzausbildung unerläßlich war. Werner bewilligte einen Bildungsurlaub.

Damals war ich noch verheiratet. Mein Mann wollte nie, daß ich so in meinem Beruf aufginge. In seinen Augen ist ein Beruf für Frauen Luxus. Kinder, Küche, Kochtopf, die drei großen ›Ks‹ bestimmen das Leben einer richtigen Frau.

Ich setzte mich über meine ehelichen Verpflichtungen hinweg, erhielt eine Kuradresse und fuhr los. Werner besuchte mich oft, mein Mann kam nie.

Ich gab seinem Werben nach. Die erste Nacht war so schön, wie ich Sex nie für möglich gehalten hatte. Mein Mann war ein ichbezogener Mensch. Werner macht es für uns beide schön. Von da an war ich Werner verfallen. Mein Mann merkte bald, was los war. Er ließ sich scheiden.

Werner, der auch verheiratet ist, vier Kinder hat, ordentliche Verhältnisse also, richtete mir eine kleine Wohnung ein. Ich wurde seine Dauergeliebte. Seine Frau weiß alles, gibt ihn aber nicht frei. Sie ist drei Jahre älter als er und glaubt, er findet zu ihr zurück.

Ich möchte oft Schluß machen, schaffe es aber nicht. Es ist eine total bescheuerte Situation. Wenn Werner mit mir gesehen wird, schiebt er den Betrieb vor. Ich muß immer einen Block und Stift neben mich legen zur Tarnung. Nie kann ich Hand in Hand mit ihm gehen, immer nur heimlich, heimlich. Wissen Sie, wie das ist, wenn Sie mit dem, den Sie lieben, zusammen sind und plötzlich greift er nach dem Telefon und ruft seine Frau an, weil sie nicht mit dem Essen auf ihn warten soll? Mich macht das oft fast verrückt. Oder der Gedanke, er macht das, was er mit mir macht, mit ihr auch. Werner sagt zwar nein, es wäre schon lange nichts mehr zwischen ihnen. Aber ich muß trotzdem daran denken, wenn ich nachts oder am Wochenende ohne ihn rumhängen muß. Ich habe seine Frau schon mal anrufen wollen und so. Aber Werner sagt, nein, wenn ich das mache, sei alles aus. Er kann sie nicht verlassen. Die Firma gehört ihr zur Hälfte, das Haus ganz. Er wäre ruiniert. Wir könnten ja neu anfangen. Aber Werner sagt, nein, er sei zu alt. Mit 45 kann man nichts mehr aufbauen. Ich hätte gern ein Kind, aber Werner sagt, nein, das wolle er nicht. Er hätte seinen vier Kindern gegenüber ein dummes Gefühl. Und unser Kind dürfte ja nicht mal wissen, daß er der Vater ist. Ich überlege immer, ob ich die Pille absetzen soll. Es wäre ja mein Kind. Ich müßte ja damit zurecht kommen. Geld hätte ich schon genug für uns. Ich habe ein Mietshaus geerbt. Davon kann ich zur Not leben. Auch mit Kind. Werners Frau tut mir oft leid. Ich wollte nicht wie sie leben. Aber Werner sagt, sie würde nichts vermissen, so kalt und verständnislos und nur an Geld interessiert wie sie ist. Ich habe sie schon heimlich beobachtet. Sie ruft mich auch an und schaut im Büro vorbei. Sie kann sicher böse werden.

Mit meinem Mann habe ich keinen Kontakt mehr. Ich weiß nicht, ob mir alles leid tut. Oft schon. Ich hatte es gut, eine schöne Wohnung, Urlaub. Im Bett naja, aber das ist ja nicht alles. Bestimmt hätten wir schon Kinder. Ich glaube, ich hätte Werner besser nie gesehen.

Sarah

Was ist das, Betrug in der Partnerschaft? Wo beginnt es für mich? Was habe ich damit zu tun? Fragen, die vorher und nachher gestellt werden. Mit dem Unterschied, daß sie vorher kopfmäßig und danach hautnah sind, sozusagen auf körperlicher Ebene spürbar. Wie das brennt und bohrt in einem! Wie die Panik den Kopf umhüllt, in tiefe Nebel taucht, keinen Schimmer Klarheit mehr zuläßt! Eines ist für mich klar: Das gehört mit zu einem der schlimmsten Gefühle. Manchmal glaube ich, so muß es gewesen sein früher, als sie nicht kamen, mich einfach schreien ließen. Dieser Schmerz ist mir irgendwo in meinem Innern bekannt. Klar ist auch, daß es nicht damit beginnt, daß mein Partner mit jemand anderem schläft. Was nicht heißt, daß dies nicht auch weh tut. Doch ich glaube, daß vor diesem Ereignis Dinge in der Beziehung passieren, die bis dahin führen und die nicht genügend geklärt sind. Wenn es soweit kommt, wie es bei uns der Fall war, daß aus diesem einmal häufiger wird und immer mit der gleichen Person, dann ist für mich die Unaufrichtigkeit so groß geworden, daß ich mich betrofen fühle. Was dazu kam, wir beide wußten, daß unsere Beziehung nicht mehr intakt ist. Aber wir haben es trotz dieses Wissens nicht geschafft, uns daran zu geben und etwas zur Besserung zu tun, an uns zu arbeiten. Wir haben es schleifen lassen, wobei mein Mann der größere Schleifer war. Er ist bequem. Jetzt im nachhinein ist uns klar geworden, daß er derjenige war oder ist, der wegläuft und ich diejenige, die verfolgt. Und vor lauter Laufen, bis einem die Zunge heraushängt, sind uns die wesentlichen Dinge verborgen geblieben. Dieser Tropfen auf den heißen Stein, der sogenannte Seitensprung, geschah vor etwa sieben Monaten. Aber die Kluft zwischen uns riß schon sehr viel früher auf.

Ich hatte schon vor zwei Jahren eine Eheberatungsstelle aufgesucht. (Wir hatten fast schon immer sexuelle Probleme, wobei ich sagen muß, daß ich die auch mit den Männern vor meinem Mann hatte.) Damals wollte mein Mann das nicht. Vor ein paar Monaten war er damit einverstanden, und wir waren einige Male zu Gesprächen bei einem Psychologen. Doch ich glaube, daß wir schon zu lange gewartet haben. In mir ist so wahnsinnig viel kaputt gegangen.

Die Lügereien! Ich bekam es zufällig raus. Und die Geschehnisse, die sich ereignet haben, stellten sich, nachdem ich davon erfahren hatte, in einem ganz anderen Licht dar. Auf einmal konnte ich Dinge, die passiert waren, viel besser nachvollziehen, weil ich nun den Hintergrund dazu wußte.

Wenn ich ein Fazit ziehe, stellt sich für mich der Betrug insofern dar, daß mein Mann mir vorgemacht hat, es wird schon alles, wir müssen nur Geduld haben, sich aber nicht aufraffen konnte, die Defizite in unserer Partnerschaft mit mir gemeinsam aufzuspüren und wenn möglich zu ändern. Er hat sich einfach nach außen orientiert und davongeschlichen. Er hat mich dabei immer auflaufen lassen, wenn ich mit meinem schlechten Gefühl der Distanz, dem Wunsch nach Nähe ankam und darüber reden wollte. Er hat alles lieber laufen lassen. Wir waren auch in einer sehr schwierigen Situation. Unser zweites Kind ist Anfang letzten Jahres geboren. Das hat viel Kraft gekostet. Die Arbeit meines Mannes war zu diesem Zeitpunkt besonders anstrengend; viele Überstunden etc. Wir hatten sehr wenig Zeit für uns und waren immer ausgepowert. Ich habe heute das Gefühl, wir haben versagt. In einer Lebenssituation, in der wir uns beide hätten helfen sollen, uns gegenseitig stützen, haben wir für uns nichts anderes tun können, als uns auseinander zu leben. Wir hatten füreinander wenig Verständnis; ich für seine Arbeitssituation, er für meine zu Hause mit den Kindern.

Seit etwa viereinhalb Jahren nehme ich regelmäßig an

einer körperorientierten Selbsterfahrungsgruppe teil. Dazu bin ich aufgrund meiner sexuellen Probleme gekommen. In mir hat sich in dieser Zeit sehr viel geändert, doch habe ich es selten geschafft, dies in unsere Beziehung hineinzutragen. Auch sexuell ist vieles anders geworden bei mir. Das habe ich in den letzten Monaten gemerkt; mit anderen, nicht mit meinem Mann.

Nachdem unser zweites Kind ein halbes Jahr alt war, es war im Herbst '87, habe ich wieder mit der Gruppe angefangen und habe dort zwei-, dreimal intensiv gespürt, wie mies es bei uns zu Hause eigentlich war. Wieviel fehlt. Ich habe zum erstenmal richtig gespürt, wie tief die Kluft zwischen meinem Mann und mir war. Ich habe auch irgendwie ein Gespür für Heimlichkeiten entwickelt, die ab da immer häufiger auftraten. Wenn ich ihn darauf ansprach, nahm er mir meistens den Wind aus den Segeln, und ich fiel wieder in mich zusammen. Aber eine gewisse Stärke und Wut über unsere Situation wuchs doch immer mehr in mir, und es wurde mir auch immer klarer, daß es nicht mehr sehr viel länger tragbar war für mich. Als ich dann meinen Mann telefonisch in der Arbeit sprechen wollte und hörte, daß er einen Tag Urlaub genommen hatte – er war aber morgens ganz normal mit dem Hinweis gegangen, abends würde er noch einen Freund, den ich nicht kannte, besuchen und eventuell die Nacht da verbringen – hatte ich genug. Spontan kam mir erst mal die Idee, die Kinder einzupacken und abzuhauen. Doch bin ich in der sehr glücklichen Situation, daß ich gute Freundinnen habe, Menschen, die zuhören, mitdenken, kritisieren und auch Rat geben können. Das Telefon lief an diesem Tag bei mir heiß. Nach einem langen Gespräch wich die erste Panik, und ich fing an zu überlegen. Wäre ich meiner Spontanität gefolgt, dann wäre ich Gefahr gelaufen, als hysterische Alte zu gelten, die rumspinnt und gleich abhaut. Ich wußte ja definitiv noch nichts von einer anderen Frau. Ein Gespräch mit meinem Mann hätte sich dadurch auch erst mal hinausgezögert. Also entschloß ich mich, den Tag, die folgende Nacht, in der er tatsächlich nicht kam, und die Stunden bis zum Nachmittag irgendwie rumzubringen. Mir war der Gedanke, wenn er gegen 16.30 Uhr von der Arbeit kommt und wir hier nicht reden können, weil die Kinder hier rumspringen, so unerträglich, daß ich froh war, auf die Idee gekommen zu sein, in die Stadt zu fahren, bis die Kinder im Bett sind. Dazu kam ja auch, daß er morgens auf der Arbeit von meinem Anruf erfahren haben mußte und er somit ja den ganzen Tag Zeit hatte, sich zu überlegen, was er mir nun da erzählen könne. Seine Ankunft war dann auch recht typisch für ihn. Mit den Worten: »Was war denn bei Dir gestern los? Was wolltest Du denn?« kam er die Tür rein; Strahlemann höchstpersönlich. Ich bin gar nicht darauf eingegangen, habe meine Jacke angezogen und gesagt: »Ich muß noch einkaufen.« Und weg war ich. Da zitterten mir ganz schön die Knie. Ich hatte das Gefühl, nie mehr wird er so von der Arbeit nach Hause kommen. Er wird nie mehr dazu gehören.

Als ich dann gegen 20 Uhr nach Hause kam, die Kinder schliefen schon, war unser Gespräch eigentlich kurz und sachlich. Ich sagte, daß ich diese Heimlichkeiten und die Distanz nicht mehr wolle und aushalten könne und wir eine räumliche Trennung schaffen müßten. Wenn er nicht ausziehen würde, dann würd' ich das tun. Er ließ sich nach kurzem Zögern darauf ein. Außer, daß er meinte, daß es nicht gut war mit dem Urlaub, hatte er mir nichts erzählt. Klar war, da ist eine Frau, aber die war es ja nicht einzig und alleine. Im Grunde genommen war ich trotz meiner Verletztheit und Wut ein wenig froh darüber, daß es so gekommen war, sonst hätte ich vielleicht noch sehr viel länger gebraucht, um in unserer aus den Fugen geratenen Ehe Konsequenzen zu ziehen. Mein Mann ist Konflikten schon immer gerne aus dem Weg gegangen.

Das war kurz vor Weihnachten. Wir haben es dann auch noch geschafft, mit den Kindern das Fest zu verbringen. Anfang Januar zog mein Mann dann in ein möbliertes Zimmer. Neben dem Schmerz in meinem Bauch und dieser Dumpfheit in meinem Kopf, war ich trotz allem froh, ihn jetzt erst mal nicht mehr so oft sehen zu müssen. Wir mußten den Auszug ja auch unserer damals vierjährigen Tochter, die sehr an ihrem Vater hing, erklären. Das ist uns, für mein Empfinden, relativ gut gelungen.

Mein Mann wohnte dann im Personalwohnheim der Klinik, in der er arbeitete, und für meine Tochter war das alles so mit seiner Arbeit verbunden, daß sie das gar nicht so als Weggehen empfand. Für sie war's toll, daß ihr Vater jetzt von seinem Fenster die Klinik sehen konnte.

Bis heute – er wohnt mittlerweise wieder in der alten Wohngemeinschaft, in der wir mal zusammen gewohnt haben – ist es uns gelungen, nichts über die Kinder laufen zu lassen. Und es war mir nie daran gelegen, ihnen den Vater zu nehmen. Dazu habe ich nicht das Recht. Die drei lieben sich sehr, und er ist auch ein guter Vater. In dieser Beziehung konnte ich mich immer auf ihn verlassen. Und ich kann die Kinder gerne zu ihm gehen lassen. Ich habe Gott sei Dank nicht diesen Mutter-Exklusiv-Anspruch. Diese Klarheit, die da zwischen uns herrscht, hat meiner Ansicht nach viel dazu beigetragen, das Chaos und den Schaden für die Kinder möglichst gering zu halten. Sie haben bis heute keine Verhaltensänderung gezeigt und sind nach wie vor normale, aufgeweckte ›Blagen‹. Wobei ich natürlich nicht weiß, wieviel an Verborgenem da drinnen bei ihnen ruht.

Nun lebe ich ja schon seit einigen Monaten mit den Kindern alleine, und es hat verschiedene Phasen in diesem Zusammenleben gegeben. Aber wenn ich ein Fazit ziehe, muß ich feststellen, daß es sehr viel besser geht, als ich es mir je hätte träumen lassen.

Seit einiger Zeit ist es bei mir so, daß sich die Frage aufgetan hat, was schwerer ist, von einem Menschen Abschied zu nehmen oder von den Träumen und Illusionen, die man mit ihm hatte. Und ich habe mittlerweile schon sehr viel Abschied genommen. Ich merke, daß ich meinen Mann nicht mehr vermisse, daß mir nicht mehr fehlt, als was mir vorher auch schon gefehlt hätte. Ich habe gleichzeitig das Gefühl, die Energie, die ich früher dafür verwendet habe, dieses Loch, was ja schon lange da war, zu füllen, es nicht wahrnehmen zu wollen – Hoffnung ist der Frauen größter Feind –, nun für andere Dinge, die produktiver sind, zu verschwenden. Ich habe angefangen, meinem Geist auf die Sprünge zu helfen. Ich treffe mich regelmäßig mit Leuten, um über Literatur, Philosophie, Naturwissenschaften etc. zu sprechen. Wobei ich noch gar nicht so viel spreche, sondern eher noch staune, aus welch verschiedenen Perspektiven die Dinge des Lebens und die Menschen betrachtet werden können. Und daß es schon einiges gibt, was ich weiß und auch fühle. Kurz gesagt, ich erlebe jetzt viel mehr Möglichkeiten für mich. Meine Lebenslust hat sich gesteigert und auch meine sexuelle Lust. Manchmal habe ich sogar das kindische Gefühl, mir liegt die Welt zu Füßen. Ich muß sie nur annehmen und nicht darauf herumtrampeln und mich in meinem Elend suhlen. Wir stricken uns unsere Tragödien selbst, und ich möchte nicht mehr mit meinem Mann zusammen stricken. Bei ihm alleine und bei uns zusammen tut sich auch nicht viel. Ich möchte nicht an einen alten Zustand wieder anknüpfen.

Ich verstehe meinen Mann immer weniger. Sein Verhalten wird für mich immer paradoxer. So weiß er nicht, ob er mit mir eine Woche allein, ohne Kinder, in Urlaub fahren will, weil das vielleicht so anstrengend wird und er dann dafür eine Woche Urlaub geopfert hätte. Kann sich aber auf der anderen Seite vorstellen, ein Haus zu kaufen, in dem wir dann zusammen leben. Das mit dem

Urlaub kam zustande, weil ich mich weigerte, mit ihm und den Kindern vier Wochen wegzufahren, als wenn nichts wäre. Eher wollte ich eine Woche mit ihm allein verbringen, da ich mir vorstellte, daß da einige klärende Dinge passieren könnten und man sich nicht mehr durch Windeln etc. ablenken kann. Es wäre sozusagen das letzte Ausreizen für mich gewesen. Wir haben ja nun mal die Kinder, und wir haben auch mal Ja zueinander gesagt. Ich wollte nicht zu schnell aufgeben. Ich wollte schon alle Möglichkeiten, die da sein könnten, ausschöpfen, obwohl mir mein Gefühl immer öfter sagt, da ist nichts mehr möglich. Aber ich habe ja lange Jahre gelernt, meinen Gefühlen zu mißtrauen. Mein Zögern ist noch ein Überbleibsel dessen oder das Ergebnis meines Lernens, alles miteinander zu verbinden: Vernunft, Gefühl, Geist; die Waage zu finden, in der ich auspendeln kann.

Der Betrug – ich habe es eigentlich lieber, das Wort Seitensprung zu benutzen – meines Mannes hat, im nachhinein gesehen, mehr positive als negative Aspekte, denn er öffnete uns die Augen über unsere schon lange brüchige Beziehung und trug gleichzeitig eine Bewegung hinein, deren Ende lange Zeit offen war.

Inzwischen weiß ich, daß mein Mann diese Frau, Freundin, immer noch hat. Sie hielt ihn zwar nicht ab, vor einiger Zeit mit mir auf seinen Wunsch hin zur Eheberatung zu gehen, um mir klar zu legen, wie wichtig die Familie für ihn wäre. Ich kann und will ihm aber nicht mehr vertrauen. Ich will jetzt die Trennung. Mein Mann gibt mir nicht das Gefühl, mich zu lieben. Er will nur ein bequemes Leben mit Familie und Freundin. So kann ich nicht leben. Lieber lebe ich allein.

Ich habe einen Rechtsanwalt eingeschaltet. Im Grund laufen nur noch formalistische Dinge ab. Und ich hoffe, wir können uns, ohne schmutzige Wäsche zu waschen, in Ruhe scheiden lassen.

Manchmal überkommt mich die Sentimentalität. Dann hänge ich Wünschen, Träumen nach und muß mir immer wieder klar machen, daß diese sich mit meinem Mann nie erfüllen könnten.

Was mir oft schwer fällt, ist die Einsamkeit am Abend. Ich habe nun mal die Kinder, kann abends nicht so oft weg. Zwar finde ich immer wieder eine Beschäftigung, aber ...

Ich denke, irgendwie muß man's ertragen lernen. Ohne Märtyrertum! Einfach als die andere Seite des Lebens hinnehmen, die Kehrseite der schönen Momente. Daraus erwächst Stärke, Wissen. Ich kann unheimlich viel aushalten. So schnell haut mich nichts mehr um. Und das besänftigt dann den Schmerz, der immer noch da ist und wohl auch noch lange bleiben wird.

Betrogene Liebe – Der Auftakt zum Neubeginn?

Es ereignet sich nicht allzu häufig, daß Untreue eine Lebensgemeinsachft aufbricht, um sie – haltbarer und glücklicher als zuvor – zu heilen.

Ist es die Liebe zum betrogenen Partner, die zu ihm zurückführt? Ist es Enttäuschung über die ›Qualität‹ des Seitensprungs? Bessere Einsicht vielleicht?

Gewiß ist, daß sowohl der betrügende als auch der betrogene Teil dem jeweils anderen über einen mehr oder minder langen Zeitraum hinweg eine Chance zur Umkehr einräumt. In den seltensten Fällen werden Trennungen spontan und unwiderruflich vollzogen.

Als Faustregel läßt sich herausschälen, daß sich der Prozeß der Loslösung mit all seinen Neustarts, Versöhnungen, Niederlagen, Vorsätzen und Diskussionen analog zur Dauer der Lebensgemeinschaft und der Menge gemeinsamer Habe entwickelt. Mit anderen Worten, eine mehrjährige Beziehung, die in einer gemeinsam ausgestatteten und genutzten Wohnung gelebt wurde, wird schwieriger und langwieriger zu lösen sein als eine, die nur kurz bestand, überdies vielleicht von Streitigkeiten belastet wurde und in getrennten Räumlichkeiten zusammenfand. »Gewohnheit«, sagt Cicero, Redner und Staatsmann im Alten Rom, »ist gleichsam eine zweite Natur.«

Trennung bedeutet Verlust der Gewohnheit, bedeutet Verlust der inneren und äußeren Sicherheit, die aus einer Kalkulierbarkeit und routinemäßigen Erfassung unseres Alltags entsteht. Vorbei ist es mit gemeinsamem Frühstück, dem allabendlichen Gespräch über Berufliches, Zwischenmenschliches. Wochenenden wachsen sich ins scheinbar Endlose aus. Gemeinsame Freunde entpuppen sich plötzlich als Unsicherheitsfaktoren.

Der Verlust der äußeren Sicherheiten führt zu einem krassen Absturz in die innere Unsicherheit. Angst vor dem so jählings verwandelten Leben, das in unvertrauter Eigenverantwortung resultiert. Gleichzeitig aber setzt eine vergoldete Erinnerung an das Gewesene, nun Verlorene ein.

Beides, Angst und Rückbesinnung, zeitigen Hoffnung. Anneliese aus Freiburg schrieb mir: »Ich ließ damals unser Leben vor mir Revue passieren. Was mich in den Jahren oft rasend gemacht hatte, kehrte ich unter den Tisch, lobte stattdessen alles Schöne hoch und leitete mir daraus die Illusion ab, es käme schon alles wieder ins Lot, wenn ich nur Geduld und Toleranz aufbrächte.«

Geduld und Toleranz sind Stichworte, die uns von Kindesbeinen an als Tugenden gepriesen werden. Namentlich Frauen bringen es darin zu einer oft erstaunlichen Perfektion. »Ich redete mir ein«, sagte mir Corinna, 28jährige Mutter eines mongoloiden Kindes und seit vier Jahren von ihrem Partner verlassen, »daß ich jetzt, wo er mich im Stich lassen wollte, meine Liebe zu ihm beweisen müsse. Ich war mir böse, weil ich unter seinen diversen Liebschaften litt und tadelte mich, ihm dieses im Grunde doch harmlose Vergnügen nicht zu gönnen. Schließlich, was war es denn schon, ob er mit einer anderen schlief oder zärtlich zusammen war? Hatte er etwa nicht verdient, anderswo Entspannung zu suchen, wo er daheim nur noch auf dem Pulverfaß saß? Ich redete mir jeden Tag mehrmals ein, daß er zu mir und dem Kind zurück käme, wenn ich ihm verzeihen könnte, besser noch, gar nicht erst sauer über das würde, was er trieb.«

Hoffnung ist jedoch eine trügerische Basis für Gemeinsamkeit. Über kurz oder lang muß auch der hartnäckigst vor den Tatsachen verklappte Verstand seine Arbeit aufnehmen und die Gegebenheiten verarbeiten.

In eben dieser Verstandesleistung aber liegt die Chance für die Erneuerung der alten Liebe.

Wenngleich meine Recherche den Schluß zuläßt, daß der betrogene Partner (gleich welchen Geschlechts) aktiver und ausdauernder um den Erhalt der brüchig gewordenen Beziehung kämpft als der betrügende, welcher das Umworbenwerden oft nur als selbstverständlichen Obulus an die eigene Wertperson hinnimmt, setzt doch auf beiden Seiten irgendwann die gedankliche Auswertung der gemeinsam verbrachten Zeit ein. Die Eigenschaften des Partners geraten dabei zuallererst ins Blickfeld. Wie selbstgerecht er doch war, wie eitel sie in sich selbst verliebt. Wie schnell er eifersüchtig wurde, wie leicht sie ihre Zunge laufen ließ.

Doch auch Schönes, Geliebtes drängt sich auf. Wie umsichtig und rücksichtsvoll er sein konnte, wenn Not am Mann war. Wie gern sie auf eine eigene Freude verzichtete, wenn sie ihm damit eine bereiten konnte. Wie gut er trösten, Verfahrenes wieder einzurenken vermochte und dabei sich selbst den Schwarzen Peter zuschob. Oder wie rasch sie bereit war, eine Kränkung zu verwinden und einer bösen Geschichte eine gute Wendung zu geben.

Die Auflistung der positiven und negativen Charakterzüge des anderen wird ein Echo im eigenen Wesen hervorrufen. Es stellt sich heraus, was wem wie wichtig, ja, unverzichtbar ist. Und es zeigt sich, wie intensiv die Eigenheiten des anderen mit den persönlichen verzahnt sind.

War nicht etwa die eigene Rechthaberei Auslöser zahlloser Differenzen? Beschwor die Freude an neuen Kleidern nicht immer wieder Krisen herauf? Führt die

Vielzahl der freiwillig eingegangenen Vereinsaufgaben zur vermeintlichen Vergnügungssucht des anderen?

Das Erkennen von Ursachen und Wirkung weckt manchmal den Wunsch, der im Schutt vieler Zerwürfnisse und Mißverständnisse zerschlissenen Liebe zu neuem Glanz zu verhelfen.

»Die Zeit, als wir jeder unserer Wege gingen«, meinte Hans-Dieter aus Bad Bevensen, »hat uns gezeigt, was einer am anderen hat. Die andere konnte einfach nicht mithalten. Mit der wäre ich vom Regen in die Traufe gekommen. Das mußte mir aber erst klar werden. Und ohne den inneren wie äußeren Abstand zu meiner Frau hätte ich die Klarheit nie mehr erreicht.«

Erfahrungsberichte:

Uta

Meinen Mann müssen Sie sich vorstellen als eine Mischung aus Hannoveraner und Ruhrpöttler. Das Völkergemisch hat ihn sehr geprägt, ihm eine lebensvolle, zur Turbulenz neigenden Mentalität geschenkt.

Ich bin das krasse Gegenteil oder war es doch einmal. Als gebürtiges Nordlicht bin ich sehr ruhig und zurückhaltend. Früher war ich richtig kontaktarm. Das hat sich aber unter dem Einfluß meines Mannes etwas geändert.

Um die Unterschiede zwischen uns zu vervollständigen, ist mein Mann mit jetzt 35 rund achteinhalb Jahre älter als ich. Da prallen schon mal die unterschiedlichen Lebensanschauungen und Meinungen aufeinander.

Nicht im sprichwörtlichen verflixten siebten, sondern im dritten Jahr unserer Ehe wurde mir mein Mann untreu. Er lernte damals eine angebliche ›Top-Frau‹ kennen; extravagant, hohe Ansprüche stellend. Rasch hatte er mit ihr ein Verhältnis, und noch rascher, nämlich vierzehn Tage später, zog er aus unserer gemeinsamen Wohnung aus.

Ich litt wahnsinnig unter dieser Geschichte, war nahe daran, mich aus dem Fenster zu stürzen. Zum Glück hatte ich Freunde, die mir halfen.

Mein Mann hatte als Erklärung für sein Verhalten angegeben, ich sei im Vergleich zu seiner Geliebten langweilig. Immer sage ich zu allem Ja und Amen, ergreife nie die Initiative, lasse ihn immer gewähren.

Das arbeitete in mir. Und ich muß sagen, er hatte recht.

Acht Wochen später rief mein Mann an und bat mich dringend um ein Gespräch. Ich besuchte ihn. Wir redeten. Und stellten fest, daß immer noch genug Liebe vorhanden war, es nochmals miteinander zu versuchen.

Was ihn bewog, seine teure Geliebte abzuschütteln, hat mein Mann nie erklärt. Ich denke, es war das Geld oder die sonstigen Ansprüche. Wir haben seither nie mehr über dieses Kapitel gesprochen. Nicht vergessen, aber vergeben. Das ist es. Vergessen werde ich das nie. Wer einmal in der Scheiße gesteckt hat, dem ist das eingebrannt auf immer und ewig. Aber es tut nicht mehr weh.

Seit mein Mann und ich uns damals wiederfanden, kenne ich keinen Ehekrach mehr mit Anbrüllen und so. Er akzeptiert meine Persönlichkeit mit allen Unterschieden. Wir können alles, aber auch alles miteinander bewältigen. Wir haben ein echtes Superverhältnis.

Andere Frauen waren immer wieder mal da. Mein Mann ›beichtet‹ mir die Sachen irgendwann, wenn er soweit ist. Aber das ist nie etwas Ernstes. Und es macht mir auch nicht aus. Ich weiß, was ich an ihm habe. Und er weiß es von mir.

Ich selbst bin übrigens auch einmal ausgebrochen. Das war nach der Geburt unserer Tochter. Daß ich das gemacht habe, schmerzt mich noch immer. Vor allem, weil man das dann ja irgendwann eingestehen muß und das dem anderen dann weh tut.

Wenn ich mir meines Mannes immer noch nicht sicher gewesen wäre, dann kann ich das seit einem Jahr bestimmt behaupten. Wir haben eine eigene Firma, in der wir beide arbeiten. Vor einem Jahr zerschlug sich ein Geschäft, wir hatten rund 300 000,– DM zu zahlen. Plötzlich großes Auto weg, kleines her, sparen, einschränken. Das waren privat echte Einschnitte. Aber wir haben super zusammengehalten und alles bestens bewältigt. Seitdem ist eines bombensicher: uns kann keine(r).

Unsere kleine Tochter ist für meinen Mann übrigens das größte. Er hat sie voll akzeptiert, obwohl ihm das so mit richtiger kleiner Familie am Anfang ziemlich schwer fiel. Ich kann nur immer wieder sagen: Für uns war dieser Seitensprung der Start in die Liebe.

Johanna

Dieter und ich sahen uns zum erstenmal in einer Clique, lachten, tanzten, und irgendwann bei ›A whiter shade of pale‹ schlug's ein. Probleme gab's zwischen uns vom ersten Blick an. Doch die Verliebtheit überdeckte alles. Dieter, gewohnt, eigene Wege zu gehen, besuchte mich, wann er Lust hatte, kam oft spät oder erst nach einem feuchtfröhlichen Treff mit seinen Freunden zu mir. Meinen Protest, ängstlich und schüchtern vorgetragen, nahm er nicht ernst. Ich litt im stillen; wie ich es gewohnt war. Aufgewachsen in einem ungewöhnlich strengen Elternhaus, dem der Vater autoritär vorstand, fehlte mir jede Lebenserfahrung.

Ich klammerte mich förmlich an Dieter, der sich schützend zwischen mich und Vater stellte, der sich nicht einschüchtern ließ und an mir festhielt, wo andere, die sich für mich interessiert hatten, es nicht einmal wagten, mich anzusprechen aus Angst, mein Vater werde sie massakrieren. Dieters Mut imponierte mir sehr. Ich fand es super, wie er es mit meinem Vater aufnahm, der für mich der mächtigste Mann der Welt gewesen war.

Wie unvorstellbar mußte er mich lieben! Und wie kleinlich war ich, einer vergessenen Verabredung nachzuweinen.

Dieter war ein zärtlicher Junge, der mir trotzdem nie zu nahe trat. Eine Umarmung, ein Kuß, mehr verlangte er nie. Obwohl ich spürte, wie gern er mehr gewollt hätte. Ich nahm seine Zurückhaltung als Beweis seiner starken männlichen Selbstdisziplin und bewunderte ihn dafür.

Dieter war für mich der Mittelpunkt des Lebens. Daß ihm manches wichtiger war als ich, tat mir ziemlich weh. Aber am meisten litt ich unter seiner Eifersucht. Ich durfte mit keinem anderen reden, mal einen Tee trinken, zu keinem Cliquentreffen gehen. Nicht einmal zusammen mit Dieter. Er war der einzige Mensch, den ich noch hatte. Und das gefiel ihm.

Schließlich, an einem Tag völlig unerwartet und von meiner Seite mit der steten Angst behaftet, entdeckt zu werden, – meine Eltern waren aus und pflegten unverhofft heimzukehren, auch schliefen meine beiden jüngeren Schwestern im Zimmer nebenan – wollte Dieter mit mir schlafen. Er war mit dieser Erwartung zu mir gekommen, hatte Kondome besorgt und den ganzen Tag nur daran gedacht. Er wußte ja, daß ich erstmals sozusagen sturmfreie Bude hatte.

Mir hingegen saß die Angst im Nacken und die totale Unerfahrenheit im Kopf. Von Lust oder Sehnsucht keine Spur. Im Grunde gab ich Dieter nach, wie ich immer dem ›starken Mann‹ nachzugeben gelernt hatte. Eigene Wünschen einzubringen, gar mich zu verweigern, war ich nicht gelehrt worden. Als Dieter mir bei diesem ersten Mal gravierende Schwierigkeiten auftischte, weil er überraschenderweise ebenso unerfahren und ängstlich war wie ich und vor Erregung außerstande war, mir diese schmerzhafte und irgendwie unästhetische Prozedur schön erscheinen zu lassen, brach für mich eine Welt zusammen: Mein Supermann als Niete im Bett! Sofort begann ich, Dieter vor mir mit meiner eigenen Unzulänglichkeit und Dummheit zu entschuldigen. Er konnte doch nichts dafür, wenn meine Scheide zu eng, zu trocken und mein Körper zur Lust nicht fähig war.

Eine lange Leidenszeit begann. Da ich keinen Orgasmus bekommen konnte, Dieter einen von mir erwartete, weil das dazu gehörte, aber andererseits nicht wußte, wie eine Frau reagiert, die einen sexuellen Höhepunkt erfährt, gelang mir die perfekte Show. Ließ Dieter nach der Lust augenblicklich von mir ab, verfiel er beinahe sofort in tiefen Schlaf; ich hingegen lag wach. Von Selbstbefriedigung hatte ich nie gehört. Und wenn, ich hätte ›so was‹ nur abgelehnt.

Irgendwann hatte ich es satt, Dieter etwas vorzumachen. Ich gestand ihm, daß ich noch nie einen Höhepunkt erlebt hatte und auch nur selten wirklich Lust empfand, mit ihm zu schlafen.

Dieter reagierte frustriert. Eine Frau, die keinen Orgasmus bekam, wo das doch für ihn die simpelste Sache der Welt war, war in seinen Augen seelisch verkrüppelt. Bei sich selbst suchte er keine Ursache. Dieter und ich heirateten. Dieter glaubte, Trauschein und kirchlicher Segen würden meine Verklemmtheit lösen, aus seiner frigiden Frau einen Vamp schaffen. Voll zitternder, banger Hoffnung glaubte ich ihm.

Der Fehlschlag war perfekt. Dann hielten wir ein Kind für die Lösung. Ich hatte mal gehört, die Vorgänge einer Geburt würden Vagina und Unterleib besser durchbluten, so daß hernach die Frau körperliche Höhenflüge erführe.

Das Kind wurde gezeugt. Die Geburt fand statt. Das ›erste Mal danach‹ auch. Und wieder nichts.

Die Enttäuschung war tödlich. Dieter beschimpfte mich als Un-Frau, als eisgekühlte, tolle Verpackung ohne Inhalt, als Versagerin schlechthin.

Ich gab mir mit zusammengebissenen Zähnen weiterhin Mühe, ihm Lust zu schenken und redete mir ein, in der Hingabe an ihn die reine Freude zu finden. Aber insgeheim wuchs meine Enttäuschung zu einem Berg.

Ich wollte endlich wissen, wie das ist: Orgasmus. Jetzt war ich 30, seit zehn Jahren verheiratet und irgendwie immer noch so eine Art Jungfrau. Eine Freundin, der ich alles erzählt hatte, lachte mich bloß aus. Wie, ich hätte noch nie...? Das wäre ja wohl ein Witz. Gäb's denn bei uns kein Vorspiel? Was, alles wäre in drei Minuten vorbei? Das hielte ich aus? Da fing ich an, Dieter zu kritisieren. Ich bekam Wut, wenn er den ganzen Abend vor der Glotze saß, nichts reden und dann sofort mit mir unter die Decke wollte. Ohne Kuß, ohne Streicheleinheiten, einfach so ex und hopp. Aber ich konnte ihn auch nicht bitten, anders zu sein. Ich wäre mir wie ein Bettler vorgekommen und hätte mich vor mir selbst geschämt.

Als ich Jochen kennenlernte, war ich in meinem Herzen längst entschlossen, mich und meine weibliche Vollwertigkeit an einem anderen Mann zu testen. In Gedanken und Wünschen war ich Dieter oft untreu geworden, ehe ich mich nun bereitwillig in diesen Mann verliebte. Er paßte weder von Stand noch Bildung zu mir. Aber er sah mich mit wahrhaft glühender Bewunderung an und schenkte mir mit dieser Wertschätzung etwas wieder: Die Gewißheit, eine richtige Frau zu sein, begehrenswert und schön.

Die ersten Male hatte ich auch mit Jochen keinen Höhepunkt. Aber ich empfand Lust und Verlangen. Ich genoß es, daß er sagte, er müsse sich besser in den Griff bekommen, damit es für mich schön würde, statt mir die Schuld zu geben. Und ich genoß es, von ihm zu hören, wie gut und verlockend mein Körper für ihn sei.

Mit Dieter schlief ich in dieser Zeit selten. Wenn, dann, weil ich es (auch) wollte. Sein Bedürfnis war mir erstmals kein Befehl. Er spürte meine Veränderung während dieser sexuellen Begegnungen, ohne sie jedoch einordnen zu können.

Ich fühlte mich an meiner Untreue gänzlich unschuldig. Es war Dieter zuzuschreiben, daß ich auf diesen

Gedanken verfallen mußte. Ihm lastete ich mein latent schlechtes Gewissen an, denn ich wagte nicht, mich ihm anzuvertrauen, wohl wissend, daß er nicht mit meinem Tun umgehen könne. Ich wollte ihn ja nicht verlieren, wollte ihn nicht einmal kränken. Ich wollte mit Jochen weiter nichts als lernen, was ich für meine Ehe unbedingt brauchte und mit Dieter nicht lernen konnte. Heute weiß ich, daß im Grunde Jochen der Betrogene war, nicht Dieter. Doch zu damaliger Zeit war mir das gleich.

In dieser Phase erfuhr ich mit Jochen den ersten sexuellen Höhepunkt meines Lebens und zerbrach innerlich fast an meinem Schmerz, dieses Gefühl nicht erstmals mit Dieter geteilt zu haben. Immer hatte ich mir eingeredet, körperliche Liebe ohne sexuelle Erfüllung sei edler, tiefer, reiner als anders. Jetzt wußte ich es besser.

Jochens zart einfühlende Art, seine wissenden Hände und sein aus tiefster Seele verlangend an mir hängender Blick hatten mich gelehrt, warum ich bei Dieters Zärtlichkeiten nichts verspürte. Aus dem Sprung klappte es bei mir nie. Ich brauchte Aufmerksamkeit und Zärtlichkeit und zwar auch dann, wenn kein Sex dahinter steckte. Gerade das aber ging bei Dieter nicht. Er rührte mich nur an, wenn er Sex wollte. Genau eine Minute vorher. Meine Beziehung zu Jochen endete auf mein Betreiben. Mit Dieter verlief die ›Pflicht‹ immer deprimierender, so daß ich mehr und mehr auf meine Ruhe bedacht war. Jetzt, da ich körperliche Befriedigung erfahren hatte, tat mir die mit Dieter zwar erwachte, doch unerlöste Lust nicht gut. Sie verursachte eine lästige innere Unrast und überschattete oft tagelang meine Stimmung.

Da plötzlich trat die andere in Dieters Leben.

Er lernte sie auf einer langen Auslandsreise kennen, während ich mit unserer Tochter zu Hause war und arbeiten mußte. Diese Frau hat ihn schon begeistert. Jedenfalls dauerte es monatelang, bis er sie wieder aus dem Kopf verlor und sich mir sexuell nähern konnte.

Daß er fremdgegangen war, beichtete Dieter noch am Abend seiner Heimkehr. Ich war nicht geschockt, hatte so was schon längst erwartet.

Dieter verriet mir, daß ›sie‹ ganz anders sei als ich. Sexuell phantasievoll, ohne Hemmungen, zu allem und immer bereit. Aber er gestand mir auch, daß sie dennoch keinen Höhepunkt mit ihm erlebt habe, weil er auch bei ihr viel zu schnell gekommen sei. Und er sagte, er wisse jetzt, daß er selbst unsere Sexprobleme verursache und ob ich ihn denn überhaupt noch liebhaben könne.

Unsere Liebe hing damals ganz schön durch. Aber sie war noch da.

Dieter und ich hatten gelernt, eigene Wünsche auszusprechen und zuzulassen, ihre Erfüllung aber nicht auf Kosten des anderen durchsetzen zu wollen. Dies führte dazu, daß wir Lust und Unlust akzeptieren konnten und nur im lustvollen Einverständnis Erfüllung auch fanden.

Wir sind heute sehr glücklich zusammen. Es klappt mit uns in allen Lebenslagen. Das heißt nicht, daß es keine Schwierigkeiten mehr gäbe. Aber sie werden sachlicher und immer mit Verständnisbereitschaft ausgetragen. Ich weiß, daß ich aussprechen muß, was mich beschäftigt, damit Dieter mich versteht. Er weiß, daß eine Frau kein Computerspiel ist, das man je nach Bedarf benutzt.

Ich bin sicher, wir hätten uns nie wirklich gefunden, wenn wir uns nicht voneinander entfernt hätten.

Martin

Meine Frau und ich kannten uns schon als Kinder. Sie war mein Schwarm von der ersten Klasse an. Die meisten sagen, so eine Kinderliebe kann nicht halten. Aber das stimmt nicht. Was wir zusammen erlebt haben, ist wie Kitt, das gibt uns auch dann Halt, wenn der Wind mal von vorne bläst. Die Tini und ich – da paßt keine Messerklinge dazwischen. Komischerweise mußten wir das aber erst mal lernen.

Wir haben geheiratet, da war sie 19, ich knapp 20. Müssen mußten wir nicht; wir wollten. Einfach so, aus Liebe, und weil wir wußten, wir bleiben sowieso zusammen. Zuerst ging alles bestens. Sex war schön, Leben auch, keine Probleme mit dem Geld. Der Tod meiner Mutter warf uns dann zum ersten Mal aus der Bahn. Mutter hatte für uns gewaschen, geflickt, beim Putzen und Kochen geholfen, auch mal einen Zwanziger in der Zuckerdose versteckt. Der gute Geist des Hauses sozusagen. Tini, die mit ihrer eigenen Familie ziemlich Probleme hat, liebte meine Mutter sehr. Nach ihrem Tod war einfach nichts mehr in Ordnung. Der Haushalt nicht, Tini nicht, die Liebe nicht. Ich hasse zerknitterte Klamotten, Tini Bügeln. Ich ekle mich vor schmutzigen Fußböden oder Geschirr, Tini vor schmutzigem Wasser. Ich liebe schönes Essen, Tini bedient zu werden. Da war nun also Zündstoff. Aber Versöhnung ist ja auch nicht schlecht.

Vor zwei Jahren hatte Tini die erste Fehlgeburt. Wir freuten uns unheimlich auf das Baby. Und dann mußte ausgerechnet die oberste Treppenstufe wackeln. Tini war fix und fertig, wollte sich auch nicht trösten lassen. Sie war einfach reif zum Kinderkriegen. Das erwies sich aber als ziemlich schwierig. Tini wurde noch zweimal schwanger. Zweimal Fehlgeburt im dritten Monat.

Nach der dritten Fehlgeburt drehte Tini endgültig durch. Sie wollte nicht mehr zur Arbeit (alle würden ihr bloß doofe Fragen stellen), langweilte sich aber allein zu Haus (Hausfrauenarbeit gefiel ihr ja noch nie) und hatte doch keinen Drive, in Bildung zu machen oder sonstwas für sich zu tun. Als die Decke anfing ihr auf den Kopf zu fallen, hatte sie die Idee, Gruppensex wäre toll.

Wir gaben eine Annonce in der Tagespresse auf: »Tolerantes Paar sucht ebensolche Sie für diskrete Spiele zu dritt«. Sie glauben ja nicht, wieviel Weiber sich da meldeten. Zum Glück gefiel uns keine.

Tini wollte es jetzt mal mit Telefonsex versuchen. Wieder eine Annonce: »Sie sind einsam? Sie haben keinen, der Ihnen wirklich zuhört? Rufen Sie mich an!«

Gleich der erste Typ war so ein mieses verklemmtes Schwein, der's nur mit dreckigen Ausdrücken brachte. Ich regte mich tierisch auf. Tini lachte bloß, meinte, ich sollte mich nicht so zickig haben.

Die Sache ging dann einige Zeit, bis ich irgendwie merkte, da lief was. Da war so ein Kerl, der rief regelmäßig an. Zuerst hatte die Tini den ziemlich schweinisch gefunden. Dann hatte er angefangen, ihr von sich zu erzählen. Daß er im Knast gewesen wäre. Die Frau hätte ihn sitzen lassen. Nee, Schlimmes hätte er nicht auf dem Kerbholz, so 'ne dumme Steuersache. Jetzt hätte er die Spitzenwohnung in Frankfurt, Penthouse mit allem Drum und Dran, und jetzt wäre keine da. Nee, Frauenaufreißen wär' nichts für ihn, zu schüchtern und außerdem wäre er tätowiert. Mit der Zeit war Tini auf den Kerl heiß geworden. Irgendwann hatte sie ihn zu einem Drink eingeladen, er war gekommen und hatte Tini mit seinem Bizeps voll japanischer Sumo-Ärsche auch ziemlich imponiert. Jedenfalls wurde der Kerl ihr erster Seitensprung. Im Bett war er ja wohl eine ziemlich müde Nummer. Meine Tini war da reichlich verwöhnt. Reumütig kam sie zu mir zurück und legte ihre Karten auf den Tisch. Ich war zwar wütend über die ganze Sache, erregt hat sie mich aber auch. Vor meinen inneren Augen lief alles richtig plastisch ab.

Von da an trieb Tini es ziemlich oft ziemlich wild mit allerlei Männern. Ich bekam einen Teil ab, wenn sie mir alles brühwarm erzählte.

Irgendwann gestand Tini mir dann, daß sie sich diese ganzen Sexgeschichten bloß für mich ausgedacht hatte.

Ich war unheimlich froh. Es hatte mir doch ziemlich viel ausgemacht, daß sie es mit anderen machte. Ich mochte die Vorstellung nicht, daß einer schon vor mir abgesahnt hatte und so. Ich wußte aber auch nicht, wie es zwischen Tini und mir weitergehen sollte. Sie dachte, ich wäre nur noch scharf auf sie, wenn sie mir deftige Histörchen anzubieten hätte. Ich dachte, Tini wäre reichlich abgerutscht und unfähig, normal zu leben. Wir sprachen aber kein Wort darüber.

Das ging so etwa ein halbes Jahr. Dann zog Tini aus. Sie war einfach weg, als ich von der Arbeit kam. Ohne einen Brief. Ich hatte keine Ahnung, wo sie stecken könnte und noch weniger Lust, nach ihr zu suchen. Gefehlt hat sie mir aber trotzdem. Darüber habe ich vor Wut im Bett geheult und das Bettzeug zerrissen.

Vier Wochen später kam eine Karte von Tini. Sie lud mich zum Essen in unsere Lieblingskneipe von früher ein. Tini war ziemlich verändert: Ungeschminkt, Schlabberklamotten, glatte Haare und bloß kleine Ohrringe. Sie sagte, sie müßte weg von mir, ich würde sie total einengen, Macht über sie haben und ihre Gedanken prägen. Ob ich ihr Geld leihen könnte, bis sie was anderes gefunden habe. Ich konnte. Von da an trafen Tini und ich uns öfter in unserer Kneipe. Wir redeten und redeten, rührten uns aber nie an. Bis zu Tinis Geburtstag. Da klingelte sie an meiner (unserer) Haustür, mit nichts weiter als Haut unter ihrem Mantel.

Wir blieben noch lange nicht zusammen. Tini hat ihr Zimmer was weiß ich wo in der Stadt bis heute. Wenn's bei mir (uns) zu eng wird, verschwindet sie einfach dorthin und erholt sich von der Ehe. Ich hab' nichts dagegen. Die Zeit, wo sie weg war, hat mir ziemlich viel gebracht. Ich habe gelernt, daß Vertrautheit nicht unbedingt durch Nähe entsteht oder Nähe sein muß, damit ich mich meinem Partner nahe fühlen kann. Die Tini, und da liegt unser Problem, war ja nicht erwachsen als wir heirateten. Sie hatte so ein Weltbild zwischen Hier und Da, also meiner Mutter und mir, und das gab ihr Sicherheit. Als dann plötzlich meine Mutter tot und ich permanent unzufrieden war, fiel Tinis Welt einfach um. Der ganze Sex-Schwachsinn zwischendurch war, glaube ich, nur inszeniert, damit ich sage »Hier ist Schluß!« und dadurch neue Grenzen um Tinis Leben ziehe. Ich sagte aber nichts. Und da war Tini gezwungen, von sich aus erwachsen zu werden. Ohne ihre vielen Abenteuer, die Kerls und den ganzen Mist wäre es längst aus zwischen uns.

Ich bin sicher, daß die Tini und ich uns lieben, und daß keiner von den Typen ihr wirklich nahe war. Daß sie mit denen geschlafen hat, drückt mir manchmal heute noch den Puls hoch. Aber das kriege ich auch noch in den Griff. Die Tini sagt, ich wäre ihr Pegasus und würde sie über sich selbst raustragen. Das ist Liebe.

Jutta

Mein Mann und ich haben aus finanziellen Gründen geheiratet. Wir lebten schon zwei Jahre zusammen, zahlten Steuern etc. und dachten, da ließe sich eigentlich sparen. So kam's dann also.

Wenn ich es mir richtig überlege, war ich damals schon nicht so toll in meinen Mann verliebt. Sie küßten und sie schlugen sich, so ungefähr ging's bei uns zu. Schlugen bildlich gemeint, wohlgemerkt! Wir stritten eben oft, auch ziemlich hart. Da gab's so Gravierendes wie getrennte Kasse, gemeinsames Auto, Klamotten.

Die Ehe ließ sich trotzdem schön an, blieb's auch zwei Jahre. Dann entdeckte ich, daß mein Mann sich dauernd selbst befriedigte statt mit mir zu schlafen. Er sagte, er braucht das. Ich sagte, ich brauchte es mit ihm. Aber es half nichts.

Im Sommer vor einem Jahr verliebte ich mich in Kai. Er ist der beste Feund meines Mannes. Wir kennen uns schon ewig. Es hat auch immer zwischen uns gefunkt, aber mein Mann stand dazwischen. Jetzt auf einmal nicht mehr. Kai sagte, er könne nicht mehr länger Rücksicht nehmen. Ich fand, mein Mann hatte es nicht besser verdient.

Als mein Mann merkte, was lief, wurde er plötzlich hellwach. Einmal fand ich den ganzen Hausflur – wir wohnen zur Miete in einem fünfgeschossigen Haus – mit Rosen geschmückt und ein Herz aus Rosen an unserer Tür. Ein andermal lag Reizwäsche aus Seide auf meinem Bett. Oder mein Lieblingsparfüm in einer Riesenflasche. Eines Tages hatte er Eintrittskarten für ein Open-air besorgt, obwohl es schon total ausverkauft war.

Es waren aber nicht nur die Geschenke. Mein Mann umwarb mich richtig. Er half freiwillig im Haus, fragte mich um meine Meinung und nahm mich ernst. Ging mit mir zur Familienberatung und steckte mir heimlich kleine Liebesbriefchen in die Handtasche. Er bezirzte mich nach allen Regeln der Kunst, bis ich Kai den Laufpaß gab und meinem Mann wieder treu war.

Seither wissen wir wieder, was wir aneinander haben, wieviel uns unsere Gemeinsamkeit bedeutet. Ich kriege immer noch Herzflimmern, wenn ich Kai treffe. Meinen Mann liebe ich lange nicht so leidenschaftlich. Mit ihm schlafe ich, weil ich muß. Aber ich glaube, ich liebe ihn in seiner ganzen Art. Ich könnte mir nicht denken, ohne ihn zu leben. Allein, daß wir alles zusammen besprechen können, gilt mir viel. Mit Kai, das ist hauptsächlich Sex. Ich wüßte nicht, wie ich mit ihm leben könnte. Wir passen nicht zusammen.

Ich habe die Sache mit Kai gebraucht. Mein Mann hat sie auch gebraucht, anders, aber noch mehr als ich. Ich glaube, es war eine Chance für uns. Wir haben sie genutzt.

Monogamie – Und was dann, wenn man zwei Menschen gleichzeitig liebt?

»Man liebt nur einmal«, trällert es uns aus Evergreens entgegen. Eine Eva nur schuf Gott dem Adam.

Aber gibt es sie wirklich, diese eine einzige und zwar ausschließlich diese eine einzige Liebe, diesem einen einzigen Menschen bestimmt? Oder fällt Liebe nicht, wie's der Zufall will? Wiederholbar, neu zu spüren für einen Menschen, der in uns bestimmte Knöpfchen verrückt spielen läßt?

Konrad Lorenz beispielsweise lehrt uns die ›Prägung‹ eines Gänsekindes auf den Menschen, dem es in den ersten Augenblicken seines Lebens ins Gesicht sieht und fortan als Mutter erkennt.

Ist auch der Mensch so geprägt auf einen bestimmten Typ des Mitmenschen, der in ihm alle Sicherungen durchbrennen, ihn entgegen allen Prinzipien und Vernunft handeln, ihn ›Liebe‹ funken läßt?

Denken wir etwa an die Monroe, an Elvis, die bis heute Unzähligen als Inbegriff der Liebe und Sex-Idol gelten, so erscheint es durchaus vorstellbar, daß bestimmte, an verschiedenen Menschen immer in ganz ähnlicher Weise erkennbare Faktoren Gefühle in uns erzeugen, die es uns auszuleben drängt. Die einen nennen dieses Gefühl Liebe, andere nennen es Trieb und verleihen ihm damit einen negativen, weil minderwertigen und verächtlichen Anstrich.

Ethische Lehren unterstellen dem Menschen als dem geistig höchsten Wesen der Schöpfung die Freiheit der

Entscheidung für oder gegen den Trieb gleich für oder gegen das Böse. Der Geist als Sieger über den Körper mit seinen niedrigen Gelüsten ist gefordert. Dennoch ist es immer wieder das ›schwache Fleisch‹, das siegt. Der Verfall von Sitten und Moral, der Zusammenbruch von Erziehung und Tradition reißen Hemmschwellen nieder. Doch das allein erklärt noch immer nicht den schier unwiderstehlichen Reiz, den manche Personen auf andere ausüben.

Psychologen nennen den Auslöser dieses Reizes ›Fetisch‹ und den, der ihm erliegt ›Fetischist‹. Der Fetisch selbst entsteht durch Prägung in frühester Kindheit, wobei in aller Regel die Mutter, weniger extrem auch der Vater, als prägend angesehen wird. Merkmale, die in den Augen der Mutter bedeutsam waren, summieren sich im Unterbewußtsein des heranwachsenden Kindes zu Alarmglocken, die dem erwachsenen Menschen die Liebe einläuten.

Meine Mutter zum Beispiel betonte stets als besonders aussagefähig für den Charakter eines Menschen dessen wohlgeformte, gepflegte Hand sowie die klare, offene, fest auf ein Gegenüber fixierte Ausdruckskraft der Augen. Bis heute ertappe ich mich dabei, eine spontane Sympathie für Leute zu empfinden, die mir eine schöne Hand bieten und mich dabei aus strahlenden Augen anblicken. Eine meiner Freundinnen wiederum lernte am Beispiel ihrer Mutter, Menschen aufgrund ihrer Kleidung für wertvoll, gepflegt und schön einzustufen. Es ist ihr Gelegenheit in Fülle geboten, ihren Geist auf Reisen und in Gesellschaft kultivierter Gesprächspartner zu bilden. Dennoch entfährt ihr unwillkürlich ein Laut des Entzückens, sobald ein gediegen-eleganter Herr ihr den Hof zu machen beginnt, und nie käme sie in Versuchung, sich etwa für einen hochgebildeten Mann ungepflegter äußerer Erscheinung zu erwärmen.

Der Traumpartner fürs Leben, gemünzt auf beide

Geschlechter, wird demnach ein Mensch sein, dessen äußeres Erscheinungsbild, dessen Mimik und Gestik, Stimme und sexueller Ausdruck in möglichst vielen Punkten der Prägung des Suchenden entspricht. Wessen Lebensgemeinschaft auf einem perfekten ›Auslösersystem‹ basiert, wird ungefährdet durch Höhen und Tiefen des Lebens schreiten. Eine Beziehung jedoch, die nur auf einem oder wenigen ›Auslösern‹ aufgebaut wurde, ist Krisen entsprechend stärker ausgesetzt bzw. läuft häufiger Gefahr, an einem Menschen, dessen ›Auslösersystem‹ besser ›paßt‹ zu scheitern.

Gar nicht verwunderlich ist es unter diesem Aspekt, daß Treuebrecher/innen so oft ins Feld führen, mit der Liebe, die sie dem einen Menschen an ihrer Seite schenken, dem anderen nichts vorzuenthalten, geschweige denn wegzunehmen.

»Ich liebe meinen Mann und ich liebe meinen Freund«, erklärte mir Karin aus Wuppertal ihre Dreiecksgeschichte. »Jeder hat was, was dem anderen fehlt, und was ich beides brauche. Am allerliebsten würde ich sie beide zu einem einzigen zusammenstrikken.«

Der Versuch, aus zwei gleichermaßen geliebten Menschen einen einzigen zu kombinieren, gipfelt häufig in dem Bestreben, mit Frau und Freundin gemeinsam leben zu wollen, Mann und Geliebten an einen Tisch zu setzen. Bestürzt und schmerzlich bewegt vermerken die jeweils Betrogenen, wie glücklich sich der Partner in dieser Konstellation fühlt, wie er genießt und nicht die geringsten Gewissensbisse zu haben scheint.

»Es ist eigentlich nicht, daß sie mit Frank schläft, was mich so kaputt macht«, sagte Jochen aus Frankfurt, der seit nunmehr rund zwei Jahren um die Liebe seiner Frau Brigitte kämpft. »Ich begreife ganz gut, daß sie ihn gut findet, obwohl ich ihr Mann bin. Was mich so schafft, ist diese Angst, ihr nicht zu genügen, ihr nicht so viel geben zu können, trotz all meiner bis zum Wahnsinn schmerzenden Liebe nicht, daß sie mit mir ausgefüllt ist. Wie oft habe ich Brigitte gehaßt, weil ich sie liebe. Wie oft habe ich ihr den Bettel hinschmeißen, sie diesem Kerl überlassen wollen. Und trotzdem kann ich es nicht, trotzdem wühlt sie mich auf und um, wenn sie mich nur berührt, mich anlächelt, spricht. Sie ist eine Hexe. Ich bin ihr angezaubert. Und ich liebe sie. So einfach ist das.«

Es ist nicht einfach. Weder für die Betrogenen noch für die Betrüger. Letztere leiden an ihrer Angst, einen der beiden geliebten Menschen zu verlieren, ebenso heftig wie an ihren Gewissensnöten, jeden dieser Menschen mit dem anderen zu betrügen, keinem so ganz zu gehören. Heimlichkeiten und Lügen folgen daraus. Gelänge es auch, die Verwirrfäden dieses Doppelspiels in Händen zu behalten, der Druck der Ereignisse erzwingt irgendwann eine Entscheidung. Frauen gelingt es leichter, sich eine Liebe aus dem Herzen zu reißen, wenn die Interessen der Familie dagegen stehen, als Männern. Verhaltensmuster, die zu Opferbereitschaft bzw. Kampfgeist erzogen haben, tragen ihr Resultat in sich beschlossen. Die Gefahr, einem anderen Menschen zu begegnen, dessen ›Auslösersystem‹ quasi als Liebe auf den ersten Blick in das Herz eines bereits gebundenen Menschen einrastet, werden menschliche Bemühungen jedoch wohl kaum jemals bannen.

Erfahrungsberichte:

Birte

Wie oft habe ich schon über alles nachgegrübelt. Und jetzt merke ich, daß es immer noch ziemlich schwer auf die Reihe zu kriegen ist.

Zuerst das Wichtigste: Ich bin diejenige, welche. Das heißt, ich betrüge meinen Mann. Jedenfalls oberflächlich gesehen. Ich bin 27, seit acht Jahren verheiratet, zwei Kinder. Mein Mann ist 55.

Ich habe ihn geheiratet, weil er ›was hatte‹, mir allerhand zeigen, bieten konnte, mich anbetete, mir weismachte, ich sei schon wer, mich von zu Hause wegbringen konnte. Ich weiß nicht, ob ich ihn geliebt habe. Eher bewundert, mich geborgen und natürlich verwöhnt gefühlt. Da war einer, der mich ernst nahm, der mich, mich liebte. Das hat mir gefallen.

Mein Mann hat mich geheiratet, weil ich jung war, weil seine Kollegen ihn um mich beneideten – schließlich schleppt nicht jeder alternde Knabe noch einen Teenager ab –, weil er mich ›formen‹ konnte und weil ich ihn sexuell anmachte wie keine, die im Alter besser gepaßt hätte. Das war ihm ziemlich viel wert, sogar eine Hochzeit. Geliebt hat er mich nicht. Glaube ich jedenfalls.

Zuerst war Sex das, was er am meisten wollte. Er rakkerte sich ab, und ich ging leer aus. Kennen Sie das Gefühl, wenn man immer, jedes- und jedesmal kurz vor dem Höhepunkt hängengelassen wird, weil der Superliebhaber ja fertig ist und jede Energie verliert, mir auch gut zu tun? Das war also mein Alltag. Wenn ich mich nicht immer selbst befriedigt hätte, wäre ich total durchgedreht.

Dann kamen die Kinder. Nur ein Jahr Abstand. Mein Mann meinte, er werde sonst zu alt als Vater.

Nach den Kindern legte mein Mann sich aufs Altenteil. Er rührte mich schon noch an, aber seltener. Für mich blieb's dasselbe in grün.

Ich lernte schließlich einen Mann kennen. 31, Reitlehrer, groß, dunkel, sportlich, fröhlich und unkompliziert und vor allem der einfühlsamste Typ, den ich kenne. Wir schliefen schon nach der ersten Reitstunde zusammen. Ich wußte, daß es so kommen würde, als er zum ersten Mal auf mich zuging.

Ich betrüge meinen Mann mehrmals die Woche. Er ahnt nichts davon. Ich würde ihm nie etwas sagen, schon wegen der Kinder. Außerdem ist mein Verhältnis in festen Händen und würde sich nie total an mich binden. Wir machen Sex. Wir mögen uns. Schluß. Nichts von Liebe und so.

Ich leide ziemlich unter Schuldgefühlen. Mein Mann hat ja doch ziemlich viel für mich getan. Ohne ihn wäre ich heute noch in unserem Nest und womöglich Bäuerin oder so was. Ich denke oft, daß ich ziemlich undankbar bin. Aber ich denke auch, daß ich ein Recht auf sexuelle Erfüllung habe. Und wenn mein Mann mir da nichts geben kann, kann's halt ein anderer. Ich habe mal gelesen, daß man krank wird, wenn man sexuell immer leer ausgeht. Das kann ich mir nicht leisten. Immerhin habe ich zwei Kinder.

Früher habe ich manchmal versucht, meinem Mann zu erklären, was er falsch macht. Das hat aber nichts genützt. Er ist von sich überzeugt! Sobald ich etwas sage, bildet er sich ein, ich will ihn schlecht machen und fängt an zu streiten.

Seit ich mit J. zusammen bin, geht's mir spitze. Ich bin viel ausgeglichener als früher, gerate nicht mehr so schnell in Wut, fühle mich endlich als richtige Frau. Mit meinem Mann schlafe ich schon noch. Muß ich ja, steht doch sogar im Gesetz. Ich tu dann meistens so, als käme ich auch, damit ich danach meine Ruhe habe. Manchmal bleibe ich dann im Bad und befriedige mich selbst, weil ich sonst am anderen Morgen wie verrückt mit den Kindern schreie. Mein Mann schläft meistens schon, wenn ich zu Bett gehe.

Manchmal denke ich, er müßte doch merken, daß ich jetzt viel besser bin als früher; auch schon mal was Neues einbringe. Aber er merkt nichts. Oder er glaubt, das hätte ich alles von ihm gelernt.

Ich weiß nicht, wie alles wird, wenn J. geht. Er hat einen besseren Job angeboten bekommen. Ich bin sicher, daß er zusagt. Mit uns beiden hat alles ja sowieso keine Zukunft. Oder doch? Ich müßte eine Lösung finden. Vielleicht mich scheiden lassen. Mir fällt nur kein Grund ein. Es gibt keinen offiziellen Grund. Und ich kann doch vor dem Anwalt nicht angeben: »Mein Mann befriedigt mich nicht.« Die würden sich doch glatt wegschmeißen vor Lachen. Ich habe Angst vor dem Alleinsein, wenn J. weg ist. Selbstbefriedigung ist gut, aber kein Ersatz. Ich brauche J. zum Glücklichsein. Und, was am schlimmsten ist, ich kann's keinem sagen.

Aufgeben werde ich J. nie. Ich tu alles, was mein Mann erwartet. Aber wenn ich mit J. glücklich bin, nehmen wir meinen Mann gar nichts.

Sylvie

Ich bin in Oldenburg geboren und dort auch verheiratet, ein Kind. Ich bin 26 Jahre, schlank, fast 1,80 groß, blond. Mein Mann ist 21 Jahre älter als ich.

Als wir uns kennenlernten, waren wir verrückt

nacheinander. Er war so ein Typ verständnisvoller, großzügiger, welterfahrener Frauenheld mit Herz und Köpfchen. Ich war gerade sechzehn geworden. Er war mein erster Freund. Ich war schon stolz, daß sich ein richtiger Mann für mich interessierte. Bei ihm war's wohl so ähnlich. Er sagte mal, ich würde ihn nicht alt werden lassen.

Zuerst störte mich sein Kindchengehabe absolut nicht. Ich hatte nie ein rosiges Verhältnis zu meinem Vater. Ich fand's schön, ›betüddelt‹ und verhätschelt zu werden. Wohlgemerkt, zuerst. Als ich 21 war, hingen mir sein dauerndes Belehren, sein autoritäres Gemache und seine Ruhe zum Hals heraus. Damals lernte ich Martina kennen. Sie arbeitete bei meinem Mann, war schon mal seine Geliebte gewesen und hatte ihn ungefähr so gern wie Frösche im Bett. Wir kamen uns ziemlich schnell näher. Im Bett klappte es nicht optimal mit uns beiden. Ich stellte fest, daß es mit Männern schöner ist. Daß es mit jungen Männern noch schöner ist, merkte ich bei meinem Reitlehrer.

Wir fingen eine echte Romanze an, in der ich mich meinem Mann sexuell total verweigerte. Zuerst hat er nichts ernst genommen, dann suchte er die Schuld bei sich, weil er nicht mehr attraktiv für mich wäre, womit er ja auch recht hatte. Zuletzt kam er mir auf die Schliche.

Ich hatte mir eingebildet, er würde jeden erschlagen, mit dem ich es treibe. Mein Mann tat gar nichts, ließ mich links liegen, ging mit anderen aus. Er schien nicht zu leiden. Ich um so mehr, ich wurde nämlich schwanger. Von wem war nicht ganz sicher, ich dachte trotzdem, das Baby wäre von meinem Mann. Ich brach meine Beziehung zu meinem Reitlehrer sofort ab, zeigte mich reumütig und machte meinem Mann weis, ich hätte Launen wegen der Schwangerschaft gehabt.

Mein Mann vergöttert seine Tochter, die ihm übrigens sehr ähnelt. Ich genieße die Sicherheit, die er mir bietet. Manchmal denke ich, wenn der Richtige käme, würde ich weglaufen und neu anfangen. Aber ich weiß, ich tu's dann doch nicht. Mein Mann spricht nie über die Geschichte von damals. Er hat mich seitdem nie mehr angerührt, hält sich Geliebte. Ich bin oft unglücklich. Aber ich habe mir alles selbst eingebrockt.

Meiner Tochter werde ich jedenfalls nie erlauben, einen Mann zu heiraten, der ihr Vater sein könnte. Naja, vielleicht erkennt sie das sowieso an unserem Beispiel.

Marianne

Um endlich meinem Elternhaus (mit einer sehr autoritären Mutter) entfliehen zu können, entschloß ich mich im Alter von knapp achtzehn Jahren, meinen damaligen Freund zu heiraten. Er war überglücklich, denn es gab da mehrere Bewerber.

Rückblickend könnte man sagen, ich hätte ja selbst in eine andere Wohnung ziehen können, um den elterlichen Klauen zu entkommen. Doch dies wäre von seiten meiner Autoritäten nie akzeptiert worden. Außerdem war dies vor gut zehn Jahren in einer Kleinstadt noch nicht so üblich.

Vielleicht sollte ich an dieser Stelle meinen Mann beschreiben: Er war äußerlich ein sehr attraktiver Mann. Im Gegensatz zu mir sehr introvertiert, was mich damals sehr anzog. Wir ergänzten uns hervorragend. Mir schmeichelte es damals ungemein, für alle wichtigen und unwichtigen Dinge die Entscheidung treffen zu dürfen bzw. zu müssen. Mein Mann half von Anfang an im Haushalt engagiert mit, sträubte sich aber, irgendwelche Telefonate, Behördengänge, schriftliche Erledigungen usw. zu übernehmen. So war er nicht einmal bereit, die Entscheidung über den eventuellen Urlaubsort zu treffen, und mir war es durchaus angenehm, in allen Dingen (Geld-, Versicherungsfragen) absolut freie Hand zu haben.

Da ich das erste Mal in meinem Leben für mich und noch jemand anderen entscheiden konnte, war ich sehr glücklich.

Wir stritten nie, schon das hätte mich nachdenklich machen müssen. Daß dieser ruhige, junge Mann zu extremen Jähzornsausbrüchen neigte, bemerkte ich nur bei Streits, die er mit seiner Mutter hatte. Eine Szene ist mir sehr deutlich in Erinnerung: Er nahm eine schwere Glasvase und zerdrückte sie, vor Wut auf seine Mutter, in der Hand, bis überall das Blut rann.

Irgendwann hatte ich den dringenden Wunsch nach einem Kind. Er war damit einverstanden. In den ersten drei Monaten der Schwangerschaft ging es mir sehr schlecht, und ich konnte nicht in die Arbeit gehen. So war ich den ganzen Tag daheim und wartete auf meinen Mann, der mich abends unterhalten sollte. Nur, jetzt erkannte ich: Ich war es, die Unternehmungen mit ihm machte, die abends erzählte. Er las auch keine Bücher, keine Zeitungen, hatte keine Freunde, nichts zu erzählen.

Als ich wieder ins Büro gehen konnte, war alles wieder in Ordnung für mich. Ich ging ab und zu mit Freunden abends aus, er wartete auf mich, und ich erzählte ihm dann alles.

Kurz vor der Entbindung zogen wir um. Er wollte die Stelle wechseln, ich würde sowieso bei dem Kind daheimbleiben.

Daß ich in dem Ort niemanden kannte und durch meinen Mann niemanden kennenlernen würde, war mir nicht bewußt,

Ich bekam einen kleinen unkomplizierten Buben, und wir waren eine glückliche Familie. Am Wochenende machten wir Ausflüge, unter der Woche erledigte ich brav die Hausarbeiten, spielte mit dem Sohn und hatte endlich Zeit viel, viel zu lesen.

Abends sprachen wir über unseren Sohn, oder ich erzählte irgendwas vom Einkaufen, was ich so gelesen oder im Radio gehört hatte. Er hörte zu. Als der Kleine ein Jahr alt war, wurde ich wieder schwanger. Es war eine schreckliche Schwangerschaft mit zahlreichen Krankenhausaufenthalten. Wenn ich daheim war, hing der Haussegen schief; mir ging's schlecht, der Haushalt war mir zuviel; ich kannte fast noch niemanden und der Vater des Kindes machte laufend freiwillig Überstunden. Ich sollte überwiegend liegen. Es war eine schlimme Zeit. Zwischendurch führte ich endlose Telefonate mit Freunden, doch die kannten mich nicht mehr: War das die lustige Marianne?

Vier Wochen zu früh kam unsere Tochter zur Welt. Das Kind war so schwierig wie die Schwangerschaft. Es schrie Tag und Nacht. Der Vater machte noch mehr Überstunden. Ich war in der Zeit auch nicht gerade sehr freundlich. Ich kam nirgends hin, das Kind wollte laufend gestillt werden. Eine schlimme Zeit. Ich kam mir vor wie in einem Gefängnis, das ich mir selbst gemacht hatte.

Irgendwann beschloß ich, Volkshochschulkurse zu belegen, Französisch usw. zu lernen. Ich lernte wieder Leute kennen, mit denen man nicht nur über Fensterputzen und Windelnwaschen reden konnte. Das tat gut. Mein Sohn kam in den Kindergarten und war auch dort sehr schnell als ›pflegeleicht‹ und ›offen‹ erkannt. Durch die schlimme Zeit in der zweiten Schwangerschaft und mit der kleinen Schwester mußte er zwangsläufig so vernünftig werden.

Durch den Kindergarten lernte ich viele Frauen kennen und dachte, sie würden ähnlich wie ich empfinden. Doch es waren sehr viele leidenschaftliche Hausfrauen, sehr viele überlastete Bauersfrauen, die im Sommer nicht einmal die Zeit fanden, den Kindern eine Antwort auf eine Frage zu geben. Ich denke, in einer größeren Stadt wäre dies sicher auch anders gewesen.

Vielleicht wäre noch interessant zu erwähnen, daß sich nach zahlreichen Kinderarzt- und zermürbenden

Klinikbesuchen herausstellte, daß ich nicht eine hysterische Mutter war, die mit dem zweiten Kind nicht fertig wurde, sondern daß das Kind tatsächlich krank, sprich: behindert war. Mit 20 Monaten fing sie erst zu krabbeln an, mit drei Jahren zu sprechen und litt unter starkem Zittern. Dann fing das ›Therapieren‹ an. Ich hetzte nur noch zwischen Haushalt, Kochen, Kindergarten, schreiendem Kind und nächster Therapie. Hätte ich da abends nicht ab und zu in die Oper, in Volkshochschulkurse usw. gehen können, ich wäre wahnsinnig geworden. Das war in dem Moment aus, als der Vater das jüngere Kind in seinem Jähzorn mehrmals gewalttätig behandelt hatte. Es ließ sich von niemandem anderen, außer mir, mehr berühren. Trat der Vater nur ins Zimmer, schrie es wie am Spieß. Es gab Szenen.

Wir sprachen nur noch miteinander: »Das gehört gemacht, das ist wichtig.« Ich ließ mich ebenfalls nicht mehr von ihm berühren. Das erbitterte ihn noch mehr. Auf mir lag sehr viel Verantwortung. Er traf keine Entscheidung. Sollte das Kind zur Computer-Tomographie? Sollte es Woitga oder Bobarth-Krankengymnastik bekommen? Alles mußte ich entscheiden.

Ich entschied mich. Ich reduzierte die Therapien. Ich unternahm viele schöne Sachen mit den Kindern. Ich besorgte mir einen Babysitter. Wollte mit meinem Mann abends mal wieder fortgehen. Da saßen wir nun, und sprachen nicht miteinander. Ich engagierte mich in den Dingen, die mir schon so lange am Herzen lagen: Anti-Atomkraftgruppe, Umweltschutz, Dritte Welt-Arbeitskreise.

Es ging mir langsam wieder besser. Die Kinder spielten herrlich miteinander, die Kleine wurde ausgeglichener und ich auch.

Tja, in der Umweltschutzorganisation fing es an: Er war (und ist) dick und legt auf sein Äußeres weniger als gar keinen Wert. Er war gerade mit seinem Studium fertig. Wir diskutierten nächtelang über ›weltpolitische‹ Dinge. Sein Zuhörenkönnen – sein Argumentieren!

Zu meinem Mann war ich wieder netter, ich hatte jetzt andere Leute, mit denen ich sprechen konnte.

Eines Tages stand H. bei mir vor der Tür, mit seiner fast ungepflegten Erscheinung und dem sympathischen Lächeln. Sah mir zu, wie ich die Kinder ins Bett brachte und sagte: »Du bist nicht glücklich, stimmt's?« Mir fuhr es wie ein Pfeil durchs Herz. Hatte mich mein Mann jemals gefragt, ob ich glücklich war? Ich schrieb H. einen Brief, den ich ihm nie geben wollte und gab ihn ihm doch. Ich wollte einen Brief zurück, benahm mich wie ein Teenager. Ich war verliebt in diesen dicken, phlegmatischen Mann! Ich erlebte alle Höhen und Tiefen. Mein Mann, bekam er echt nichts mit? Meine Kinder? Wurden immer unkomplizierter. Und dieser H.? Er war noch Jungfrau! Stellte sich furchtbar ungeschickt an! Ich besuchte ihn bei sich daheim. Seine Mutter behandelte mich wie seine ›Zukünftige‹. Bis sie erfuhr, wer ich war. Und ich? War glücklich, war am Boden zerschmettert, hatte Schuldgefühle und Wünsche.

Wollte H. heiraten und ein Kind von ihm. Hatte ich denn gar nichts gelernt? Heulte mich nächtelang bei H. aus. Er hörte zu, streichelte mich und fühlte sich geschmeichelt. Erfand Ausreden vor meinem Mann. Glaubte er sie? Ich fuhr mit H. drei Tage fort. Fragte meinen Mann aus Spaß: »Und wenn ich mit H.?« Er konnte da nur lachen. Er hatte sogar irgendwie recht. H. und ich redeten, aßen, lasen miteinander, aber geschlafen haben wir vielleicht fünfmal im Jahr miteinander. Geschmust viel. Das Ganze ging (geht?) fünf Jahre. Wir fuhren alle miteinander fort. Freund der Familie. Meine Tochter, mittlerweile sehr lustig und ausgeglichen, will H. später mal heiraten.

Er ruft jetzt noch täglich an. Ich weiß, daß das Bild, welches ich mir von ihm gemacht habe, falsch war. Er ist ein liebes, intelligentes, verfressenes Mamasöhnchen.

Ich nable mich gerade ab. Je mehr Fehler ich an ihm erkenne, um so leichter wird es. H. hängt sehr an mir, legt auf meine Meinung Wert, ruft auf Geschäftsreisen aus den USA an, um meine Stimme, meine Meinung zu hören. Er hat mich wahnsinnig gern, liebt mich nicht. Ich? Ich habe ihn geliebt, wahnsinnig sogar und immer mit schlechtem Gewissen. Den Ehering trage ich schon lange nicht mehr. Und mein Mann? Er weiß nicht? Er sagt, er liebt mich. Manchmal lasse ich mich von ihm in den Arm nehmen. Mehr nicht.

Eine Lösung?

Muß viel nachdenken. Hab' jetzt mehr Zeit. Die Kinder sind meine große Freude, der Haushalt kotzt mich nach wie vor an. Mein Mann ist glücklich, wenn ich mit ihm fernsehe.

Mit H. telefoniere ich stundenlang, hab' ihn wahrscheinlich immer noch gern, aber ein Mann ist er nicht. Was soll ich mit einem intelligenten Kind von ihm. Kinder habe ich.

Jetzt plane ich gerade den Urlaub. Muß dies nicht mehr allein tun. Mein Sohn bringt sich voll mit ein.

Ich bin um einige Erfahrungen reicher, und wenn das schlechte Gewissen weg ist, ist dies wohl das Wichtigste im Leben.

Erfahrungen und daraus lernen. Scheidung? Mehrmals daran gedacht! Die Kinder, das kann ich ihnen nicht antun. Mein Mann hängt so an mir.

Ich muß mal in mir selber horchen!

Maximilian

Alle nennen mich Sticker. Keine Ahnung warum. Wahrscheinlich wegen meiner Figur; stick = Stock.

Ich bin der bezahlte Liebhaber einer Gesellschaftsdame. Ihr Mann hat Kies, aber keine Zeit. Sie hält mich als männliche Mätresse. Mir geht's gut dabei. Sie zahlt meine Miete, mein Auto, meine Klamotten, lädt mich zum Essen oder sonstwohin ein. Ihre Freundinnen kennen mich als das, was ich bin, und weil ich es ihr gut besorge, leiht sie mich auch schon mal aus.

Natürlich ist Madame nicht meine große Liebe. Lieben Sie etwa Ihren Boß? Okay, es gibt Ausnahmen, die's tun. Aber die meisten tun's nicht. Und für mich ist Madame der Boß.

Liebe, – das ist für mich Susan. Wir sind seit einem Jahr zusammen. Madame weiß von nichts. Wenn sie's erführe, also ich glaube, die könnte mir glatt mein Dings abschneiden oder so. Für mich ist das alles eher witzig. Für Susan nicht. Sie ist schrecklich eifersüchtig und leidet sehr darunter, daß ich es beruflich mit anderen treibe.

Also, für mich sind Liebe und Sex zwei Paar Stiefel. Sex kann ich machen, mit wem und wann und wo und wie oft ich will. Wenn eine geschickt ist, mich hochbringt, lege ich jede um. Wenn's sein muß, auch mehrmals die Nacht. Liebe, das ist mehr. Das ist nicht Bauch, das ist Herz. Aber das kann ich Susan einfach nicht erklären. Sie will, daß alles an mir nur für sie da ist, ›sauber‹ bleibt. Sie will nicht, daß ich mit anderen treibe, was ich mir ihr tue, auch wenn das mit anderen bloß Show ist. Ich sage ihr immer wieder, daß Madame mir nicht unter die Haut geht. Aber sie kapiert nichts.

Susan

Sticker und ich, das war Liebe auf den vierten Blick. Er machte mich an, ich ließ ihn abblitzen. Er schickte mir Rosen, ich ließ sie vertrocknen. Er schrieb mir Briefe, ich schickte sie ungelesen zurück. Er fing an, mich anzurufen, ich hörte ihm zu. Ich konnte ihn nicht mehr abweisen, er hatte sich schon zu tief in mein Bewußtsein geschoben.

Zuerst wußte ich nichts über seine Tätigkeit. Ich wunderte mich bloß, wieso er nach einem Anruf sofort aufspringen und abdüsen mußte, sogar aus dem Bett. Irgendwann fand ich einen Brief mit angeheftetem Scheck von Madame. Aus dem Brief ging eindeutig hervor, wofür der Scheck war. Ich lief herum wie blöd. Mein Freund, eine Art männliche Hure, ich brachte das nicht auf die Reihe.

Sticker versuchte, mir alles zu erklären, nach dem Motto Liebe nicht gleich Sex. Für mich gehört das aber zusammen. Und selbst wenn nicht, ich hasse es, etwas, woran mir liegt, mit anderen teilen zu müssen. Und ich mag Sticker nun mal überall.

Ich weiß nicht, ob ich dieses Leben lange ertrage. Noch gebe ich mir Mühe, weil ich hoffe, Sticker macht Ernst aus seinen Versprechungen, sein Abi nachzuholen, zu studieren und dann ohne Madame weiter zu leben. Allerdings weiß ich oft nicht, ob ich das alles so lange durchstehe. Immer diese Frau, die wie ein Gott über uns regiert, die uns sogar beim Lieben mit ihrem verdammten Telefonbefehl unterbrechen kann, so daß mein Geliebter seine Erektion bei ihr abreagieren muß. Ich hasse es, mir das Bild von ihr und ihm vorstellen zu müssen. Aber ich kann's einfach nicht lassen.

Sticker möchte, daß wir heimlich heiraten, damit ich ihn nicht mehr verlassen kann. Ich weiß nicht, ob das klappt. Ich muß mir das gut überlegen. Eine Ehe ist für mich nicht wie Shopping oder Urlaub vom Ich. Da bringe ich mich echt ein. Aber da will ich auch den vollen Einsatz zurück; nicht so einen aufgewärmten Rest.

Manchmal denke ich, was Sticker wohl sagen würde, wenn ich plötzlich so einen ›Job‹ anfinge. Ich habe ihn auch schon gefragt. Er sagt, er würde den anderen entmannen oder umbringen und mich dazu und dafür dann mit Freuden in den Knast gehen. Er sagt, er würde nie akzeptieren, daß ich es mit anderen treibe. Ich, sagte er, würde immer Sex mit Liebe mischen. Und wenn ich einen anderen liebe, wäre er außen vor. Das könnte er nicht ertragen. Lieber wollte er tot sein oder eben im Knast.

Madame

Sticker bat mich, für Ihr Buch über uns auszusagen. Es bringt eine kleine pikante Note in unser Verhältnis, warum also nicht. Unsere Namen wollen Sie bitte verändern. Meine Ehe darf nicht in Frage gestellt werden.

Ich bin von Beruf Architektin, 52 Jahre und war eine sogenannte gute Partie. Mein Mann ist Diplomat, reist sehr viel. Entsprechend bin ich oft allein. Und das seit vielen Jahren, denn in meiner Jugend heiratete man jung. Sticker gab es viele in meinem Leben. Ich liebe den Sex und das Leben. Mein Mann kann mir beides nicht bieten, heute weniger denn je, denn er ist, wie gesagt, meist auf Reisen und natürlich nicht jünger geworden.

Sticker ist für mich ein guter Kauf. Er ist ein exzellenter Liebhaber, zuverlässig und potent, jung und willig. Er gibt mir das Gefühl, begehrenswert zu sein und schiebt mein Altern hinaus. Noch wirke ich wie 42, und das ist zum großen Teil sein Verdienst, denn guter Sex hält straff und jung.

Ich liebe es, in einer Beziehung dominant zu sein, das Sagen zu haben. Sticker ist bemerkenswert willig. Jeder meiner Befehle gilt. Das gefällt mir und erregt mich auch körperlich. So mag ich es zum Beispiel sehr, wenn ich Stickers monatlichen Scheck unter meine Brüste schiebe und er ihn von dort aufnehmen muß, während wir uns lieben. Es gibt mir das Gefühl, ihn vollkommen in der Hand zu haben.

Wenn Sie etwas über mich wüßten, wäre Ihnen klar, wie sehr ich mein Leben lang regiert wurde. Meine Ehe wurde von Eltern und Schwiegereltern arrangiert. Mein

Mann bestimmte meine Wohnorte, meinen Bekanntenkreis, meine Kinderlosigkeit usw. Sticker ist der Ausgleich!

Ich habe nichts dagegen, ihn mit anderen Frauen zu teilen. Allerdings nur dann, wenn ich das gesteuert habe. Zum Beispiel verschenke ich Sticker manchmal für eine Nacht oder zwei an gute Freundinnen. Ich weiß, wieviel er bietet. Und da er finanziell von mir fürstlich gehalten wird, habe ich keine Sorge, ihn an eine andere Dame meiner Art zu verlieren.

Wütend wäre ich, wenn Sticker etwa eine feste Liaison hätte. Das würde ich als Vertrauensbruch empfinden. Da wäre von einem Tag zum anderen Schluß. Es gibt Sticker genug. Wissen Sie, ich zahle für einen optimal potenten Mann, der seine Manneskraft ohne Abzug für mich reserviert. Ich zahle nicht für die kümmerlichen Nacherektionen einer bereits anderweitig verschossenen Potenz. Voller Lohn, volle Leistung. Da bin ich heikel! Daß Sticker zwischendurch mal an fremdem Honig nascht, nun ja. Ich bin zwar eitel, aber ich denke, zwischendurch wirklich junge Haut unter seinen Fingern steigert seine Kraft bei mir. Es gibt da so eine Art Gentlemen's Agreement zwischen uns, daß ich ihn nie sonntags und nie vormittags zu mir bestelle. In der Zeit kann er machen, was und wo er's will. Nur eben nicht mit einer festen Freundin. Aber das weiß er auch.

Inge

Seit über einem Jahr lebe ich in einem Beziehungsdreieck mit meinem Mann und seiner Freundin. Unsere Geschichte ist noch offen; wir wissen nicht, wo sie uns hinführen wird. In dieser ›unfertigen‹ Situation darüber zu berichten, kann also nicht mehr sein als ein Rückblick und eine Momentaufnahme.

Was ist mit mir, mit uns dreien in diesem Jahr geschehen? Für mich fing es nach einer Zeit der Beobachtung, des leisen Zweifels mit seiner Eröffnung an: »Es gibt da jemand. Sie ist mir wichtig, aber noch will ich bei euch wohnen.«

Dumpfer Schlag in die Herzgegend, bleierne Schwere im ganzen Körper, rasende Gedanken und die sofortige Gewißheit: Kein Seitensprung aus einer Augenblicksattraktion, sondern etwas Ernstes. Es geht um Alles!

Mein Kopf hatte verstanden, aber mein Herz und mein ganzer Körper wehrten sich gegen diese Realität. In wilder Hoffnung, daß er doch nicht einfach siebzehn Jahre als Irrtum abhaken könnte, versuchte ich die Erinnerungen an die positiven Phasen und die bestandenen schwierigen Reibungsprozesse zu beleben. Er stand zu alledem, aber er stand ebenso zu seinen jetzigen Gefühlen. Ich konnte das nicht zusammenbringen.

Mir fielen viele Situationen ein, in denen ich ihn verletzt hatte. Es war mir nie gelungen, meine Schuld, mein Bedauern darüber auszudrücken. Plötzlich konnte ich es. In dieser ausweglosen Situation fanden wir uns wieder und erzählten uns unser wirkliches Erleben, sprachen von unseren Sehnsüchten, Enttäuschungen, der nachfolgenden Resignation und dem ›Dichtmachen‹ vor dem anderen. Wir saßen bekümmert beieinander, daß wir es so weit hatten kommen lassen. Plötzlich konnten wir beide über unseren Schatten springen, die Verkrustungen unserer Beziehung platzten auf. Sie wurde lebendig, die alte Wärme, Vertrauen und Vertrautheit waren wieder spürbar.

Doch die Zeit läßt sich nicht zurückdrehen. Die andere Beziehung existierte, war bislang nur unbelastetes liebevolles Miteinander. Seine Gefühle für sie waren genauso da und sehnten sich nach Ausdruck. War es zu spät?

Oft hatte ich das Gefühl: Zu spät, du kriegst keine Chance mehr. Doch gerade das war mir ungeheuer wichtig: Nichts überstürzen! Die Wechselhaftigkeit der Gefühle kannte ich. Hatte ich nicht auch vor Jahren geglaubt, ausbrechen zu müssen aus unserer Ehe? Und hatte ich nicht schließlich entdeckt, daß ich trotz der Liebe für den anderen mich aus meiner Bindung an meinen Mann und aus unserer Geschichte nicht lösen konnte und wollte? Ich liebte sie eigentlich beide, aber dafür gab es damals in unseren Gefühlen und Vorstellungen keine lebbare Beziehungsform. Lange Zeit hatten mich die Folgen dieser ›abgeschnittenen‹ Liebe belastet und behindert, wirklich wieder bei meinem Mann zu sein.

Dieses Mal sollte Raum sein für eine Klärung. Ich wollte mich konfrontieren, ›wahr‹-nehmen, was ist. Er sollte beide Beziehungen klären und herausfinden, mit wem er leben will. Er sollte nicht pro forma oder aus mangelndem Mut vor dem Aufbruch bei mir bleiben. Die einzige Bedingung, unter der ich mit ihm weiterleben wollte, war die, daß er es aus Liebe zu mir auch wollte.

Mir wurde bewußt, daß ich, nachdem die Pseudosicherheit einer lebenslangen Ehe ohnehin aufgebrochen war, auch die Frage hatte: Will ich denn eigentlich noch mit ihm leben? Mit Auftauchen dieser Frage hatte ich mich aus der Rolle der bestandwahrenden Ehefrau ein Stück gelöst und war frei, wahrzunehmen, was unsere Beziehung in dieser Situation noch ausmachte. Ich hatte erfahren, daß ich mich auf unsere gemeinsame Vergangenheit nur begrenzt beziehen konnte. Das, worauf es wesentlich ankam, war unser Leben jetzt. Im Augenblick leben, dem Hier und Jetzt, war unser neuer Bezugsrahmen. Nur hier konnte ich eine Antwort darauf finden, wie es mit uns weitergeht.

Ich fühlte mich weniger ›mit dem Rücken zur Wand‹, hatte entdeckt, daß ich auch in dieser Situation mein Leben selbst in die Hand nehmen konnte. Ich war nicht mehr nur abhängig von seiner Entscheidung.

Es wurde mir plötzlich bewußt, daß ich mein ganzes erwachsenes Leben in unserer Beziehung verbracht hatte und gar nicht wußte, ob ich es allein schaffen konnte.

Durch unsere Auseinandersetzungen während dieser Zeit, entwickelte ich Schritt für Schritt meinen Standpunkt. Ich suchte nach meinen eigenen Bewertungen, definierte, was ich brauchte, um in dieser Beziehungskonstellation überleben zu können.

Ich mußte aber auch wissen, wie ich im Fall der Trennung sinnvoll weiterleben könnte. Fast vergessene Träume von Wohn- und Arbeitsprojekten mit Freunden kamen mir wieder in den Sinn. Ich fand Perspektiven für mich und die Kinder, die mich reizten. Am Anfang als Überlebensstrategie geplant, erschienen sie mir zeitweise als Alternative zu unserer jetzigen Lebensform.

Es ging mir – kaum zu glauben – gut! Aktiv und lebendig wie ich war, fühlte ich mich fähig, als Frau mit Kindern allein zu leben. Ich würde nicht als sich aufopferndes Muttertier enden. Alte Freundschaften bewährten sich als tragfähiges Netz. Wir würden nicht ins Leere fallen.

Seitdem unser bürgerlich-anerzogener Rahmen nicht mehr paßte, war ich gezwungen, meinen eigenen zu finden. Ich begann, mir zu trauen, probierte aus, ob meine Gedanken der gelebten Realität standhielten. Ich wurde mutiger, mich nicht nur mit ihm und offen eingestellten Freunden auseinanderzusetzen, sondern auch mit den anderen und auch mit unseren Eltern. Staunend merkte ich, daß ich standhielt. Das war ein immenser persönlicher Entwicklungsschritt.

Zwischen uns kam auf diese Weise ein sehr anstrengender und schmerzhafter Prozeß der Auseinandersetzung zustande. Wie Seismographen registrierten wir Höhen und Tiefen, Nähe und Distanz. Ich kämpfte um die Zeit, um den Modus der Absprache, hatte gleichermaßen Angst vor Abschied und Wiederkommen.

Unsere Basis war zu der Zeit der Stil, wie wir versuchten, unseren Weg zu finden. Wir wollten beide nicht, daß das Positive aus unserer Vergangenheit durch die Art der Auseinandersetzung jetzt zerstört würde. Trotzdem hätten wir beide nicht gedacht, daß wir dazu wirklich fähig wären.

Ich schätzte an meinem Mann seine schonungslose Ehrlichkeit und die Anstrengung, mit der er sich bemühte, sein Gefühlsleben zu erkunden und mitzuteilen.

Für mich bedeutete das Verzicht auf Machtmechanismen. Meinen Schmerz, meine Angst, Verzweiflung und Traurigkeit zu zeigen, ohne damit Druck ausüben zu wollen. Zulassen können, daß die Wirklichkeit anders ist und sich für mich anders anfühlt, als man es mir beigebracht hatte. Ich hatte das Gefühl, als würde mein Herz immer wieder schmerzhaft gedehnt. Aber ich wollte auch mein Herz öffnen, offen und verletzlich sein, denn nur so bin ich empfindsam und lebendig.

Raum geben für Erfahrungen mit ›ihr‹. Um das zu können, war mir zu Anfang wichtig, ›sie‹ kennenzulernen. Ich wollte nicht mit einem Phantom umgehen, das in meiner Phantasie zur Idealfrau geworden wäre, sondern einen eigenen Eindruck gewinnen. Das war gut so. Ich stellte fest, unter anderen Umständen würde sie mich interessieren. Sie war offen, ehrlich und fair. Sie war eine Frau, die ich akzeptieren konnte.

Vor allem aber war mir seit dieser Begegnung klar, daß ich mit ihr nichts zu klären hatte. Sie konnte mir nur ›wegnehmen‹, was mein Mann ihr schenkte. Er war der Dreh- und Angelpunkt für unsere Beziehungen. Er wäre nicht mehr bei mir, wenn ich ihn nötigen würde, gegen sein Gefühl bei mir zu bleiben. Ich bekam alles, was er mir damals zu geben bereit war!

Diese schmerzliche Erkenntnis und die feste Überzeugung, daß jede Beziehung ihre eigenen nicht übertragbaren Möglichkeiten und Grenzen hat, halfen mir, in vielen schwierigen Augenblicken Abstand zuzulassen.

Auf diese Weise kamen wir uns wieder sehr nahe. Hatte ich vor Monaten bei unserem ersten Gespräch zu dritt noch gehört: »Hast du nicht verstanden, ich liebe Dich nicht mehr!?« erfuhr ich jetzt öfter, daß ich ihm wichtiger wurde. Er bekam wieder das Gefühl, zu uns, zu seiner Familie, zu gehören.

Vor Monaten wäre eine solche Aussage für mich ›der Himmel auf Erden‹ gewesen. War ich damals nicht schon dankbar, daß er nicht sofort ging? Die Gewißheit, ihm wieder etwas wert zu sein, änderte mein Erleben und meine Ansprüche. Ich war nicht mehr die Ungeliebte! Wie ausgehungert stürzte ich mich auf diesen kleinen Finger. In meiner Hoffnung war es von diesem ersten Gefühlswandel bis zur Trennung von seiner Freundin nur ein Schritt.

Es war mir ja schon längst klar, daß meine erste Priorität das Leben mit ihm war, auch wenn ich wußte, daß und wie ich gut mit den Kindern allein leben konnte. Ich wollte mich nicht von ihm trennen müssen, nur weil ich an die Grenzen meiner Belastbarkeit käme. Im Grunde wartete ich nur auf diesen erlösenden Augenblick: Sich bei der Hand nehmen, aufatmen und gemeinsam neu starten.

Doch es fiel keine Entscheidung. Ich fand sein Verhalten als ›Sich-Einrichten‹ auf der Mitte, sah auf einmal sein Bemühen um eine Entscheidung nicht mehr. Ich merkte zwar meine innere Veränderung an der Art, wie er da war und sich äußerte, aber de facto fuhr er nach wie vor drei bis vier Tage pro Woche zu ihr.

Wie am Anfang erlebte ich wieder sehr bewußt, was mir durch diese Situation aufgebürdet wurde: Ich war allein! Allein gelassen mit den Organisationsproblemen, dem Streß mit den Kindern. Ich mußte mich selbst wieder ›flott‹ kriegen, wenn ich kaputt war oder zunächst keine Lösung wußte. Denn immer dann war er nicht da. Wenn er kam, hatte ich meist schon wieder ›Haltung‹ angenommen!

Zum ersten Mal kam mir der Wunsch, mich zu trennen! Ich wollte so nicht mehr leben. Ich räumte mir und ihm noch eine Frist ein: Wenn sich die Situation bis nach der Kommunion unseres mittleren Sohnes nicht deutlich verändert hätte, sollte er zumindest auf Probe ausziehen. Heute bin ich froh, daß ich diesen ›guten Grund‹ – das Kind soll noch ein unbelastetes Fest haben – hatte.

Mein Mann reagierte betroffen und verzweifelt, fühlte sich aber auch unter Druck gesetzt. Er sah sich innerlich am Wendepunkt zurück in seine Familie, und so kurz vor einer Entscheidung sollte er sozusagen zur Trennung gezwungen werden? Er merkte: Ausziehen wollte und konnte er nicht. Er beschwor mich, doch weiter Geduld zu haben und unsere ›zarte neue‹ Basis nicht zu gefährden. Er brauche noch Zeit, um wirklich sicher seinen Weg zu finden.

Er bemühte sich in der Folgezeit sehr darum, meine Wünsche (z. B. kein gemeinsamer Skiurlaub mit seiner Freundin und unseren Kindern) oder meine Beteiligung an der Termingestaltung zu berücksichtigen. Er ging sogar so weit, seiner Freundin zu sagen, daß er nicht mehr die Absicht habe, zu ihr zu ziehen und riskierte damit, sie zu verlieren!

Ein paar Tage sah es so aus, als sei das das Ende. Aber ich empfand weder Erleichterung noch Sieg. Vielmehr beschäftigte ich mich viel mit ›ihr‹. Mußte das so sein? Ganz oder gar nicht! Dieses anerzogene Entweder/Oder in Beziehungen entspricht doch nicht den Gefühlen der Betroffenen, ja noch nicht mal meinen, die davon in diesem Fall vordergründig profitierten.

Jetzt war ich gefordert, unsere Beziehung mußte sich beweisen. Würde mein Mann die Lebendigkeit und die positive Grundhaltung, die er durch die andere Beziehung gewonnen hatte, behalten, sich weiterentwickeln können?

Nach einer Woche war klar, daß ich mit meinen Wünschen der Entwicklung schon wieder vorausgeeilt war.

Bei uns bleiben wollen bedeutete genau das, nicht mehr und nicht weniger. Aber es war keine Aussage zu seiner anderen Beziehung. Er empfand Sehnsucht, nannte das Gefühl Liebe und war sichtlich erleichtert, daß seine Freundin trotz dieser Begrenzung auch nicht aus der Beziehung herausfand.

Enttäuschung für mich. Alles ging von neuem los, wenn auch auf anderer Basis. Das Damoklesschwert der Totalbedrohung hing nicht mehr über mir.

Trotzdem bedeutete das neue Verletzungen, Überwinden der egoistischen Enge, Alleinsein und Traurigkeit. Erneute Anstrengung. Und ich fühlte mich doch so müde!

Hieß es nun also beide Beziehungen nebeneinander und vielleicht irgendwann mal eine Trennung von ihr?

Seit das Stand der Dinge war, hatte ich den dringenden Wunsch nach Kontakt mit ihr. Schon vorher hatte ich diesen Impuls verspürt, aber aus Angst, damit die Beziehung irgendwie zu fördern, darauf verzichtet.

Einerseits interessierte es mich wirklich sehr, wie sie dieses dreiviertel Jahr erlebt hatte, zum anderen wollte ich nicht weiter außen vor bleiben. Ich wollte beteiligt sein, auch von ihr zur Kenntnis genommen werden. Vielleicht würde ich mal eine eigene Beziehung zu ihr haben?!

Wir trafen uns allein zum Essen. Es war ein gelungener Abend. Unser Gespräch war offen und ehrlich. Unsere gegenläufigen Hoffnungen und die Frage nach der Lösung blieb. Skepsis bei ihr, viel ›Wollen‹ bei mir, trotz allem Vertrauen wagen, mich, meinen familiären Rahmen noch mehr öffnen. Die polare Beziehung sollte zur Dreiecksbeziehung werden.

Ich kam mir auch toll vor, daß ich soviel zulassen konnte! Ruhte mich auf den Lorbeeren meiner großzügigen Initiative aus. Erwartete nun von meinem Mann und von ihr, daß diese Saat aufging.

Ein Vormittag zu dritt und ein paar Telefonate waren zunächst das einzige, was geschah. Ich blieb weiterhin draußen. Ich war enttäuscht. Wollte ich wirklich Raum geben, oder war mein eigentliches Interesse Kontrolle und Ummünzen der Beziehung zu einer Familienfreundschaft gewesen? Gewann ich die Liebe meines Mannes nicht nur über diese ›Toleranz‹?

Kaum drei Wochen vergingen und die Nagelprobe für mich war da. Mein Mann kam plötzlich ins Krankenhaus.

In dieser Belastungssituation kam ich recht bald an meine Grenzen. ›Ihre‹ Sorge für ihn in Form von Anrufen, Besuchen, Briefen und Blumen konnte ich zwar kopfmäßig verstehen, aber psychisch nicht ertragen. Ich reagierte psychosomatisch und machte mir Luft, indem ich für sie dicht machte. Ich wollte und konnte nicht mehr. Das Unverständnis meines Mannes für meine Empfindungen störte unsere Beziehung sehr und ließ mich die Grenzen immer schärfer ziehen. Von ihr fühlte ich mich ignoriert und verrannte mich noch mehr.

Die Schonzeit nach der Entlassung war auch eine Zeit harter Auseinandersetzungen. Mir graute vor dem Tag, an dem er wieder zu ihr fahren würde. Ich war am absoluten Tiefpunkt. Physisch und psychisch erschöpft, war mir mein Leben nichts mehr wert. Auf der anderen Seite rang ich mit meinem Mann um die Entscheidung. Wenn es für ihn so klar war, daß er bei uns leben wollte, warum konnte er angesichts meines desolaten Zustandes nicht endlich Schluß machen?

Der Sommerurlaub stand bevor und ich hoffte, daß die Klärung noch vorher kommen würde. Eine unbeschwerte Zeit zum Erholen und zum Neuanfang erträumte ich mir.

Unter dem Druck der Ereignisse war mein Mann fast so weit. Er spürte, wie ihn das geteilte Leben auch innerlich zerriß, war immer öfter froh, wieder daheim zu sein. Da waren zwar immer noch seine Gefühle, vor allem auch Schuldgefühle und Traurigkeit, diese Liebe nicht ausleben zu können, sie zu verletzen. Es kam schließlich zwischen den beiden zum Eklat: Sie ertrug es nicht länger und machte Schluß.

Erleichterung und Nähe zwischen uns, als er nach dieser Auseinandersetzung nach Hause kam. Dieses Mal glaubte ich wirklich daran!

Seine nächtlichen Alpträume zeigten mir jedoch, daß es noch nicht alles war. In mir machte sich Angst breit, diese Belastungsprobe nicht zu bestehen. Auch seine Freundin merkte, daß der Schluß nicht Schluß war, sondern ihr verzweifelter Versuch, sich aus dieser unerträglichen, ausweglosen Situation zu befreien. Die beiden redeten, redeten, redeten, um schließlich ohne Lösung mit der offenen Frage in den getrennten Urlaub zu fahren.

Ich erleide den neuerlichen Umschwung, will mich nicht mehr aufraffen müssen. Soll das denn nie enden? Immer wieder dieser flammende Schmerz, die Abwehr, Aufbäumen gegen die erneute Zumutung.

Irgendwann finde ich den Übergang zum Hier und Jetzt: Der Urlaub wird, wie ich mir gewünscht habe, ungestört, harmonisch, mit viel Spaß und Nähe aneinander.

Aus der Distanz kann ich meine Reaktionen überdenken, erkennen, daß ich meinen eigenen Ansprüchen nicht gerecht geworden bin. Ich spüre, wie mich meine Abwehr starr macht und meine Lebendigkeit behindert. Ich kann nur im Fluß bleiben, wenn ich als notwendig und richtig Erkanntes auch umsetze. Mühsam mache ich mir klar, daß ich das für mich tue. Mein Handeln kann nicht davon abhängig sein, was ›sie‹ zum Beispiel darüber denkt, oder ob ›sie‹ nun die von mir gewünschte Reaktion zeigt. Also noch einmal die Öffnung wagen, mit mehr Skepsis mir selbst gegenüber, vorsichtiger im Umgang und in den Phantasien über die Möglichkeiten.

Aber die Rückkehr ins Dreieck nach der unbeschwerten Zeit fällt mir unendlich schwer. Ich schwanke zwischen Dichtmachen und Zulassen. Die Gefühle wechseln ständig. Dann kommt plötzlich nach dem zigsten Gespräch der Sprung ins kalte Wasser. »Verabrede was, ich will's noch mal versuchen.«

Nun versuchen wir's immer wieder, vorsichtig, alle suchend den Weg da raus oder rein (?) zu finden.

Mir dämmert, daß ich an der Schwelle bin, ihre Liebe gleichrangig neben unserer Liebe zuzulassen. Mir sind so viele tief verwurzelte Einstellungen abhanden gekommen. So vieles war im Erleben ganz anders. Worauf also kann ich mich bei all dem verlassen? Doch nur auf meine eigenen Gefühle und Wahrnehmungen!

Es ist keine wünschenswerte Situation. Aber sie ist so und wird nur unerträglich, wenn ich irgendwas daran leugnen will. Es ist, was es ist – sagt die Liebe.

Wenn ich mich auf die Realität, damit auch auf die Liebe einlasse, spüre ich mich, lebe ich und unser Beziehungsdreieck lebt und entwickelt sich auch. Wohin, das wird der Reifungsprozeß zeigen. Ich fühle mich auf einem guten Weg, andere sagen schlicht: Wie lange willst du dich noch passend machen?

Friedrich

Ich entdeckte die Untreue meiner Frau durch Zufall. Als Gymnasiallehrer habe ich einen geregelten Zeitplan. Ich bleibe täglich bis zur sechsten Stunde an der Schule, esse in einer kleinen Snack-Bar im Stadtzentrum und verbringe weitere zwei Unterrichtsstunden am Gymnasium. Vor 16.00 Uhr kehre ich im Regelfall nicht nach Hause zurück.

Christina, meine Frau, ist eine Frau mit heftigen, leidenschaftlichen sexuellen Bedürfnissen. Sie liebt es, bereits vor dem Aufwachen mit mir intim zu sein und erwartet mich mittags oft schon auf dem einladend hergerichteten Sofa. Da wir keine Kinder, also auch keine Zuschauer zu befürchten haben, geben wir uns einander stets dort hin, wo uns die Lust übermannt. Da ich sexuell weniger aktiv bin als Christina, endeten unsere Liebesbegegnungen jedoch manchmal mit einer leichten Verstimmung. Christina war unersättlich, ich hingegen meist nur für einmal gut.

An diesem bewußten Tag nun kehrte ich völlig überraschend bereits um 14.00 Uhr heim, da ich mich an der rechten Hand verletzt und erhebliche Schmerzen hatte. Ich hätte stutzig werden müssen, Christinas Kleidungsstücke im Wohnzimmer verteilt zu sehen. Doch erst eindeutige Laute aus dem Schlafzimmer fielen mir auf.

Ich riß die Tür auf: Christina und ein mir wohlbekannter Freund unserer Familie erlebten soeben miteinander einen sexuellen Höhepunkt. Beide waren so verzückt, daß sie mich nicht bewußt bemerkten, sondern eifrig weitermachten.

Wut und der Drang, den Kerl auf der Stelle aus dem Bett meiner Frau zu zerren, aber auch eine heftige sexuelle Erregung, überkamen mich. Letztere steigerte meine Wut noch mehr, weil ich dies nicht erwartet hatte, dennoch drehte ich mich nur auf dem Absatz um und raste mit dem Auto auf und davon.

Irgendwo an einer Straßenbucht hielt ich an, flennte mir Wut und Schmerz und Enttäuschung von der Seele. Ich hätte beide Hände für Christina ins Feuer gelegt und nun dies! Natürlich wußte ich, daß so ziemlich jeder ein Liedchen von Untreue zu singen hatte. Trotzdem hatte ich mir eingebildet, uns könne nichts anfechten!

Gegen Abend hatte ich mich so weit in der Hand, daß ich Christina ohne Mordlust begegnen konnte. Ich fuhr also heim.

Christina saß wartend vor dem Kamin. Die Blässe stand ihr gut. Als sie die Arme um mich legen wollte, wich ich zurück. »Es ist doch nur wegen dem Sex«, sagte sie. »Du gibst mir so wenig. Und er ist so gut. Versteh mich doch, bitte!«

Ich verstand nicht. Wir stritten tage- und nächtelang. Endlich versprach Christina, mit ihrem Geliebten auf der Stelle Schluß zu machen. Aus Erfahrung weiß ich, daß sie ein gegebenes Wort nie brechen würde.

Unsere Ehe pendelte sich scheinbar wieder ein. Christina ist sehr verführerisch. Ich kann ihr nichts abschlagen, auch nicht die Liebe. Dennoch ist in unsere Beziehung ein Bruch getreten. Nichts wird mehr sein wie es war.

Wenn ich heute eine schöne Frau sehe, die ich begehre, versuche ich Sex mit ihr zu treiben. Ich habe deswegen kaum Schuldkomplexe. Es war Christina, die unsere Ehe brach; und was kaputt ist, kann nicht mehr zerstört werden.

Ich wünsche mir auch keine Kinder mehr mit Christina. Wäre ich sicher, der Vater zu sein? Dürfte ich dem trauen?

Ob Christina mich immer noch betrügt, weiß ich nicht genau. Ich glaube aber, sie hat diesen Kerl in Wahrheit nie aufgegeben und liebt ihn immer noch. Wie sie mir gestand, trieben sie's schon drei Jahre miteinander. Das läßt sich nicht einfach wegschneiden. Ich mache mir nichts vor.

Man könnte sagen, meine Ehe ist gescheitert. Jedenfalls scheint es so. Trotzdem werde ich daran festhalten. Ehe ist eine ernste Sache. Ich habe vor dem Altar gelobt, mit Christina durch dick und dünn zu gehen. Zur Zeit kommt's nun mal knüppeldick. Irgendeinen Sinn wird's schon haben. Vielleicht war ich in Gottes Augen zu affenartig stolz auf meine schöne Frau?

Eine Ehe hält für mich bis ans Ende der Tage. Ich würde sie nie auflösen. Ein Wort muß ein Wort bleiben. Christina und ich müssen eben versuchen, uns mit den Tatsachen abzufinden und unser Denken ändern. Leicht ist es nicht, aber mit etwas gutem Willen sicher zu schaffen.

Elvira

Es begann vor acht Jahren. Damals lebte ich in Wohngemeinschaft mit einer Freundin, die langsam aber sicher zur radikalen Lesbe wurde. Zwar hatte ich ihr zuliebe zunächst eine Einpassung in Lesbenkreise gesucht, wurde dort aber wegen meiner Neigung zu Männern ausgegrenzt. Die Freundschaft zu meiner Freundin litt sehr darunter. Wir hatten uns einfach auseinanderentwickelt.

Ich versuchte eine Neuorientierung und setzte ein Inserat in die Zeitung:

*1. Anzeige: Das Leben ist zum Kotzen, wo man hinguckt, stößt man auf Widerstände. Inzwischen bin ich in dem ständigen Kampf bissig und unausstehlich geworden. Deshalb hat mich auch keiner lieb. Der Hunger nach Zärtlichkeit macht mich noch wahnsinnig. Wer möchte mit mir an einer Partnerschaft arbeiten? Ich glaube, zu zweit geht alles leichter. Ich bin 21 Jahre alt, weiblich und leicht feministisch. Du solltest nicht älter als dreißig sein, egal ob männlich oder weiblich. PS: Ich glaube nicht, daß sich überhaupt jemand meldet, ich schreibe dies nur aus Langeweile und Frustration. Zuschr. erb. u. P 000667**

30 Zuschriften kamen. Zwei davon blieben übrig: Kai und Britta. Kai schrieb, er sei zu jung, zu unattraktiv, richtig bürgerlich-arbeitsam, recht konventionell gekleidet, dabei weder stark in salbungsvollen Sprüchen noch Marx-Maximen. Alles, was ihn von den anderen Spießern unterscheide, sei seine Denkweise. Ich muß zugeben, seine lockere Schreib- und Ausdrucksweise interessierten mich. Ich nahm Kontakt auf.

Britta erreichte die von mir angepeilte 30-Jahre-Marke auch nicht. Sie war erst zwanzig, blond, nicht gerade schlank, geplagt von Minderwertigkeitskomplexen und Hemmungen, denen sie ihre Einsamkeit zuschrieb. Britta wurde meine Freundin, meine Verbündete. Wir trafen uns in links angehauchten Cafés, redeten nächtelang. Ich mochte sie sehr.

Mit Kai ließ sich der Kontakt schwieriger an. Er war verwöhnt, anspruchsvoll und noch Jungfrau. Es dauerte lange, bis sich aus Kinobesuchen, Gesprächen und gemeinsamen Abendessen – ich kochte – die erste Matratzenszene ergab. Anfangs war alles meine Initiative. Ich mußte vorbereiten, erklären, zeigen, denn Kai hatte im Sexualkundeunterricht offensichtlich gepennt. Außerdem war er von Sex anscheinend nicht begeistert. Das änderte sich jedoch deutlich. Und aus unserer losen wurde eine feste Beziehung, bei der Kai zu mir kam, sobald ich das Essen fertig hatte.

Irgendwann wollte Kai dann wissen, ob ich auf Treue Wert legte. Ich sagte nein, weil ich glaubte, bei seiner Umstandskrämerei und Ungeschicklichkeit käme es ja doch nie zu einer anderen Beziehung. Meine wahren Wünschen, daß er mir treu bleiben solle, teilte ich ihm nicht mit. Er aber dachte nicht an Rücksichtnahme.

So gab es zum Beispiel einige feste Brieffreundinnen. Eine davon wurde Kais erster Seitensprung. Sie reisten gemeinsam zum Zelten ans Nordkap. Als sie zurück waren, bedankte Kai sich bei mir für die durch mich erfahrene sexuelle Aufklärung, ohne die der Urlaub nur halb so schön gewesen wäre.

Ich war eifersüchtig und tief verletzt, gab mich aber cool. Im Grunde hatte ich mich ja bloß selbst ›drangekriegt‹, weil ich Kai Untreue erlaubt hatte. Ich versuchte, mich als seine Vertraute zu sehen, die alles wissen, alles verstehen wollte, die nie böse wurde.

Britta erlebte alles aus meinem Munde mit. Sie fing an, Supervision zu machen, reagierte an meiner Stelle. Ich ließ quasi leben. Das heißt, ich erlebte in meiner Phantasie mit, was Kai und Britta mir vorlebten, mich wissen ließen. Aus eigener Kraft erlebte ich nichts.

Britta bedeutete mir sehr viel. Aber ihre hochproblematische Art setzte mir zu. Sie hatte körperliche Berührungsängste. Ich hingegen hegte verstärkte Berührungswünsche, ohne lesbischen Bezug. Die Unehrlichkeit ihrer unterdrückten Gefühle quälte mich. Nie wußte ich, woran ich wirklich mit ihr war. Ich begriff und wollte es dennoch nicht wahrhaben, daß diese körperliche und seelische ›Distanz‹ Brittas Masche war, ihre Art eben, sich interessant zu machen.

Natürlich wußte Britta von Anfang an über Kai und mich Bescheid. Eine echte Dreiecksgeschichte wurde jedoch erst daraus, als Britta in unsere Wohngemeinschaft einzog. Da Kai bei mir lebte, mußten er und Britta sich begegnen. Bald schon lief Kommunikation zwischen Kai und mir sehr oft nur noch über Britta als Vermittlerin. Und ebenfalls bald entwickelte sich eine Romanze zwischen ihnen beiden.

Ich fragte Kai, was er denn eigentlich wolle. Er antwortete: »Mit Britta schlafen oder mit ihr eine Liebesbeziehung haben.«

Es schmerzte mich nicht, daß Kai Britta lieben wollte. Schließlich liebte ich sie auch. Und manchmal war mir zumute, als betröge ich Britta mit Kai, weil ich vor ihrer Nase mit ihm lebte, eine echte Beziehung hatte. Es kam auch oft vor, daß ich Britta gern gesagt hätte, daß ich sie liebte. Aber ich wußte nicht, wie anfangen. Ich konnte doch nicht tun als wäre ich ein Mann und ihr einfach sagen: »Du, ich . . .« Britta hat so was sicher erwartet. Es gab eine Zeit, wo wir wohl jede gern auf so eine Liebe eingegangen wären, wenn wir bloß unsere verdammten Hemmschwellen hätten überwinden können.

Es gibt da eine Seite in meinem Tagebuch. Da steht: »Was hab' ich im Kopf? Britta, Britta, Britta . . .« Nur ihren Namen, ein ganzes Blatt voll! Und danach: »das ist Wahnsinn, was ich eben gemacht habe. Auch Wahnsinn sollte festgehalten werden. Ich bilde mir ein, sie zu lieben und leide darunter. Sie würde mich nicht lieben, bilde ich mir ein. Ich würde ihr auf die Nerven gehen. Neulich sagte Britta in einem Gesprächskreis, ich würde sie ganz schön vollabern. Da hatte ich Angst. Oder soll ich sagen, sie tat mir weh? Keine Gelegenheit zu sagen, ich hab' dich lieb. Beide wissen's, keine glaubt's. Wir sind einander so unsicher. Ich frage sie, was sie morgen macht, und sie sagt, sie zieht um. Und fragt mich, was ich morgen mache. Das meine ich mit einander unsicher sein.«

Ich verstand wirklich, daß Kai Britta liebte. Trotzdem schmerzte es mich. Ich spürte da eine Bedrohung für mich. Um jeden Preis wollte ich Kai behalten, eine Trennung vermeiden, die mir nur meine eigene Unzulänglichkeit bewiesen hätte. Typisch für mich, daß ich wieder nicht darüber reden konnte.

In der Folgezeit lebte ich kein Eigenleben. Ich ließ mir Kais und Brittas Erlebnisse erzählen und in mich projizieren. Ich durchlebte ihrer beider Leben und versäumte, ich selbst zu sein. Mit Spannung und Schadenfreude erlebte ich Kai als Brittas Schoßhündchen und genoß es, daß sie für ihn wie für mich die unerreichbare Traumfrau zu bleiben schien. Als Kai tatsächlich mit Britta schlafen durfte, ging für mich ein ganzes Planetensystem unter.

Vielleicht war es ›die Rache des Kaninchens‹, als ich plötzlich ungewollt von Kai schwanger wurde? Ich nahm zwar die Pille, vergaß sie aber oft, und Kai, der mich daran erinnern sollte, dachte nie so weit. Britta war die erste, die ich informierte. Ich freute mich, schwanger zu sein. Britta riet mir zur Abtreibung; in Holland sei's ganz okay.

Britta erzählte Kai von seinen Vaterfreuden, nicht ich! Er unterstellte mir die Schwangerschaft prompt als miesen Versuch, ihn einzufangen. Bis heute konnte er sich nicht für oder gegen sein Kind entscheiden!

Britta entschloß sich zu einer Reise. Während ihrer

Abwesenheit sollte Kai klar Standpunkt beziehen. In dieser Zeit entstand fast eine neue Beziehung zwischen Kai und mir. Wir hatten ja etwas gemeinsam: Sehnsucht nach Britta. Wie uns das Bibbern, ob sie wiederkäme, verband!

Eines Tages ertrug ich diesen ganzen undurchsichtigen Beziehungsdschungel nicht mehr und machte Schluß mit Kai, warf ihn buchstäblich aus meiner Wohnung.

Die Geburt kam. Britta stand mir bei. Sie hat viel für mich und mein Kind getan. Dennoch konnte ich mich nie auf sie verlassen. Ich wagte aus Angst nicht, Britta zu bitten, sie hätte ja ablehnen können, mir eine liebe Illusion rauben. Britta wiederum lehnte meine Erwartungshaltung ab und wollte sich auf nichts festlegen. Sie half, wann sie wollte, nicht aufgrund von Vereinbarungen.

Kai besuchte Britta weiterhin. Ich schaffte es nicht, ihre Beziehung mit anzusehen. Ich litt nicht wegen Kai. Ich litt um Britta und an meiner nie wirklich geliebten Beziehung zu ihr.

Kais Liebe hinderte Britta nicht, viele andere Freunde zu genießen. Er blieb ihr Lust-und-Laune-Objekt, übte sich in Toleranz und Geduld.

Zwischen Britta und mir häuften sich jedoch schmerzliche Mißverständnisse. Kai schien uns als ›Schmerzmittel‹ in unseren Differenzen zu fehlen. Es schmerzte bis zum Wahnsinn, Britta zu verlieren.

Aber sie zog aus unserer Wohngemeinschaft aus. Ich blieb mit meinem Kind allein im Haus zurück.

Mit Kai verbinden mich heute noch die Unterhaltungszahlungen für mein Kind. Ich hätte gern gesehen, daß er es regelmäßig besucht. Leider blieb Kais Ambivalenz wie immer. Heute dränge ich ihn nicht mehr. Wenn wir einander begegnen, nur durch Zufall.

Auch die Bindung an Britta hat gelitten. Wir pflegen eine flüchtige Freundschaft, mehr nicht.

Seit einiger Zeit gibt es einen anderen Mann in meinem Leben. Wir verstehen uns sehr gut. Aber manchmal packt mich so das schlimme Empfinden, daß man am meisten liebt, was die größten Probleme und Schmerzen bereitet.

Elisabeth

Kurzer Auszug aus meinem Leben:
– als Kind mißhandelt, vergewaltigt
– kam mit fünf Jahren in ein Kloster
– mit 12 Jahren in ein gemischtes Heim (sogar mit Fachpersonal für sexuell mißbrauchte Kinder und Jugendliche!)
– Schulabschluß – Mittlere Reife
– Fachstudium
– Lehre

Von Geburt an wurde mir der Wohlstand nicht in die Wiege gelegt und somit fehlte mir die wärmende Hand, die Geborgenheit, das familiäre Auge überhaupt. Und natürlich das nötige Eigenkapital, um in meinem Beruf weiter zu kommen.

Ich suchte mir extra Berufe aus, wo ich möglichst wenig mit Menschen zu tun hatte. Aber ausgerechnet in meiner Berufssparte kam ich mit den ›Ich-bin-was-Besseres‹ zusammen. Der Grund, weshalb gerade solche Berufe?

Höchstwahrscheinlich, weil ich von klein an von den Menschen nur enttäuscht wurde. Und nach langer, harter Arbeit, wenn ein Vertrauen hergestellt worden war, tauchte immer wieder jemand auf, der mir meine Vertrauensperson wegnahm und alles kaputt machte. Jedesmal, wenn ich einen Menschen liebgewonnen hatte, kam ein anderer und zerstörte diese Liebe.

Mein Leben lang hatte ich das Gefühl, etwas suchen zu müssen, nur was, wußte ich nicht.

Und am 26. Januar 1987 war dieses Gefühl weg. Da lernte ich einen jungen Mann kenen, er war und ist noch Taxifahrer. Es war plötzlich ein Gefühl da, als würde ich diesen Mann schon ewig kennen. Einen Tag später rief er schon bei mir in der Arbeit an und lud mich ein. Von da an sahen wir uns fast jeden Tag! Vom Tag des Kennenlernens an, meinte ich, Tagebuch führen zu müssen. Ich hatte das Gefühl, nicht mehr ich selbst zu sein.

Dann erfuhr ich, daß er verheiratet ist. Wir sprachen darüber, wobei er mir mitteilte, daß er bereits seit längerer Zeit von seiner Frau getrennt lebe, aber in derselben Wohnung, weil er noch keine andere gefunden hätte.

Ich habe alles geschluckt, sagte ihm daraufhin nur, daß ich keine feste Bindung mit ihm eingehen möchte, bis er seine Angelegenheit für sich auf der Reihe habe. Dann erst könne er neue Pläne machen. Er wollte mir beweisen, wie ernst er es meine mit mir, und wollte, daß ich mit ihm zu einem Anwalt mitginge. Er wollte sogar den Scheidungstermin vorverlegen lassen. Seine Frau war auch damit einverstanden. Um seine Liebe zu mir zu beweisen, versetzte er sogar seine Eheringe.

Doch das Glück, nach dem ich so lange gesucht hatte, verließ mich schon nach sehr kurzer Zeit, denn nicht einmal zwei Monate später kam mein Freund nicht nach Hause. Ich lag die ganze Nacht wach. Ahnte, was geschehen war und daß ich jetzt Schlimmeres erleiden müsse als je zuvor!

Am nächsten Tag stand er mit seinem Bruder, der wahrscheinlich als Anstandswauwau mit dabei war, vor der Tür, um seine Sachen abzuholen. Er ging also wieder zurück zu seiner Frau. Ich versuchte ihm die Entscheidung auch gar nicht auszureden, sondern habe ihn in seiner Entscheidung noch bestärkt, weil ja immerhin schon ein Kind von fünf Jahren da war.

Doch schon vier Tage später kam er zu mir zurück, um sich mit mir zu versöhnen. Er täuschte dabei eine verletzte Hand vor und ließ dies (Versöhnung) über eine Freundin laufen, über die er zu mir Kontakt aufnahm. Das Spielchen ging einige Male hin und her, wobei ich immer versucht habe, mich möglichst aus seiner Entscheidung rauszuhalten und ihm sogar noch freundschaftliche Tips gab, seine Ehe zu retten und diese nicht zu beenden, schon des Kindes wegen. Doch er log jeden an und täuschte alle und schaffte es somit, eine Menge Leute eine ganze Weile hinzuhalten.

Seine Beziehung zu mir schien sich dann doch zu stabilisieren, und wir suchten zusammen eine größere Wohnung. Eine innere Stimme sagte mir: Sei doch nicht so mißtrauisch, wird schon gutgehen. Eine andere hielt dagegen: Selbst wenn nicht, kann mir niemand die Zeit nehmen, die ich genossen und geliebt habe. Er äußerte den Wunsch, mit mir zusammen ein Kind haben zu wollen. Am 31. März stellte der Arzt dann meine Schwangerschaft fest.

Er wußte von Anfang an, daß ich schwanger war und wollte es ja auch. Er fuhr mich sogar zweimal zum Frauenarzt von der Arbeit aus. Sogar sein Chef wußte Bescheid. Doch der hielt sich aus allem heraus. Bei ihm war die Situation auch nicht viel besser.

Er blieb wieder einige Zeit weg, und kam dann mit der Ausrede, er müsse von allem erst einmal Abstand gewinnen. Ich befürwortete auch diesen Einfall mit der Äußerung, sich aber eine eigene Wohnung zu nehmen und erst mal selbst, alleine, alles auf die Beine zu stellen und in Ordnung zu bringen!

Er sagte ja und habe auch schon vorgesorgt. Er ziehe zu seinen Eltern, die sich wohl derzeit auch in einer Krise befanden und jetzt getrennt leben. Aber ich wußte genau, daß auch dies eine Ausrede gewesen war, schon bevor er nur diesen Satz zu Ende gesprochen hatte.

Er fand jedenfalls immer die passenden Ausreden und wurde nie verlegen, wenn ich diese Ausreden ihm vorweg nahm. Seine Bemerkung daraufhin, ich könne ja Hellseherin werden.

Ich hatte zwar von Anfang an ein Gefühl in mir, als wenn mein Glück nicht lange anhalten würde. Ich sagte mir aber dann, Elisabeth, du darfst trotz deiner vielen negativen Erlebnisse nicht alles negativ sehen.

Er blieb mehrmals fern. Ich wartete vergebens, schlief nächtelang nicht, konnte kaum noch Luft holen. Sobald ich nur ein Taxi sah, blieb mir der Atem weg. So langsam fing ich an zu begreifen, daß dieser Mann für mich wie zu einer Sucht geworden war.

Nach einigen Wochen stieß er wieder über Freunde zu mir. Er versuchte, mir die Situation klar zu machen, warum er nicht zu seinen Eltern gezogen, sondern bei seiner Frau wohnen geblieben war. Sagte, er würde dort auch weiterhin wohnen bleiben, bis er eine Wohnung gefunden habe. Er versuchte mir auch klar zu machen, wie sehr er mich liebe. Letzten Endes wäre ich zu schade für ihn. Er wolle mich auf keinen Fall verlieren und und und ...

Ich solle doch noch Geduld haben.

Zwischenzeitlich hatte ich meine Arbeit aufgegeben und erwartete drei Monate später meinen neuen Arbeitsbeginn, den ich aber durch meine Schwangerschaft nicht mehr antreten konnte. Also war ich damit arbeitslos und bekam auch kein Arbeitslosengeld, weil ich ja selbständig gekündigt hatte und vorher auch noch freiberuflich tätig gewesen war. So wurde ich zum Sozi alfall. Die Wohnung, die ich mit meinem Freund seinerzeit bewohnte, gehörte seinen Freunden. Ich beantragte wohl zu diesem Zeitpunkt schon Sozialhilfe, aber das erste Geld sah ich im Juli. Zu diesem Zeitpunkt hatte ich noch zwei Hunde, an denen ich sehr hing.

Am 15. Mai des letzten Jahres saß ich von einer Minute zur anderen auf der Straße. Meine Sachen wurden mir von den sogenannten Freunden einfach auf die Straße gestellt. Ich hatte keinen Pfennig Geld.

Meine Tiere mußte ich schweren Herzens ins Tierheim geben.

Die Freunde, die ich zu haben meinte, hatte ich von heute an nicht mehr. Kein Amt, keine Behörde fühlte sich für meine Situation zuständig. Ich drohte sogar auf den Ämtern, mir das Leben zu nehmen, wenn sie mir nicht helfen würden, eine Unterkunft zu finden, aber die Herrschaften auf dem Amt äußerten sich, wenn ich dies für eine Lösung halten würde, sollte ich dies tun.

Ich kämpfte um mein Leben und um das Leben meines Kindes und tue es noch!

Kurz bevor ich aus der Wohnung rausflog, kam mein Freund abermals zurück. Es sah so aus, als ständen meine Karten ganz günstig. Zu diesem Zeitpunkt gab er jedoch eine Äußerung von sich, die mich schwer nachdenklich machte. Er sagte, er würde mit mir und seiner Frau gerne zusammen an einem Tisch sitzen. Wobei er dieses auch durch gewollten Zufall so einfädelte. Und er sich dabei anscheinend ganz wie zu Hause fühlte.

Während meiner Schwangerschaft mußte ich achtmal umziehen. Von dem Tag an, wo mein Freund seine Sachen abholte, bekam ich Erstickungsanfälle. Ich mußte ständig an ihn denken. Ich konnte nicht schlafen, nicht essen, nicht atmen. Ich wußte, ich mußte was dagegen tun, sonst würde ich kaputt gehen und ich fand eine Lösung. Wohl keine Ideallösung, aber ich wußte, daß ich zumindest erst einmal schlafen mußte; und somit genehmigte ich mir eins-zwei-drei Gläschen Alkohol. Das geschah eine Woche lang. Immer, wenn ich an ihn dachte oder erinnert wurde, genehmigte ich mir einen Schluck.

Nach einer Woche war ich ganz normal fähig, diese Situation, meine Situation, zu bewältigen!

Ich versuchte dann, den Vater meines Sohnes einige, mehrere Male zu erreichen, sei es im Geschäft, privat per Post, ihn unterwegs abzufangen. Er wich mir überall aus.

Wir trafen noch einmal bei seinen Freunden zusammen, wobei er, in Gegenwart seiner Freunde und einem Bekannten von mir, am Telefon äußerte, daß er zu seinem Kind und zu der Situation stünde! Ich ließ ihm daraufhin sogar nochmals freie Wahl, ob er dieses Kind wirklich haben wolle oder ob ich es lieber abtreiben lassen solle. Er äußerte sich dazu: Es wäre alleine meine Angelegenheit! In mir brach zu diesem Zeitpunkt aber auch alles zusammen. Wir schliefen sogar noch einmal miteinander, wobei er mir danach gestand, jetzt wieder bei seiner Frau etwas zu empfinden, wenn er mit ihr schliefe. In diesem Moment empfand ich mich total ausgesaugt! Als ich zu ihm keinen Kontakt mehr bekam, teilte ich ihm schriftlich mit, daß ich einen Anwalt einschalten müsse, wenn er nicht fähig wäre, seine Angelegenheiten und das Leben seines zukünftigen Kindes zu regeln. Ich gab ihm hiermit abermals eine Gelegenheit, die Dinge im leidlich Guten zu regeln. Nichts passierte.

Mein Anwalt erreichte auch nichts weiter, als daß der Vater meines Kindes sich bei ihm persönlich meldete und ihm Versprechungen machte zu zahlen. Genau wie auf den Ämtern auch. Aber er zahlt nicht. Für mich bedeutete dies ständige Rennereien und andauernde Neuanträge und Telefonate usw.

Die Ämter meinen, das wäre Amtsangelegenheit, nicht Angelegenheit des Anwalts, also unternimmt mein Anwalt nichts.

Schlimm war auch die Zeit, kurz bevor ich ins Krankenhaus ging, ich hatte schon drei Monate vorher Wehen, und natürlich Angst, mein Kind zu verlieren. Hatte kein Telefon, stand kurz vor meinem Umzug!

Und dann, wie mein Sohn geboren war, war niemand da, der an unserem Glück teilnahm!!!

Übrigens: Mein Sohn kam im November 1987 zur Welt, und in diesem Jahr, im Juli wurde der Vater von meinem Sohn nochmals Vater. Er bekam mit seiner

Frau ein Trösterchenkind! Sie verfluchte nämlich schon das erste Kind!

Es ist im vergangenen Jahr soviel vorgefallen, so daß ich gar nicht mehr alles nachvollziehen kann und manchmal wirklich selber darüber staune, wie ich dies bisher alles doch selbst bewältigen konnte. Und es liegt noch eine ganze Menge vor uns. Dies macht mir sehr viel Angst, weil es mich ja nun nicht mehr alleine betrifft, sondern mein Kind mit.

Vor allen Dingen habe ich vor einer neuen Beziehung Angst, Angst davor, mein Sohn müsse Niederlagen miterleben.

Außerdem hätte ich auch gar keine Kraft und Energie für eine Beziehung. Und das bißchen Energie, was noch da ist, nimmt total mein Sohn in Anspruch, wobei ich auch gar nicht bereit bin, von diesem bißchen Energie auch nur ein bißchen zu opfern – für eine Niederlage.

Ich könnte noch eine Menge mehr schreiben, aber da kämen wir zu überhaupt keinem Ende mehr.

Abschließend noch ein Gedicht, welches ich meinem Freund schrieb, während ich mit ihm zusammen lebte.

Ich war ganz erstaunt, daß in mir ein kleiner Dichter steckt.

Unnahbar – Unberührbar!
So wie ein Windhauch
wehtest Du in mein Leben
zart und sanft
still und leise
obgleich ich Dich zuerst kaum bemerkte.

Oft denke ich,
wärst Du laut und ungestüm,
hätte ich nie dieses Gefühl gespürt.
Dieses Gefühl von unglaublicher Zärtlichkeit
in Deiner Nähe.

Wenn ich Dein trauriges Lächeln sehe,
würde ich so gerne wissen,
was Dich bewegt.

Doch Dich umgibt ein
Mantel von Melancholie,
den ich nicht zu durchdringen wage.

Du bist Unnahbar – Unberührbar –
und trotz alledem
zum Greifen nah.

Zum erstenmal spüre ich Leben und Liebe in mir.
Eine Stimme spricht zu mir.
Ich beginne das Leben zu lieben.
Ich fühle mich wie eine Blume,
die ihre Blütenblätter aufgeschlagen hat, um
Liebe zu tanken
oder wie eine Schmetterlingspuppe,
die sich gerade entpuppt.
Und Du mit Deiner Liebe entpupptest mich.
Es ist ein unbeschreiblich schönes Gefühl,
geliebt zu werden
und Liebe wieder geben zu können!

Seitensprung – Nur Lust an der Lust?

Erich Kästner läßt in seinem ›Fabian. Die Geschichte eines Moralisten‹ eine Liebende ausrufen: »Aber daß ich dich liebhabe, das ist meine Sache, hörst du? Und es geht dich nichts an.«

Sicher ein wenig überpointiert, wird damit dennoch der Hauptnenner einer jeden Liebesbeziehung klar herausgehoben: Es gibt keine Garantie für dauerhafte Liebe; keiner ist Herr der Gefühle eines anderen; das heißt, keiner kann Liebe erzwingen, noch über sie verfügen. Sie ist wie eine Leihgabe, jederzeit aufkündbar, abhängig in ihrer Verlängerung von der Bereitschaft des Verleihers. Daß diese Bereitschaft aufgrund der Bemühungen des Gegenpartners wachsen oder schwinden kann, wird von Kindesbeinen an erfahren.

Anneliese Heigl-Evers und Franz Heigl listen in ihrem Buch ›Lieben und Geliebtwerden in der Ehe‹ eine Übersicht über das Liebeserleben als Problem von Nähe und Distanz auf:

Übersicht über das Liebeserleben

(Problem von Nähe und Distanz)

A. Das Bedürfnis nach Zärtlichkeit (Zärtlichkeit schenken und empfangen wollen):
nach Hautwärme streben, die körperliche Nähe des

anderen wünschen und suchen, sich anschmiegen, Kontakt bilden, streicheln, liebkosen, einhüllen, hegen, pflegen.
Extremformen: Zärtlichkeitssucht – Herbheit, Trokkenheit, Kälte.
Positive Formen: Gemüthaftigkeit, Gefühlswärme, Kontaktfreude, Takt, Zartgefühl.

B. das Bedürfnis nach Zuwendung und Hingabe:
sich hinwenden, sich zuneigen, gewogen sein, Sympathie empfinden, von fließenden, weichen Gefühlen bewegt sein, Vertrauen empfinden, sich anvertrauen, sich anlehnen, Geborgenheit schenken und empfangen wollen.
Extremformen: Geborgenheitssucht, Vertrauensseligkeit – Gefühlskälte, Mißtrauen.
Positive Formen: Loyalität, Konzilianz, Weltläufigkeit, Vertrauenswürdigkeit, Vertrauen, Frömmigkeit.

C. Das Erosstreben (das Bedürfnis zu gefallen und am anderen Gefallen zu finden):
anziehend sein, sich angenehm machen, sich schmücken, Bedürfnis nach Schönheit, Anmut, Proportion und Harmonie.
Extremformen: Ästhetizismus – Geschmacklosigkeit, Banausentum.
Positive Formen: Anmut, Schönheitssinn, Geschmack.

D. Das sexuelle Bedürfnis:
nach sexueller Erregung und Entspannung in körperlicher Vereinigung drängen, umarmen, reizen, verführerisch sein, erregen.
Extremformen: Ausschweifung – sexuelle Askese.
Positive Formen: Sinnenfreude, Wollust.

Der Punkt ›Erosstreben‹ mit seinen starken Bedürfnissen zu gefallen und auch Gefallen am anderen zu finden, erwies sich in meiner Recherche Kopf an Kopf mit dem ›sexuellen Bedürfnis‹ als Hauptauslöser eines Seitensprungs aus Lust an der Lust.

Ursächlich dafür waren in der ersten Reihe der vielschichtig angeführten Gründe eine überhöhte, von Vorurteilen geprägte und daher enttäuschte Erwartungshaltung sowie eine starre Rollenverteilung zwischen Mann und Frau, welche nahezu zwangsläufig ein echtes Miteinander im Sinne eines actio-reactio-Verhältnisses ausschloß. Erschwerend kam oft hinzu, daß die Wunschvorstellungen des einen Partners von Art und Wesenheit des anderen der Realität nicht standhielten.

So erklärte mir beispielsweise Gustav, der erst vor dem Scheidungsrichter in aller Tiefe begriff, was er wirklich wollte und seine geschiedene Frau ein zweites Mal heiraten mußte, um zu einer glücklichen Partnerbeziehung zu finden: »Ich hatte mir immer eine sehr eigenwillige und selbständige Frau gewünscht. Sie sollte mich zwar in jeder Hinsicht fordern, mich aber nicht mit tausend Armen an sich ketten, mir Luft und Raum für mein Ego belassen und dies trotz aller seelischen und körperlichen Nähe. Ehen, in der es kein Du und kein Ich gab, nur immer und überall ein Wir, kannte ich zur Genüge. So wollte ich nicht leben.

Ohne mir dessen bewußt zu sein, war ich aber vom Vorbild meiner Eltern und der traditionsverwachsenen dörflichen Heimatgegend auf eine krasse Rollenverteilung zwischen Mann und Frau getrimmt. Wunsch des Kopfes gegen Wunsch der Seele, möchte ich sagen. Ein Konflikt, der meine Ehe in ihrer ersten Phase belastete, schließlich vergiftete und beendete. Meine Frau war eigenständig, selbstbewußt, eigenwillig. Sie dachte gar nicht daran, mir etwa die Schuhe zu putzen, mir das sehr zeitig einzunehmende Frühstück zu richten und mir, geduldig auf eine Silbe hoffend, beim Zeitunglesen zuzuschauen.

Sie hatte auch keine Ambitionen, mir im Betrieb zu helfen; schließlich hatte sie ihren eigenen Beruf. Dies und noch weit mehr gefiel mir auf eine rein überlegungsabhängige Art. Ich liebte es, mit meiner Frau vor anderen zu prahlen. Insgeheim aber haßte ich es, ihr bei Hausarbeiten zur Hand gehen zu müssen, meine Termine mit ihr abzusprechen und ihre persönlichen Interessen zu berücksichtigen.

Kurz gesagt, es war eine Zwangspartnerschaft, schmerzlich enttäuschend für jeden von uns. Ich begriff erst, als meine Frau kein Zurück mehr erwog, daß ich es bin, der zu bequem war, zu wenig andere beachtete und achtete, um von mir aus, ohne Aufforderung und Murren, ja, ohne dessen zu erwähnen, Verzicht leisten zu können, wo es für den anderen wichtiger ist, durch diesen Verzicht zu gewinnen, als mir, ihn zu schenken.

Meine Frau und ich fanden nur zögernd wieder zusammen. Ich arbeitete verbissen an der Verquickung meiner beiden Pole, Kopf und Seele. Sie hatte zuviel mit mir erlebt, um mir ohne weiteres vertrauen zu wollen. Dennoch führte uns die gegenseitige Achtung voreinander und die nie völlig erkaltete Liebe erneut in die Ehe.

Heute empfinde ich uns als relativ unabhängige Menschen, die ihren gemeinsamen Lebensweg bewußt, willentlich und freudig gehen, weil wir gelernt haben, einander jenseits von Rollenzwang und Wertklischee zu ergänzen. Es stört und schmerzt mich nicht, daß Bekannte, selbst Freunde, meine Frau und mich wie Exoten ansehen, unsicher, ob wir nun aus Haß oder Liebe in unserer vermeintlich unglücklichen, weil so ungewöhnlichen Ehe verharren. Für Paare, die in einer ähnlich beengenden, einander nie wirklich offenen Beziehung ihre Liebe ersticken, wie meine Frau und ich es früher praktizieren mußten, muß die Fassade unserer jetzigen Lebensweise undurchsichtig scheinen. Begreifen, wieviel diese uns gibt, wird wohl nur der, der sich selbst aus allen Erziehungsklammern befreit hat.«

Ein anderes typisches Beispiel brachten Jürgen und Rosemarie ein.

Jürgen ist der einzige Sohn der Familie neben sieben Schwestern. »Sie wollten unbedingt einen Sohn«, sagte er. »Sie haben's so oft probiert, bis ich kam. Danach war Schluß. Ich bin der erste und der letzte.« Er erinnert sich, in seiner Kindheit und frühen Jugend von der Liebe der Mutter fast erdrückt worden zu sein. »Ich konnte buchstäblich alles machen. Sie verzieh immer. Dabei tobte sie zwar spontan, schrie und schlug mich auch schon mal. Danach, wenn ihre erste Erregung, die oft wohl aus der Angst um mich entstand – ich war immer ziemlich wild und lebte entsprechend gefährlich – abgeflaut war, tat ihr der Zorn so leid, daß ich alles von ihr haben konnte. Ich benahm mich entsprechend. Das heißt, ich schwänzte die Schule, lief von zu Hause weg, klaute im Supermarkt, stellte einfach alles an. Ich bekam meine Strafe, vor der ich übrigens Angst hatte, die ich aber irgendwie auch als eine Vorstufe der Versöhnung genoß. Und dann die Versöhnung selbst, eine richtige Badekur in Liebe, Freude usw.

Fremdgehen ist für mich ähnlich wie damals mein Ausreißen. Ich lief weg, weil's Heimkommen so schön war. Und ich betrüge meine Frau, weil das für mich doppelter Lustgewinn ist. Daß ich mir dafür nie dieselbe aussuche, sondern das, was mich gerade reizt, ist ja klar. Ich liebe meine Frau über alles. Und im Grunde gehe ich doch nur fremd, weil die Liebe zu ihr für mich danach jedesmal wieder schöner, interessanter, erregender, bewußter ist.«

Rosemarie ist die jüngere Tochter, die sich ständig im Schatten der älteren Schwester erlebte. »Sie war hübscher, schmiegsamer, klüger, musikalischer, aufgeschlossener, einfach immer besser als ich. Wenn ich in der Schule eine Zwei in Mathe schrieb – Mathe war mein Angstfach – hieß es nur, Ines hatte in deinem Alter überall eine Eins. Nimm dir ein Beispiel an ihr.

Ich glaube, ich konnte wegen Ines kein Selbstvertrauen entwickeln und glaube bis heute noch nicht, daß mich jemand so ganz richtig, mit allem Drum und Dran liebt. Wenn Jürgen mich betrügt, setzt bei mir einfach alles aus. Ich habe sofort Angst, ihn an eine bessere zu verlieren. Und ich gebe mir danach jedesmal riesige Mühe, ihm zu beweisen, daß ich besser bin als jede.

Ich hasse es, daß Jürgen fremdgeht. Ich will ihn ganz allein für mich. Aber nicht mal das traue ich mich zuzugeben, weil ich denke, das stört ihn an mir so, daß er mich verläßt. Wie könnte ihm denn auch etwas gefallen, das aus mir kommt? Ich habe doch mit dem, was ich zu bieten hatte, nie genügt. Ich mußte mir doch immer ein Beispiel an anderen nehmen. Und in meiner Ausbildung als Krankenpflegerin habe ich gelernt, wie wichtig es ist, den anderen nicht mit den eigenen Gefühlen zu manipulieren. Ich will Jürgen nicht durch meine Liebe erpressen. Er soll mir treu sein, weil er es will, nicht weil ich es will. Vielleicht ist ja das, was ich will, sowieso falsch. Jürgen sagt, wenn ich ihn richtig lieben würde, müßte ich ihm sein Fremdgehen doch gönnen. Er würde mir jedenfalls gönnen, mit einem anderen zu schlafen. Ich weiß nicht, was ich davon halten soll! Wahrscheinlich gehe ich demnächst in Psychotherapie, damit ich klarer sehe.«

Sowohl Gustav als auch Jürgen und Rosemarie demonstrieren an ihren Erfahrungen, wie bedeutsam die unterbewußt wirksame kindliche Erwartungshaltung ihre Zweierbeziehung prägt. Gustav, mit 56 Jahren beträchtlich älter als der 31jährige Jürgen und die 28jährige Rosemarie, hat beiden seine größere Lebenserfahrung voraus. Er hat es geschafft, mit seiner Frau einen für beide Seiten beglückenden Konsens zu finden. Jürgen und Rosemarie hingegen leben in einer Beziehung, in der ihr Wunsch zu gefallen der Untreue Tür und Tor öffnet. Rosemaries Angst vor persönlichem Versagen und dem Verlust des einzigen Menschen, der ihrem unterentwickelten Ego Halt gibt, läßt sie entsprechend Jürgens Erwartungshaltung auf jeden Seitensprung mit

Streit und anschließend um so heftiger engagierter Liebe antworten. Sie provoziert quasi ihre eigenen Leiden und suggeriert Jürgen ein Okay für sein automatisch die Kindheit nachvollziehendes Verständnis von Liebe. Änderung bringen könnte hier allenfalls eine Therapie, die von beiden gemeinsam in Anspruch genommen wird.

So schmerzlich betroffen nahezu jeder in seiner Liebe verletzte und betrogene Mensch reagiert, so bereitwillig werden flüchtige Abenteuer in der Regel verziehen.

Die Einstellung der Betrogenen zu einem kurzen Intermezzo scheint auf der Einsicht des ›unvermeidlichen‹ Übels zu basieren.

»Wenn er viel ohne mich unterwegs ist oder ich krank bin, akzeptiere ich das schon mal«, sagte beispielsweise Marion dazu, deren Mann als Handlungsreisender durch Europa fliegt.

Auch Imke, verheiratet mit einem Piloten der Lufthansa, meinte resignierend: »Solange er das nur macht, weil er da unten so'n irren Druck hat, naja, da find' ich mich schon ab mit. Das ist ja nicht, als ob er sich aus der was macht.«

»Trotzdem leide ich darunter«, gab Maria zu und schien sich ihrer Worte zu schämen. »Ich kann's einfach nicht ertragen, daß er mich so ausblendet und vergißt und dann bei Bedarf wieder rauszieht. Ich will immer voll in ihm sein, immer das, was er will. Da schmerzt es schon ganz unheimlich, wenn er mich wegen irgendeiner so irgendwie ablegt.«

Marias Ehemann ist Bäckermeister im eigenen Betrieb. Seine Liebesabenteuer sammelt er ausschließlich auf Fachtagungen ein. Maria weiß meist Tage vorher, was ihr Mann plant, da er in den letzten Nächten vor seiner Abreise stets außergewöhnlich häufig und ideenreich mit ihr verkehrt. »Als ob er schon trainiert. Das hasse ich. Da weigere ich mich öfter mal, obwohl ich normal sehr gern mit ihm schlafe. Und dann behauptet er natürlich, daß ich ihn zum Sex mit anderen zwinge, weil er nun mal so potent ist und nicht neben mir austrocknen will.«

Das Bewußtsein oder zumindest doch die Illusion von der Oberflächlichkeit einer Nebenbeziehung sowie die Glaubhaftigkeit einer Vielzahl von Ausreden scheinen in der Tat selbst für den zufälligsten Seitensprung des Partners unerläßlich. Solange beides stimmig ist, blokkiert das innere Alarmsystem alle Rotlichtwarnungen ab.

Die innere Sirene scheint erst mit Vehemenz loszulegen, wenn Frauen Sekretärinnen sehen. Fabel oder fabelhaft? Wir wollten dieser Frage verstärkt nachgehen.

Was macht die Sekretärin zur Gefahr Nummer eins?

Frauen antworteten:

- Sie verbringt täglich viel mehr Zeit mit meinem Mann als ich.
- Sie nimmt an seinen beruflichen Freuden und Ärgernissen teil. Sie kennt seine Kollegen und Kolleginnen, weiß, wer wie zu ihm steht. Das habe ich nicht zu bieten.
- Sie nimmt seine Anweisungen entgegen. Sie wird für ihren Job bezahlt, da gibt's keinen Widerspruch. Ich bin nicht so gehorsam, nicht so pflegeleicht.
- Sie kocht für ihn Kaffee, stellt Blumen auf seinen Tisch, hält seine Ablage in Ordnung. Im Grunde das, was ich zu Hause für ihn erledige. Sie kommt mir wie eine Zweitfrau vor, die eben nur besser funktioniert, weil sie sonst nichts zu tun hat, als für ihn da zu sein.
- Sie kann ihm ungeteilt zuhören, seine Wünsche in Ruhe erfüllen, ihre Arbeit ohne Kindergeschrei, überkochende Milch, den Hausierer an der Haustür und den Putzeimer im Weg erledigen. Daß sie da bessere Nerven hat als ich, ist klar.
- Wenn ich ins Büro ginge und so bezahlt würde wie sie, hätte ich auch lackierte Nägel, die gepflegteste

Frisur, immer die feinsten Modellklamotten, ein tadelloses Make-up statt Flecken auf der Bluse, abgebrochene Nägel und Make-up bloß noch als vage Erinnerung an den letzten Mai-Ball vor ich-weiß-nicht-wieviel Jahren.

- ›Seine‹, also die kriegt ein Lob für jede Arbeit, deren Geburtstag wird nie vergessen, und ein Geschenk unter 100 Mark wäre doch zu peinlich, weil's ja die Runde durch die Firma macht. Ich hab', glaub' ich, zuletzt etwas von ihm bekommen, da war ich . . . ja, also vor drei Jahren genau. Danach hat er gesagt, Geburtstag wäre kindisch; ich könnte mir ja kaufen, was ich mag.
- Sagt ›die‹ doch unlängst glatt zu mir: »Ach, Sie Arme, Sie tun mir ja richtig leid, so selten wie Ihr Mann noch zu Hause ist! Ich versuche schon, ihm alles bequem zu machen. Männer brauchen das doch.«
- Auf seine Tippse läßt meiner nichts kommen. Die hat Einblick bis in die Löcher seiner Socken. Neulich hat sie ihm ein Paar geschenkt, weil sie gesehen hat, daß er auf der großen Zehe eine dünne Stelle im Strumpf hatte.
- Sie begleitet ihn auf Geschäftsreisen. Zum Diktat! Ohne die ist er ja so hilflos. Was tu ich? Ich ziehe inzwischen die Ableger fürs Blumenfenster und die Kinder groß, putze, bügle und warte, daß er zwischendurch auch mal nach Hause kommt. Was sagt er, wenn er zur Tür reinkommt? »Mein Gott, diese Unordnung überall. Das sag ich dir, bei Frau M. gäb's das nicht.«
- Bei ihr hält er seine Launen im Zaum, die Stimme im Griff. Bei ihr wird nicht geflucht, sondern Höflichkeit gemimt. Bei ihr ist er immer der Charmeur unserer ersten Verliebtheit. Wenn er bei mir so wäre, würde ich ihm bestimmt auch heute noch Kalbsaugen machen. Wie sie!

● Mein Mann ist ein Schöngeist. Das zeigt sich nicht an den Gemälden in seinem Arbeitszimmer, sondern an den Sekretärinnen. Eine, die tüchtige, ist unansehnlich, hausbacken, älter als er selbst. Die andere, die immer ins Telefon säuselt, ist die zum Herzeigen, für Geschäftsessen und -reisen. Dafür hat sie Probleme mit der Rechtschreibung. Was mich betrifft, so bin ich irgendwie gesichtslos dazwischen. Es kommt nicht so darauf an, ob ich gut oder mau aussehe. Es kommt darauf an, daß ich ihm seine private Zuflucht, seine Burg, in Schuß halte. Frau bin ich da mehr zufällig.

Die Sekretärin also ›die Frau an seiner Seite‹?

Einfach, hier die Angst der Lebensgefährtin zur Mutter des Konkurrenzgedankens zu erheben. Zu einfach.

Zugegeben, die Angst vor einer persönlich meist unbekannten, von Ehemann und/oder Kollegen jedoch in reizenden Farben geschilderten Frau, die tatsächlich vertrauter mit einer wesentlichen, der Ehefrau jedoch weitestgehend verschlossenen, unverständlichen Seite des Menschen ist, den man sich fürs Leben auserkoren hat, als ›frau‹ selbst, verleiht der Phantasie oft Flügel. Aus einer glücklich verheirateten, an ihrem Chef über das Berufliche hinaus gänzlich uninteressierten Sekretärin, wird da unversehens ein Vamp, dem ›frau‹ mit Erleichterung all jene Unstimmigkeiten des eigenen Liebeslebens zu verantworten geben kann, die sonst vielleicht aufs eigene Konto gingen. Dennoch bleibt die Wahrheit des losen Sprichworts, daß nämlich Gelegenheit Diebe sprich Liebe mache, bedenklich.

Wurden wir Mädchen nicht schon von klein auf abgerichtet, im sogenannten starken Geschlecht das wahrhaft schwache zu erkennen? Prägt nicht unser Moraldenken die Vorstellung vom unbezwingbaren Sexus des Mannes? Drohten nicht schon Mutter und Großmutter, wenn du ihm nicht willig bist, ist es eine andere? Und wer könnte diese eine besser sein als die, die tagein, tagaus weibliche Liebenswürdigkeit in Perfektion darbietet und genau in dem Maße fügsam und verfügbar ist, das Männer sich wünschen?

Wie also sollte ›frau‹ nicht vor der Sekretärin zittern? Zumal man es genüßlich auszuwalzen liebt, wie ernsthaft gefährlich ihm dieselbe werden könnte. Vor der eigenen Frau spricht man freilich nicht darüber, doch über sechs Ecken geraten Gerüchte immer am köstlichsten.

Sabine zum Beispiel, die bei den Arbeitskollegen ihres Mannes als Emanze verschrien ist, erzählte: »Einmal, anläßlich eines Geschäftsessens mit Ehefrauen, wurde mir der neue Chef meines Mannes vorgestellt. Anstelle einer Begrüßung rief er sogleich: »Ach, Sie sind die Frau, von der mir schon so viel zu Ohren kam. Wissen Sie eigentlich, daß Ihr Mann mir meine Sekretärin abgeworben hat? Eine tolle Frau, Augenweide, Küßchen! Ich an Ihrer Stelle würde auf meinen Mann etwas besser aufpassen.«

In Wahrheit sind sexuelle Beziehungen zwischen sozial Gleichgestellten weit häufiger als solche zwischen Vorgesetzten und Untergebenen. Ein erfahrener Geschäftsmann meinte lakonisch: »Eine gute Geliebte finde ich schneller als eine gute Sekretärin. Glauben Sie, ich würde nur wegen einer Affäre meinen guten Ruf und die erfolgreiche Abwicklung meiner Geschäfte ruinieren? Klar soll eine gute Vorzimmerdame mehr bieten als nur Köpfchen. Sie ist schließlich eine Art Aushängeschild für uns, wenn Kunden kommen. Aber ich würde doch so einer Perle, aus einer zu intensiven Vertraulichkeit heraus, nichts gegen mich zu Verwendendes an die Hand geben. Glauben Sie mir, so würde nicht einmal der größte Chaot handeln.«

Sekretärinnen weisen private Beziehungen zu Chef oder führenden Mitarbeitern weniger von der Hand. Alice arbeitet in einem Frankfurter Großraumbüro. Sie ist Mutter von zwei Kindern, die tagsüber bei einer

Tante aufwachsen. Alices Ehemann ist Bibliothekar in einem Frankfurter Vorort. »Ein Verhältnis fängst du schon mal an«, sagte sie. »Das ergibt sich einfach so, wenn du jeden Tag mit einem essen gehst, auf eine Zigarettenpause zusammen stehst. Aber selten mit einem von den oberen Etagen. Ich kenne die eine oder andere, die über so was versucht hat, hier raus und ins Vorzimmer zu kommen. Meistens endet so was mit einer Entlassung statt Beförderung. Die da oben lassen einen doch fallen wie heiße Kartoffeln, wenn's darauf ankommt. Da will sich keiner was nachsagen lassen. Und wenn du auch nicht drüber reden würdest, irgendwie macht's dann doch die Runde. Das ist nichts. Daran gehst du einfach kaputt, weil jeder tuschelt und lacht und dich hinten rum für eine ansieht, die's für Geld treibt.«

Regina, Sekretärin in einem Warenhaus, hatte ihre eigene Theorie aufgestellt. »Man kennt das doch aus dem Film. Da vernascht der Chef seine Sekretärin; der Sohn, reicher, begehrter Junggeselle, heiratet die Schöne aus dem Büro; der ehemüde Ehemann trickst mit seiner Geliebten, die er natürlich vom Bürostuhl weg ins eigene Traumappartement geholt hat, die harmlos unansehnliche Ehefrau aus usw. usw. Daß da jeder Ehefrau schon Hörner wachsen, wenn sie bloß an die Sekretärin denkt, die ihrem Mann das Berufsleben versüßt, ist doch verständlich. In Wirklichkeit läuft bei uns im Büro auch nicht mehr als anderswo, eher weniger.«

Es scheint das Bewußtsein der eigenen gesellschaftlichen Rolle, welches Frauen das Fürchten vor Sekretärinnen lehrt. Wobei die Sekretärin wahrscheinlich auch nur Symbol ist für jede Mitarbeiterin im direkten Umfeld des Ehemannes, mit der die Ehefrau nicht konkurrieren zu können glaubt.

Die gesellschaftliche Rolle der Frau steckt in zwei Typisierungen. Hier die Sekretärin – Sinnbild der selbständigen, eigenverdienenden, eleganten, jungen

Verführerin. Da das Heimchen am Herd, die abhängige Ehefrau, die sich über Kindersegen und Haushaltssorgen vom Schmetterling ihrer Jugend mehr und mehr zur grauen Motte mutiert wähnt. Was keinesfalls bedeutet, daß Hausfrauen und Mütter tatsächlich graue Motten sind. Im Gegenteil! Doch die Prinzipien unserer Gesellschaftsordnung, die Leistung in Einkommen ummünzen, persönlich-menschliche Qualitäten unter der Meßlatte des beruflichen Fortkommens werten, stellen den Status der Hausfrau ins untere Image-Drittel. Was Wunder also, wenn Frauen Minderwertigkeitskomplexe ausbrüten, weil sie zwar dem Staat seine überlebenswichtige Keimzelle, die Familie, zu erhalten suchen, Kinder gebären, die später einmal die Renten all derer verdienen und sichern sollen, die heute nicht ans Altern denken, sondern aus dem Vollen leben, dafür selbst aber in den Augen der öffentlichen Mehrheit als unbezahlte Nicht-Leistungsträger zweitklassig werden!

Männer kennen bezeichnenderweise denn auch die Angst vor einem Vertreter eines bestimmten Berufsstandes als Konkurrenz um die Gunst der Frau nicht. Wenn überhaupt eine grundsätzliche Angst da sein sollte, so allenfalls vor jemandem, der in Abwesenheit des Lebenspartners die Freizeit der quasi unbewachten Frau zu sexuellen Spielchen ausnutzen könnte. Die losen Sprüche, von Koslowski, dem Unbekannten, der immer auftaucht, wenn der gehörnte Partner sich weiterbildet, oder auch vom Biermann, dem Gasmann, Briefträger usw. sind da sattsam bekannt.

Gemeinsamer Aspekt der Eifersucht ist bei Frau und Mann die Zeit. Beide sind sich bewußt, wie wenig gemeinsame Zeit sie im Alltag miteinander verleben (können). Der Beruf der Partner zieht hier klare Grenzen, setzt Schwerpunkte; meist zugunsten der Arbeit. Verständlich, daß jeder argwöhnt, dieser relativ zur eigenen Gemeinsamkeit größere Anteil des Lebens öffne der Entfremdung Tür und Tor, lasse mit der täglichen Gelegenheit auch die Lust an der Lust auf zwar Verbotenes, doch Verlockendes wachsen. Wobei die Verlustangst umso heftiger schmerzt, desto tiefer die eigene Bindung an den anderen sitzt, sei diese nun seelischer oder materieller Art.

Erfahrungsberichte:

Karla

Ich bin seit zwölf Jahren verheiratet. Aus meiner Ehe ging eine Tochter hervor. Mein Mann ist mit mir in zweiter Ehe verheiratet. Er ist achtzehn Jahre älter als ich. Aus erster Ehe hat er drei bereits erwachsene Kinder von 16 bis 22 Jahren; unter anderem einen Sohn. Die erste Ehe wurde sehr früh geschlossen, eine halbe Kinderehe. Sie scheiterte kurz nach der Geburt der beiden letzten Kinder (Zwillinge), die als vermeintliche Versöhnungskinder gezeugt wurden. Da mein Mann an seine erste Frau immer noch Unterhalt zahlt – freiwillig aus Pietät –, macht er viele Überstunden, arbeitet monatelang auf Montage. Ich bin daher sehr oft allein.

Vor mittlerweile drei Jahren war ich auch allein. Mein Mann arbeitete damals in Saudi-Arabien. Sein ältester Sohn, damals 19, hatte gerade das Abitur bestanden. Plötzlich stand er in der Tür, wollte den Vater besuchen. Ich bat ihn natürlich herein, erzählte ihm, wo sein Vater war. Wir tranken eine gute Flasche Wein miteinander.

Ich kann mir alles folgende nur erklären, weil mir der Wein zu Kopf stieg, ich ausgehungert nach Zärtlichkeit war, mein Mann mich viel zu oft und zu lange allein ließ und natürlich, weil ich für den jungen Sohn meines Mannes eine attraktive, erfahrene Frau war. Wir liebten uns auf dem indischen Seidenteppich, den mein Mann mir von seiner letzten Montagetour mitgebracht hatte.

Mein junger Liebhaber riß mich mit. Es war eine wundervolle Nacht.

Trotzdem graute mir vor mir selbst, als ich am anderen Morgen neben Frank aufwachte. So wie er mußte mein Mann in jungen Jahren ausgesehen haben, als ich ihn noch nicht kannte. Die Tränen traten mir in die Augen.

Als ich mich abwandte, aufstehen wollte, hielt Frank mich fest. »Bereust du's?« fragte er und zog mich zu sich herunter. Ich konnte ihm nicht widerstehen. Wie lange hatte ich diese süße Lust entbehrt! Und wie schön war es, aus einem jungen Mund Komplimente zu hören.

Erst nachmittags brachte ich die Kraft auf, Frank fortzuschicken. »Es darf nie mehr geschehen«, sagte ich. »Es war wundervoll. Aber ich liebe deinen Vater. Verzeih mir!« Frank ging. Ich sah ihm nach und biß mir die Knöchel auf, um ihn nicht zu mir zurückzurufen.

Sechs Wochen später wußte ich, daß ich schwanger war. Ich war verzweifelt, weil ich wußte, von wem dieses Kind war. Ich war aber auch glücklich, Mutter zu werden. Nie hätte ich Franks Kind abtreiben können. In fieberhafter Hast begann ich nachzurechnen, wann mein Mann zum letzten Mal mit mir geschlafen hatte. Der Termin lag volle drei Monate zurück. Unmöglich, meinem Mann erzählen zu wollen, ich sei schon im 3. fast 4. Schwangerschaftsmonat. Ich raffte alle Ersparnisse zusammmen, trug Schmuck aus dem Erbe meiner Mutter ins Pfandhaus und – buchte einen Flug zu meinem Mann. Erst vom Flughafen telegrafierte ich seiner Firma meine Ankunftszeit und bat, meinen Mann zu informieren.

Mein Mann empfing mich am Flughafen wie ein von Gott gesandtes Wunder. Er, der sich nie von seiner Arbeit loseisen konnte, nahm sich eine Woche Urlaub. Wir lebten wie in den Flitterwochen, und ich dachte, daß mein Baby nun eben als Frühchen geboren werden mußte. Was verstanden Männer schon von Schwangerschaft? Meiner jedenfalls verstand nichts.

Nach geziemender Zeit gestand ich meinem Mann, daß wir ein Baby bekämen. Er geriet fast außer sich vor Vaterstolz. Und er eröffnete mir, von nun an nur mehr im Inland arbeiten zu wollen.

Manchmal dachte ich an Frank. Aber sein Gesicht verschmolz mit dem seines Vaters, der mich mit Liebe und Fürsorge überschüttete und so völlig ahnungslos war.

Dann war es soweit. Die Wehen setzten ein, angeblich anderthalb Monate zu früh, aber natürlich genau zur rechten Zeit. Ich brachte eine süße kleine Tochter zur Welt, die Franks stürmische Haartolle hatte und die graugrünen Augen seines Vaters. »Sie ist genauso schön wie du«, flüsterte mein Mann ergriffen.

Unsere Tochter wächst in einer rundum glücklichen Familie auf. Mein Mann ist ihr der liebevollste Vater. Manchmal denke ich mit schlimmen Schuldgefühlen an diese eine Nacht, diesen einen Tag, an diese Stunden, in denen ich das Vertrauen meines Mannes mißbrauchte. Wie gern würde ich mir mein Geheimnis von der Seele reden, würde wieder unbeschwert die Liebe genießen, die mir geschenkt wird. Und doch muß ich schweigen. Muß im Schweigen weiterlügen, damit unser Kind ein Zuhause behält und unser aller Leben nicht zerstört wird.

Susanna

Kennengelernt haben wir uns vor zehn Jahren. Ich war 17, mein Mann 20 Jahre alt. Thomas war mein erster fester Freund und ich wußte, daß er mich innig liebte und auch die Zukunft mit mir teilen wollte.

Wir hielten uns beide für ein offenes Paar. Alle Probleme und Gefühle sollten besprochen, nichts unter den Teppich gekehrt werden. Durch meine Ausbildung wurde ich intensiv mit Psychologie konfrontriert und analysierte mich, Thomas und unsere Beziehung aufs genaueste.

Sicher gab es Schwierigkeiten, Probleme und Auseinandersetzungen, aber wir verbrachten kaum eine freie Minute ohne den anderen. Die Freunde, die Thomas mitbrachte, wurden auch meine. Wir hatten gemeinsame Interessen und teilten auch bald die kleine Wohnung, die wir uns nach drei Jahren mieteten.

Mit der Eifersucht wurde ich erst Jahre später konfrontiert. Wir waren in eine größere Wohnung umgezogen, die sich bald zu einem Treffpunkt vieler Bekannter entwickelte. Es war eine turbulente Zeit. Wir hielten uns für das glücklichste Paar der Welt.

Dennoch kamen mir manchmal Zweifel. Ich wünschte mir Freunde, für die ich, nicht Thomas, die Hauptperson wäre. Obwohl wir beide uns so sehr liebten, fühlte ich mich mit seinen Freunden einsam. Hierzu kamen Zeiten, in denen ich arbeitslos, und der neue Wohnort ohne Freunde oder Bekannte meiner früheren Jugendzeit war. Ich wußte nicht, was ich verändern müßte, um mich wohler zu fühlen, ja, was mir überhaupt fehlte zu meinem Glück. Und zu der inneren Ratlosigkeit gesellte sich mehr und mehr die Angst, Thomas etwa durch einen Unfall zu verlieren. An eine andere Frau dachte ich nie.

In unserem Bekanntenkreis gab es auch eine Frau, die uns hin und wieder besuchte. Es war nicht gerade meine Freundin, sondern eine Bekannte von uns beiden, wie meistens. Eines Tages nun war sie bei uns zu Besuch und erzählte, sie würde gerne ganz spontan eine Woche Urlaub in Italien machen, habe aber Angst, alleine als Frau unterwegs zu sein. Thomas war gerade arbeitslos geworden und überlegte sich ernsthaft mitzugehen.

Da ging es bei mir das erste Mal richtig los. Ich konnte es nicht fassen, daß er sich das wirklich überlegte, mit einer ›fremden‹ Frau einfach in den Urlaub zu fahren, während ich daheim war und arbeiten mußte. In mir sprudelte es nur so von Gedanken. Ich war empört und später sehr deprimiert. Meine Gefühle waren so heftig und schmerzhaft, daß ich vor mir selbst zugeben mußte, daß ich eifersüchtig sei. Gleichzeitig fühlte ich mich wie gelähmt und handlungsunfähig. Ich verstand mich nicht, noch weniger Thomas und die Frau.

Meine Rolle spielte ich perfekt weiter, nach dem Motto: Man darf den anderen nicht besitzen, man soll seinem Glück nicht im Wege stehen, nur das Beste für ihn wollen. Ein Satz, der mir ständig durch den Kopf ging, war: Du mußt loslassen können, nichts gehört dir. Wenn du ihn festhältst, wirst du ihn verlieren. Und davor hatte ich die meiste Angst. Wir sprachen darüber, Thomas und ich, obwohl ich ihm nicht wirklich zeigte, wie es um mich stand. Er fragte: »Willst du, daß ich hier bleibe? Wenn du willst, bleibe ich hier.«

Ich glaubte damals, ich könne es nicht von ihm verlangen, oder zugeben, daß ich das am liebsten wollte. Ich wünschte mir, daß er meinen Schmerz fühlte, ohne daß ich die Sache entschied. Ich wünschte, er würde sich entscheiden daheimzubleiben.

Es war das perfekte Chaos in mir, und dennoch ließ ich ihn gewähren.

Thomas und diese Frau fuhren zusammen weg. Am Abend davor konnte ich meine Gefühle nicht mehr verdrängen und leugnen. Ich heulte ununterbrochen, äußerte alle meine Ängste und Ahnungen. Ich sagte, wenn er mit dieser Frau schlafen sollte, würde unsere Ehe einen Knacks fürs Leben haben. Ich werde Jahre brauchen, um Vertrauen zu finden. Thomas versprach mir hochheilig die Treue. Und so fuhren sie am nächsten Tag weg. Ich verbrachte seit langem eine Woche allein, dachte aber unentwegt an die beiden und was sie wohl gerade erlebten, weinte viel, betete viel, da ich sehr religiös bin. Ich glaubte, daß Gott mir diese Erfahrung geschickt habe, um mich im ›Loslassen‹ zu üben.

Thomas rief ein paarmal an, aber es schien nichts ›Gefährliches‹ passiert zu sein. Nach einer Woche kamen sie wieder.

Ich hatte furchtbare Angst, was jetzt wohl war, traute mich aber aus Angst vor der Wahrheit nicht zu fragen. Thomas erzählte mir jedoch bald ohne Umschweife, was war: Er erlebte eine erotische Woche mit dieser Frau, begehrte sie, hatte mit ihr geschlafen.

Ich konnte es nicht fassen. Alles drehte sich, schwankte. Ich war gelähmt, verzweifelt und versuchte dennoch, die Beherrschung nicht zu verlieren. Thomas sagte immer wieder, er hätte sich ganz für mich entschieden, wolle trotzdem nur mich als Frau und daß er nicht gewußt habe, wie sehr er mich verletzte, da die Beziehung nur körperlich und er in Gedanken bei mir war. Das Schlimmste an der Sache war für mich allerdings, daß Thomas sein Versprechen, das er mir gab, nicht eingehalten hatte. Ich hab' ihm vertraut, seinem Versprechen, und er hat es gebrochen.

Ich war sehr deprimiert in der Zeit danach. Ich haßte diese Frau. Ich haßte Thomas für seinen ›Verrat‹. Ich zog mich in mein Schneckenhaus zurück. Nach außen hin spielte ich die großherzige Ehefrau, denn ich wollte Thomas nicht verlieren, ihm keine Szene machen. Sogar mit der Frau unterhielt ich mich lange ›darüber‹, verzweifelt, aber nach außen hin völlig beherrscht.

Thomas erzählte mir genau, was im Detail geschah. Ich wollte alles wissen, war ganz gierig, alles zu hören, es mir vorzustellen. Ich erfuhr, daß sie sich beide vornahmen, mir gleich alles zu sagen. Mit dem Nachhausekommen sollte alles vorbei sein. Und so war es dann auch äußerlich. Jeder ging wieder seinen Weg. Thomas mit mir, diese Frau allein.

Thomas versprach mir, daß ›sowas‹ nie wieder vorkäme, daß er es sich eben einmal gewünscht hätte, mit einer anderen Frau, so aus Neugierde, weil ich ja die erste Frau war, mit der er geschlafen hatte, und daß diese Neugierde nun befriedigt sei und ich mich ganz auf ihn verlassen könne. Ich vertraute ihm, ich liebte ihn ja.

Damals konnte ich mit niemandem darüber sprechen. Ich schämte mich so sehr meiner Eifersucht, haßte mich dafür, wollte dieses ekelhafte Gefühl irgendwann auslöschen. Ich fühlte mich schuldig dafür. Ich dachte: Wie wenig liebst du nur deinen Mann, daß du ihm das kleine Abenteuer nicht gönnst. Ich schämte mich auch für Thomas und hatte Angst davor, das Bild unserer glücklichen Ehe zu zerstören. Immer wieder zogen diese Bilder von den beiden in meinem Kopf vorüber; ich wußte ja alles im Detail. Und ich empfand nicht nur Schmerz bei der Vorstellung, sondern insgeheim auch Lust. Es erregte mich, daß Thomas mit einer anderen geschlafen hatte, daß er sie begehrte und begehrt wurde.

Manchmal, wenn ich mit ihm schlief, stellte ich mir die beiden vor und wie es wohl war. Das erregte mich jedesmal aufs stärkste. Und wieder fühlte ich mich schuldig, wo ich doch gerade mit Thomas ganz eng zusammen war. Wie konnte ich mich nur an diesen inneren Bildern ›aufgeilen‹?! Ich verstand vieles nicht mehr. Mein konstruiertes Weltbild war ganz gehörig ins Wanken gekommen. Ich verachtete mich wieder einmal, wollte nicht so fühlen, wie ich fühlte.

Warum konnte ich denn nicht so sein, wie ich es mir vorstellte? Großherzig, tolerant, hingebungsvoll und liebend.

Schuldig, schuldig, schuldig, das durchzog mein ganzes damaliges Leben. Später ist es ruhiger geworden in unserer Ehe. Wir haben noch viel darüber gesprochen, obwohl ich Thomas damals, glaube ich, nie wirklich das ganze Ausmaß meiner Gefühle gezeigt habe. Mittlerweile sind Jahre vergangen und noch immer fühle ich einen leichten Schmerz. In unserer Beziehung gab es noch zwei ›Zwischenfälle‹. Einmal verführte Thomas eine Arbeitskollegin, was er mir erst ein halbes Jahr später erzählte, aus lauter Angst vor meiner Reaktion. Und einmal wünschte er sich eine gemeinsame Nacht mit seiner Exfreundin, was jedoch nicht seinen Vorstellungen entsprach und ihn sehr enttäuschte. Ich glaube, er fühlte sich sehr verletzt und zurückgewiesen durch sie.

Mein Problem mit der Eifersucht hat mich natürlich ständig begleitet. Ich verstand Thomas nie. Er hingegen verstand mich nicht, da ich in seinen Augen doch eigentlich keinen Grund zur Eifersucht habe. Er würde mich sowieso nie verlassen. Außerdem behauptete er, mir ähnlich schöne Erfahrungen zu wünschen und sich für mich darüber zu freuen.

Als ich schließlich nicht mehr wußte, was ich gegen diese plagende Eifersucht tun könnte, habe ich letzten Sommer eine Therapie begonnen. Ich hatte mir fest vorgenommen, so zu werden, wie ich es mir wünschte. Ich wollte tief in meine Seele hineintauchen, Konflikte meiner Kindheit noch einmal durchleben. Gefühle hochlassen und mich endlich von diesen Negationen befreien. Ich wollte wissen: »Warum bin ich so? Was hab' ich nicht bewältigt?«

Ein Jahr ist vergangen. Sehr viel verändert hat sich nicht. Meine Gefühle sind die alten. Ich kenne sie gut. Noch immer bin ich rasend eifersüchtig, wenn Thomas eine andere Frau begehrt; schon allein der Gedanke schmerzt mich. Und doch hat sich etwas verändert, ich gehe anders damit um. Ich habe Thomas klar meine Grenzen gezeigt. Er weiß, wie weit er gehen kann, er kennt mich nun besser und will unsere Ehe nicht aufs Spiel setzen. Ich bin sehr mißtrauisch geworden. Ich weiß nicht, ob er mir etwas verheimlicht.

Ein Patentrezept für Thomas und mich habe ich trotz aller Erfahrungen nicht gefunden.

Manchmal wünsche ich mir, Thomas einmal so richtig eifersüchtig zu erleben. Würde ihn diese Erfahrung lehren, mir endlich treu zu sein? Und was ist mit mir? Kenne ich meine Grenzen? Will ich Thomas nur besitzen, haben? Liebe ich ihn denn wirklich? Müßte ich ihm sein kleines Doppelleben hinter der schützenden Fassade unserer vermeintlich mustergültigen Ehe dann nicht gönnen? Oder treibe ich ihn durch mein Mißtrauen, meine Eifersucht, meine Angst, ihn zu verlieren, nicht regelrecht zu diesen ›Erlebnissen‹?

Seit Thomas mich betrügt, habe ich mich mehr und mehr bemüht, außerhalb unserer Ehe Halt zu finden. Ich versuchte, eigene Freunde zu gewinnen, schloß mich wieder enger an meine Familie an. Thomas hatte immer den Ton angegeben. Er traf die Entscheidungen zum Beispiel über Umzüge, Wohnungswechsel usw. Ich war gefühlsmäßig und auch im Alltag viel abhängiger von ihm als er von mir. Das ging so weit, daß ich seine Wertmaßstäbe übernahm und so sein wollte, wie er mich gern hätte. Offen also, nicht eifersüchtig, tolerant usw. usw. Ich litt sehr darunter, nicht so werden zu können.

Die Therapie hat mir Selbstvertrauen gegeben. Ich kämpfe nicht mehr gegen die Eifersucht. Sie ist ein Teil meines Wesens. Ich muß sie akzeptieren.

Ich wünsche mir, Thomas würde auch eine Therapie mitmachen. Aber er glaubt ja, nur ich hätte Probleme. Er nicht. Wenn ich nicht so eifersüchtig wäre, obwohl er mir immer nur körperlich, nie aus Liebe untreu wird, hätte Thomas gar keine Probleme. In seinen Augen bin ich an unseren Schwierigkeiten allein schuld. Wozu sollte er da eine Therapie brauchen?

Nun dürfen Sie nicht glauben, ich möchte Thomas schlecht machen. Er ist ein guter Ehemann. Wir können über alles reden. Er versucht, mich zu verstehen. Er will auf keinen Fall unsere Ehe aufs Spiel setzen. Ich liebe ihn sehr, und ich glaube, wir werden schon noch ewig zusammen sein. Ich möchte vielleicht auch bald ein Kind mit ihm. Aber ich glaube, ich wünsche es mir erst, wenn ich sicher bin, daß ich es auch allein schaffen würde, ein Kind groß zu ziehen.

Frank

Ich bin selbständiger Geschäftsmann. Das Geschäft ist mein Lebensinhalt. Ich stecke alle Kraft hinein, alle Zeit, alle Ideen, einfach alles. Meine Familie muß sich anpassen. Ich erwarte, daß sie zu mir hält und die Leistung erbringt, die ich auch bringe. Die Kinder in der Schule, meine Frau bei mir im Laden. Sie ist mein Aushängeschild. An ihr hängt's, wenn ein Kunde einen Auftrag erteilt oder wieder abspringt. In dem Punkt harmonieren wir selten miteinander. Aber auch im Bett klappt es nicht optimal. Das wäre mir nicht einmal so wichtig, wenn's im Geschäft mit ihr gut liefe. So sind jedoch zwei Schwachstellen da. Und oft verkrafte ich das nicht. Dann gehe ich fremd.

Das passiert meistens auf Geschäftsreisen, die in meinem Geschäft ziemlich oft nötig sind. Manchmal begleitet mich meine Frau. Dann spielt sich nichts ab. Wenn sie mich mal ertappen würde, wäre alles aus. Das kann ich mir vom Geschäft her nicht leisten. Ein Kunde erwartet von uns geordnete Verhältnisse. Wenn er ins totale Chaos käme, wäre erst gar keine Chance, ins Geschäft zu kommen. Zum Glück bleibt meine Frau meistens bei den Kindern. Sie zieht die Kinder mir sowieso vor. Für die drei macht sie alles. Ich muß um alles betteln.

Bei einer, die ich unterwegs aufreiße, muß ich nie betteln. Die lade ich ein, mit der geh' ich feudal aus, da fällt auch schon mal ein Scheinchen ab oder ein Schmuckstück oder was sonst üblich ist und in der Geschäftsbilanz im Rahmen der Spesen bleibt. Dafür kriege ich dann, was ich will. Die Phantasie kennt da keine Grenzen. Grenzen habe ich genug bei meiner Frau. Die macht nichts aus sich heraus. Die muß ich um alles anbetteln. Und dann weiß ich noch, daß sie's nicht von sich aus will, daß alles nur Pflichtübung ist. Ich bin da echt frustriert. Wenn ich mit einer fremdgehe, ist das eine saubere Sache. Sie kriegt, was sie will, und ich krieg, was ich will.

Neulich war ich mit einer zusammen, die war total verrückt nach mir. Die hatte den ersten Höhepunkt schon auf der Tanzfläche. Das war so ein Erlebnis für mich! Wenn man daheim den Eiskeller hat, und dann gerät man an so einen Vulkan. Das ist schon köstlich. Das tolle Gefühl im Schwanz, wenn man so eine nur sieht! Wenn meine Frau so wäre, ich wäre der beste Mann der Welt, alles könnte sie von mir haben, aber echt.

Jesses, als wir uns kennenlernten, meine Frau und ich – sie 18, ich 23 – da glaubte ich noch, im siebten Himmel zu sein. Erfahrungen hatten wir ja keine. Da war noch jedes Fummeln wie eine Orgie. Das Erwachen kam erst später, als bei ihr nichts nachkam, als ich allmählich Ideen hatte und sie immer dieselbe Rührmichnichtan-Laune. Ich hab echt alles versucht, da Bewegung reinzubringen. Ich liebe meine Frau. Das ist ja der Schwachsinn. Ich finde, sie ist eine gute Frau, die die Kinder und alles bestens im Griff hat, die mich umsorgt und alles. Ich will sie nicht verlassen, jedenfalls nicht ganz. Aber ich kann mit ihr nicht mehr erotisch sein. Sie macht mich nicht mehr an. Sex mir ihr ist bloß noch körperlicher Notstand, weil's sonst halt ins Bettlaken verpufft oder was weiß ich. Da ist kein echter Reiz mehr. Ich weiß ja doch, daß sie sich nichts aus Sex macht und keine Lust an der Lust empfindet. Das macht mich dann auch nicht an. Na und außerdem ist da auch noch ihr Anblick. Sie ist so ein Zaunsteckentyp; hinten nichts, vorne nichts. Ich stehe auf Po und Busen. Wenn's da so richtig knackig daherkommt, macht mich das unheimlich an. Oder Reizwäsche. Wie oft habe ich meiner Frau schon tolle Sachen mitgebracht! Aber wenn sie die dann für mich trägt, guckt sie doch nur wie ein Trauerkloß.

Am anderen Morgen, nach so einer Nacht, wo du sogar deinen Namen vergißt, da kenne ich die Frau dann nicht mehr. Die muß weg sein, ehe ich aufwache. Ich habe dann meistens ein sauschlechtes Gewissen und muß erst mal beichten. Wenn die Frau neben mir liegen würde, ich weiß nicht, was los wäre. Vielleicht würde ich sie sogar schlagen, so schlecht würde ich mich fühlen, daß ich mit ihr ... Nach der Beichte und ein paar Vaterunser geht's mir dann immer besser. Dann kaufe ich meiner Frau was Schönes, Teures. Das ist als Ausgleich für die paar Stunden, die ich ihr nicht gehört habe. Das ist wie ein Geschäft, von dem sie nichts weiß. Sie hat mir so quasi die paar Stunden abgekauft. Und ich war immer fair. Sie hat jedesmal etwas bekommen, das unserem Geschäftsstand und meinem Wert entspricht. Ich habe mir nichts vorzuwerfen.

Manchmal stelle ich mir vor, meine Frau würde fremdgehen, während ich gerade ... Also da drehe ich fast durch. Das würde ich nie akzeptieren. Da wäre sofort Schluß. Sie könnte abhauen, wenn mir da mal was zu Ohren käme. Das liegt total anders. Für einen Mann ist das normal. Das ist alles nur körperlich. Das hat mit Liebe nichts zu tun. Bei einer Frau, die treibt's mit einem doch nur aus Liebe. Die investiert da nicht bloß ihren Bauch. Das würde ich bei meiner Frau nie verkraften. Das liegt ja schon drin, wenn ich sage, ›meine‹ Frau. An der hat keiner rumzubasteln. Da bin ich zuständig. Ich würde ja auch keinem erlauben, in meinem Geschäft rumzumachen, oder?

Im Grunde bin ich meiner Frau total treu. Ich meine, lieben tu ich nur sie, sonst keine. Ich will auch keine andere für immer. Das kann ich mir nur mit meiner eigenen Frau vorstellen, alt werden, sterben und ewige Liebe und so. Das Körperliche, das ist nur so ein Reiz, so wie Medizin, die man braucht, um nicht krank oder wieder gesund zu werden. Was hat das eigentlich mit meiner Frau zu tun? Nichts! Wo sie das alles mit mir ja sowieso als schmutzig und eklig und lästig und langweilig empfindet.

Früher dachte ich mal, vielleicht, daß ich so unbegabt bin im Bett und so. Da mußte ich mir's dann beweisen. Und dann fand ich die Beweisaufnahme schön. Ist das etwa falsch? Ich denke, es wäre nicht falscher und verlogener, wenn ich nicht fremdginge und mir jede Nacht eine heiße Frau vorstelle, während ich mit meiner Frau ...

Ich geb's zu, ich gehe gern fremd. Wenn ich weiß, da liegt wieder eine Geschäftsreise an, könnte ich schon vorher jedesmal explodieren vor Vorfreude. Aber mit meiner Frau bin ich dann auch voll dabei, obwohl sie mir nichts bietet. Sie kriegt mich total, ohne Nebengedanken und so. Wenn das nicht Liebe ist! Dagegen ist alles andere doch bloß eine Art von Turnierspiel.

Moritz

Als ich mich in Thomas verliebte, wußte ich nichts von seiner Frau. Wir benutzten täglich dieselbe U-Bahn. Wir kamen uns näher. Nach gut einem Jahr schliefen wir zum ersten Mal in Thomas' Appartement zusammen. Am Türschild stand ›Thomas W.‹. Ich bezweifelte nie, daß Thomas dort wohnte.

Von da an waren wir mindestens dreimal wöchentlich dort zusammen. Ich hätte Thomas gern öfter gesehen. Er erzählte mir aber von seiner bettlägerigen Mutter.

Etwa ein Vierteljahr später erhielt ich einen anonymen Anruf. Ich wurde beschimpft. Ich erfuhr, daß Thomas eine Tochter habe und seit zwei Jahren verheiratet sei. Seine Frau sei erneut schwanger.

Thomas gab alles zu. Er sagte, er sei bisexuell, neige aber mehr zu Männern und brauche die Familie zur Tarnung. Er war Orchestermusiker. Seine Karriere wäre verpfuscht, wenn man am Theater von seinen homosexuellen Amouren erführe. Ich war sehr unglücklich. Ich liebte Thomas sehr. Daß er eine Frau hatte, mit der ich ihn in jeder Hinsicht teilen mußte, machte mich eifersüchtig. Ich wollte, er solle mir gehören. Zuerst schrieb ich seiner Frau Ansichtskarten ohne Text; nur Adresse. Vorne waren Liebespaare zu sehen. Damit Thomas nicht auf mich kommen sollte, steckte ich die Karten immer in weiter entfernten Nachbarorten ein. Da Thomas nie etwas erwähnte, nahm ich bald an, seine Frau sei ziemlich abgebrüht. Ich gab in einem Fleuropladen über eine gute Freundin, die mir zu Dank verpflichtet ist, einen Dauerauftrag über dreizehn Rosen an Thomas für jeweils donnerstags auf. An diesem Tag sahen wir uns nie, weil ich da meinen Kegelabend hatte.

Thomas vermutete mich nicht als Absender, weil die Frau im Blumenladen nichts von mir verraten konnte. Thomas dachte an eine Verehrerin. Seine Frau auch!

Was für eine Show daheim ablief, erfuhr ich brühwarm von Thomas. Ich hätte jedesmal brüllen mögen vor Lachen.

Zuletzt schrieb ich seiner Frau Briefe über Thomas und mich. Ich tat immer so, als wäre ich eine Frau.

Thomas hatte nun ernstlich Trouble mit seiner Thea. Sie machte ihm Szenen, schrie und heulte. Aber Thomas blieb trotzdem bei ihr. Er sagte sogar, er hätte sie lieb.

Da brannte bei mir die Sicherung voll durch. Ich schickte ein Aktfoto von Thomas und mir, wie wir uns gerade zu lieben anfingen. Das Bild hatte ich heimlich mit einer Selbstauslöserkamera fotografiert.

Thomas' Frau reichte dann die Scheidung ein. Sie hatte Thomas das Foto gezeigt und ihm erklärt, mit so einem könne sie nicht mehr leben, wer weiß, wozu der im Hinblick auf ihre Tochter fähig sein möge.

Für Thomas und mich war von da an auch alles aus. Er verzieh mir die Sache mit dem Foto nicht. Ich verzieh sie mir auch nicht. Das war keine gute Basis.

Ich ging Thomas aus dem Weg, zog sogar nach M. um. Leider habe ich ihn bis heut nicht vergessen.

Wenn mich mal einer anzumachen versucht, ertappe ich mich neuerdings dabei, den Typen mir erst mal gut anzugucken. Noch ein Fall wie Thomas, und ich bin am Ende mit mir selbst. Es ist hart genug, homosexuell zu sein. Von dem, den man liebt, belogen und betrogen zu werden, das ist Horror.

Wenn ich doch mal wieder offen bin für etwas Neues, muß der Typ total anders sein als Thomas. Ich will alles vergessen, will nichts mehr falsch machen, mich nie mehr ausliefern.

Eine neue Liebe müßte weniger emanzipiert, dafür viel erotischer sein. Und sie müßte von Anfang an mir die oberste Stufe einräumen. Ich will nie mehr zurückstecken. Und wenn ich mir den Mumm dazu erst in Psychokursen antrainieren lassen muß.

Rosemarie

Ich bin 28 Jahre, seit vier Jahren geschieden. Mein Ex-Mann ist 35 und bisexuell.

Solange wir ein Liebespaar bzw. Verlobte waren, gab es zwischen Charly und mir keine Probleme. Er war eher zurückhaltend-zärtlich, aber ein guter Zuhörer, als Gitarrenspieler in der Clique gefragt und wegen seines unerhört guten Aussehens bei allen Mädchen begehrt. Er war unser Gruppenleiter und Trainer im Hallenhandball, ich sein ›Talent‹. Als wir dann heirateten, war ich im siebten Himmel. Aber nicht lange.

Charly entwickelte so eine Art Arbeitseinstellung im Bett. Montag, Mittwoch und Freitag war Sex angesagt, sonst nie. Aber dreimal war Pflicht, ohne Pardon, Lust hin oder her. Ich hatte anfangs noch Spaß an diesen Leistungsstunden. Charly hingegen schien um so mehr Freude daran zu haben, je weniger ich empfand. Es bereitete ihm den höchsten Genuß, mich wegen meiner angeblichen Gefühlskälte zu beschimpfen. Oft erregte ihn das so, daß er dabei kam. Ich ekelte mich vor seiner perversen Lust und liebte ihn doch.

Irgendwann sagte Charly, ich sollte mich mal an eine Frau ranmachen. Die Erfahrung mit einer Lesbe im Bett würde mich sicher befreien und unsere Ehe retten. Ich brauchte eine oder zwei Wochen, bis ich mich zu einem Besuch in einem Lesbentreff aufrappeln konnte. Als ich reinhuschte, hoffte ich nur, daß mich keine erkennen würde. Was sollten denn meine Mitarbeiterinnen von mir denken, wenn ihnen das von mir zu Ohren käme? Zum Glück entdeckte ich kein bekanntes Gesicht. Ziemlich bald setzte sich eine schlanke Rotblonde zu mir und fing an, mit mir zu flirten. Wir redeten lange zusammen. Ich erzählte nichts von Charly, ließ aber durchblicken, daß ich mit mir nicht klarkäme und meine Veranlagung testen wolle. Wir gingen dann zu ihr. Reni war unheimlich einfühlsam. Sie wußte auf den Punkt genau, worauf's ankam. Es war schön und erregend mit ihr. Aber im entscheidenden Moment sehnte ich mich bloß nach einem Mann in mir. Als Reni mich um ein Wiedersehen bat, wich ich aus. Ich wußte, daß ich es nicht wiederholen wollte, mochte ihr aber nicht wehtun.

Freitagabend, Sextime. Charly ließ gerade einen Porno vom Videoband ablaufen, da fragte er mich wegen der Lesbennacht. Ich berichtete brav, was sie getan hatte. Charly wurde davon sehr erregt und schlug eine Dreierbeziehung mit Reni vor. Ich mußte gleich anrufen und einen Termin abmachen. Reni war zwar nicht begeistert, hatte sich aber in mich verknallt und sagte zu.

Es wurde eine total verrückte Nacht mit uns drei. Reni hing bloß an mir rum, Charly auch. Ich ließ lieben.

Charly verlangte diese Dreiergruppe nun immer öfter. Es war längst nicht mehr nur Reni, die davon schnell die Nase voll hatte. Charly brachte Männer mit, mal eine Frau. Er kaufte sie regelrecht ein, schrieb Inserate, wählte dann Angebote aus.

Ich weiß auch nicht, warum ich alles über mich ergehen ließ. Ich kam mir so beschmutzt vor. Das, was Charly mit mir machte, schien mir jeder ansehen zu können. Ich dachte, ich wäre sowieso für keinen mehr etwas wert.

Bis ich Rainer begegnete. Er ist kein Traummann wie Charly. Im Gegenteil. Früher hätte ich ihn nie beachtet. Wir lernten uns auf einer Bank im Park kennen, zu der wir beide immer wieder gern hingingen. Zuerst redeten wir Belangloses, bald erzählten wir uns Privateres, dann lud er mich zum Tee ein, zum Mittagessen; und Monate später ins Bett.

Rainer ist ein scheuer, zarter, zugleich sehr leidenschaftlicher Liebhaber. Ich erlebte mit ihm ein solches Glücksgefühl, daß ich weinen mußte.

Ich habe keine Ahnung, wie lange wir uns stumm in den Armen hielten. Irgendwann sagte Rainer, daß er mich liebe und heiraten wolle.

Ich war plötzlich wie Eis. Charly verlassen? Der Gedanke war mir nicht neu. Wohl aber die Chance, die Rainer mir bot. Und doch – hatte nicht auch Charly mich geliebt, mich begehrt, nur mit mir leben wollen? War nicht ein Desaster daraus geworden? Was, wenn ich nicht die Frau war, die einen Mann lebenslänglich fesseln konnte? Rainer erriet meine Gedanken. Er küßte mich sehr sanft, sagte, ich solle mir Zeit lassen, er werde warten.

Er wartet noch immer. Schon zwei Jahre, von denen ich eines bereits geschieden bin. Ich kann kein Zutrauen mehr in mich setzen. Oft, wenn ich Mädchen oder Frauen sehe, spüre ich sexuelle Erregung bei dem Gedanken, es mit ihnen zu treiben. Ich schäme mich dafür. Würde auch wohl nie wirklich eine von ihnen mit ins Bett nehmen. Oder etwa doch? Rainer hält meine Gedanken für normal, sagt, jeder Mensch hätte so seine Sexträume. Ich habe ihm nie von all den Renis mit Charly erzählt. Wozu auch? Aber wenn er mir auch vertraut, ich kann es nicht mehr. Ich hab's ja gewußt, daß die Ehe mit Charly mich kaputt gemacht hat. Ich begreife nicht, wieso Rainer mich liebt. Und weil ich es nicht begreife, denke ich immer, seine Liebe könne nicht halten.

Ich werde ihn wahrscheinlich nie heiraten. Wenn wir uns nur sehen, so oft wir uns danach sehnen, bleibt die Liebe vielleicht. Trotzdem wäre ich gern Rainers Frau, hätte Kinder mit ihm und das alles. Ich erlaube es mir nur nicht. Vielleicht als Strafe für alles, was vorher war, was ich mitgemacht habe. Ich weiß es auch nicht. Ich weiß nur eins, sobald Rainer nicht bei mir ist, drehe ich innerlich durch. Da rollt der ganze Film mit Charly wieder ab, seine Affären, seine Geschichten, der ganze Elendskarren. Ich stelle mir vor, Rainer würde auch ... Ich weiß ja, daß ich es verdient hätte, wenn er mich betrügen würde. Eine wie mich! Aber ich könnte trotzdem nicht damit umgehen. Ich möchte, daß er mir treu ist, er soll mich halten und schützen und mir beweisen, daß ich es trotz allem wert bin, von ihm geliebt zu werden. Ich weiß nicht, was wäre, wenn er mich mit einer betrügen würde. Wahrscheinlich nichts. Aber in mir, da wäre dann alles aus, kaputt, fertig. Ich glaube, ich würde es aber nicht sagen. Ich würde abhauen und mir eine Lesbe halten und auf den Strich gehen und mich mit Genuß kaputt machen. Vielleicht würde Gott das als Buße akzeptieren und mir in einem neuen Leben eine neue Chance geben. Ich kann nur hoffen, daß mir dann nie mehr ein Charly begegnet.

Anmerkungen zur Eifersucht

Ein letztes noch. Betrug in der Partnerschaft, was bliebe davon ohne die Eifersucht? Dabei soll es, der Meinung vieler Philosophen nach, Eifersucht in unserer aufgeklärten Zeit doch gar nicht mehr geben. Gilt sie ja in der öffentlichen Meinung als urtümliche Gefühlsverstimmung, unwürdig eines erwachsenen modernen Menschen von Intelligenz und Stil. Dennoch gibt es kein häufigeres Motiv für Mord und Haß als Eifersucht.

Was aber ist das Eifersucht?

Ein pervertierter Rest von Liebe, heißt es, verberge sich dahinter. Zeichen sei sie leidenschaftlicher Liebe und üblen Besitzdenkens. Immer rast sie einher mit dem Gedanken an gekränktes vermeintliches Recht und der beschämenden Niederlage, die es zu rächen gilt. Viele Titel kann sie tragen. Denken wir nur an die Angst vor dem Verlassenwerden, vor dem Verlust des Geliebtseins, vor der Gefährdung des als Glück erlebten Gemeinsamen. Oder führen wir uns den Wunsch nach Beständigkeit, einen fixen Punkt in unserem hektischen, in allen Werten aus den Angeln schwankenden Daseins vor Augen. Eifersucht ist aber auch Verzweiflung, die uns an die frühkindliche Hilflosigkeit erinnert, wenn wir von den Eltern verlassen wurden und dadurch auf rätselhafte Weise entwurzelt, unserer vertrauten Zuversicht spendenden Gewohnheit beraubt. Wie sehr Eifersucht die Qual der Hilflosigkeit in sich trägt, beweisen die oft hemmungslosen Reaktionen, welche sie zeitigt:

Schreien, weinen, angreifen, sich ins eigene Schneckenhaus verkriechen, die Mutter um Hilfe anflehen.

Wie auch sollte es anders sein? Wer von uns wurde jemals gelehrt, wie mit dem Verlsut eines geliebten Menschen an eine dritte Person umzugehen ist?

Es wäre unsinnig, sich einreden zu wollen, Eifersucht sei schlecht. Solange sie nicht übertrieben krankhafte Formen annimmt oder in Aggressionen übergeht, kann sie uns motivieren, eine Liebe zu verdienen, sie niemals zu vernachlässigen.

Gefährlich für eine Partnerschaft wird Eifersucht sowohl im Übermaß der Angst um den geliebten Menschen und dessen Verlust, als vor allem auch im Argwohn, mißtrauischen Überwachen und Klammern an den anderen. Wird Eifersucht in guten Zeiten der Paarbeziehung lächelnd als Liebesbeweis ertragen, setzt sie jede Gemeinschaft durch Maßlosigkeit schachmatt. Ehe es soweit kommt, sollte eine Überwindung dieses Gefühls ernsthaft angegangen werden.

Dies hört sich freilich einfacher an, als es ist, kann jedoch zuverlässig gelingen, wenn Sie die auslösenden Ursachen abfragen und beseitigen lernen.

Antworten Sie ehrlich und ohne Scheu:

- Setzen Sie Ihren Partner mit Drohungen, Wutausbrüchen, Tränen usw. seelisch unter Druck, weil Sie sich betrogen wissen?
- Drängen Sie sich Ihrem Partner auf?
- Vertrauen Sie Freunden Ihre Partnerschaftssituation an und fürchten Sie danach, er könne deswegen in die Enge getrieben werden?
- Haben oder wollen Sie Kontakt zu dem dritten Partner im Bunde?
- Spionieren Sie Ihrem Partner nach? (Detektiv)
- Stabilisieren Sie Ihr Selbstvertrauen, indem Sie sich mehrmals täglich sagen: Ich weiß, wer ich bin, niemand wird mich vernichten?

- Handeln Sie, um Ihr Selbstbewußtsein zu stärken? (Gesprächsrunden, Handarbeitskreise, Sport, eigene Bekannte, Fortbildungskurse)
- Wissen Sie, wie Ihr Lebenspartner Sie selbst sieht? Vermissen Sie etwas in dieser Ehe, das Sie sich außerhalb erhoffen dürfen?
- Arbeiten Sie an sich, verändern sich? Verstecken Sie Ihr Ego hinter einem verallgemeinernden ›man‹?
- Gelingt es Ihnen, mit Ihrem Partner möglichst wertfrei, ohne Beleidigendes, Kränkendes über sein Verhalten und Ihre persönlichen mißachteten Wünsche zu sprechen?

Es ließen sich an dieser Stelle sicher noch beliebig viele Grundsatzfragen anschließen. Die Ergebnisse der obigen zeigen jedoch schon klar genug, wo die Hauptfaktoren des Untreueverhaltens sind.

Sobald Ihnen bewußt geworden ist, daß Liebe und Glück Leihgaben auf Zeit sind, umso leichter zu wahren, als Sie deren Langlebigkeit auch aus anderen Lebensinhalten ziehen statt nur aus Ihrem Partner, werden Sie Eifersucht als Chance begreifen, Ihr Ego zu stärken, aus einem tiefen, alles erschütternden Konflikt gereift und sicherer hervorzugehen.

Als Faustregel gilt: Je inniger, ausschließlicher eine Bindung erlebt wird, desto heftiger der Eifersuchts-Schmerz. Das muß akzeptiert werden. Niemand muß Eifersucht besiegen. Jede/r aber sollte sie als Merkstein auf dem Weg einer lebendigen und darum wandelbaren Liebe sehen.

Literatur

Almquist, Paula: *Familienstand Geliebte* – Frauen berichten von der Liebe im Schatten. Stern-Bücher, Hamburg, 1987.

Argyle, Michael; Herndersson, Monika: *Anatomie menschlicher Beziehungen* – Spielregeln des Zusammenlebens. Jungfermann Verlag, Paderborn, 1986.

Bock, Marlene: *Macht in der Ehe.* Focus Verlag, Gießen, 1987.

Böckle, Franz: *Ehe und Ehescheidung* – Ehe als Angebot und Auftrag, in: Handbuch der christlichen Ethik, Bd. 2. Verlag Herder, Freiburg-Basel-Wien, 1979/2.

Cochlovins Joachim (Hrsg.): *Ehe und Familie heute* – Beiträge für eine ev. Eheseelsorge. Brunnen Verlag, Gießen/Basel, 1986.

Insel Verlag (Hrsg.): *Das Insel Buch der Ehe* – Literarische Texte. Insel Verlag, Frankfurt, 1986.

Eskapa, Shirley: *Eine Andere* – Ehefrau contra Geliebte. Heyne Verlag, München, 1987.

Fast, Julius: *Typisch Frau! Typisch Mann!* – Warum Mann und Frau so verschieden sind und trotzdem harmonisieren können. Rowohlt Verlag, Reinbek, 1977.

Giger, Andreas: *Mann und Ehefrau* – Verhältnis des deutschen Mannes zu Ehe, Frau und Sexualität (Befragungsdaten). Haupt Verlag, Bonn, 1981.

Glück-Levi, Marion: *Ehen ohne Trauschein.* Sendung im Bayerischen Rundfunk vom 20. 7. 1988.

Hauser, Theresia: *Tag für Tag mein Leben.* Kösel Verlag, München, 1986.

Heigl-Evers, Anneliese; Heigl, Franz: *Lieben und geliebt werden in der Ehe.* Fischer Verlag, Frankfurt, 1987.

Hite, Shere: *Treue, Sex und Seitensprung.* In: Journal für die Frau Nr. 10/88, 11/88, 12/88.

Hoff, Margot: *Seitensprünge.* Kabel Verlag, Hamburg, 1987.

Jannberg, Judith: *Ich bin ich.* Fischer Verlag, Frankfurt, 1988.

Kloelin, Ekkehard: *Die neue Familie.* Hoffmann und Campe, Hamburg, 1982.

Koch, Klaus; Schwertfeger, Bärbel: *Zu zweit am Ende* – Phasen einer Trennung. Heyne Verlag, München, 1986.

Kühn, Joachim: *Ehen zur linken Hand in der Geschichte.* Koehler Verlag, Stuttgart, 1968.

Kunigk, Fritz: *Die Lebensgemeinschaft* – Rechtliche Gestalt von ehelichem und eheähnlichem Zusammenleben. Kohlhammer Verlag, Stuttgart/Berlin/Köln, 1978.

Liss, Bernhard: *Ehe-Inventur* – Bilanz nach 20, 30 Jahren. Echter Verlag, Würzburg, 1985.

Lukasz-Aden, Gudrun: *Trennungen, Interviews und Protokolle, Erfahrungen und Perspektiven.* Heyne Verlag, München, 1987.

Mitterauer, Michael; Sieder, Reinhard: *Vom Patriarchat zur Partnerschaft* – Zum Strukturwandel der Familie. Beck'sche Schwarze Reihe, München, 1980.

Norwood, Robin: *Wenn Frauen zu sehr lieben.* Die heimliche Sucht gebraucht zu werden. Rowohlt Verlag, Reinbek, 1987.

Oberlin, Urs-Peter: *Schweige nicht, sprich dich aus!* Ariston Verlag, Genf, 1986.

Kentmeister, Cillie: *Frauenwelten – Männerwelten.* Leske und Budrich Verlag, Opladen, 1985.

Richter, Horst: *Patient Familie.* Rowohlt Verlag, Reinbek, 1972.

Rogers, Carl R.: *Partnerschule.* Zusammenleben will gelernt sein – das offene Gespräch mit Paaren und Ehepaaren. Fischer Verlag, Frankfurt, 1988.

Schmidt, Barbara; Posselt, Fabian: *Der Geliebte. In:* BUNTE/1988.

Scholz, Oskar: *Ehestörungen und Partnerschaftsstörungen* – Bedeutung, Beschreibung, Behandlung. Kohlhammer Verlag, Stuttgart/Berlin/Köln, 1987.

Sollwedel, Inge: *Neue Männer für die neuen Frauen?* Männer über Geld, Haushalt, Kinder, Liebe und Karriere ihrer Frauen. Rowohlt Verlag, Reinbek, 1984.

Tanner, Tritz: *Bis daß der Mord euch scheidet.* Walter Verlag, Freiburg, 1981.

Wachinger, Lorenz: *Ehe – Einander lieben, einander hassen.* Kösel Verlag, München, 1986.

Weber, Sybille: *Wenn aus Liebe Terror wird.* Was tun, wenn der Ex-Partner einen tyrannisiert? In: FÜR SIE/1988.

Wendl-Kempmann, Gertrud; Wendl, Philipp: *Partnerkrisen und Scheidung.* Beck Verlag, München, 1986.

Wieck, Wilfried: *Männer lassen lieben* – Die Sucht nach der Frau. Kreuz Verlag, Stuttgart/Berlin, 1987.

Wolf, Doris: *Wenn der Partner geht.* Wege zur Bewältigung von Trennung und Scheidung. Pal Verlag, Mannheim, 1987.

Zschocke, Fee; Clasen-Holzberg, Claudia: *Eifersucht.* In: Brigitte 13/88.